CONTEÚDO DIGITAL PARA ALUNOS
Cadastre-se e transforme seus estudos em uma experiência única de aprendizado:

1 Entre na página de cadastro:
www.editoradobrasil.com.br/sistemas/cadastro

2 Além dos seus dados pessoais e de sua escola, adicione ao cadastro o código do aluno, que garantirá a exclusividade do seu ingresso a plataforma.

1382052A7233428

3 Depois, acesse: www.editoradobrasil.com.br/leb
e navegue pelos conteúdos digitais de sua coleção :D

Lembre-se de que esse código, pessoal e intransferível, é valido por um ano. Guarde-o com cuidado, pois é a única maneira de você utilizar os conteúdos da plataforma.

Editora do Brasil

CLÁUDIA MAGALHÃES
- Bacharel e licenciada em Ciências Sociais
- Professora da rede particular de ensino

MARCOS GONÇALVES
- Licenciado em Geografia e em Filosofia
- Pós-graduado em Metodologia Inovadora na Ação Docente
- Professor das redes municipal e particular de ensino

RAFAEL TANGERINA
- Bacharel e licenciado em Geografia
- Pós-graduado como analista ambiental
- Mestre em Geografia
- Professor da rede particular de ensino
- Coordenador educacional no Parque da Ciência da Secretaria de Educação do Estado do Paraná

ROSENI RUDEK
- Licenciada em Geografia
- Professora da rede particular de ensino

APOEMA
GEOGRAFIA 6

1ª edição
São Paulo, 2018

Dados Internacionais de Catalogação na Publicação (CIP)
(Câmara Brasileira do Livro, SP, Brasil)

Apoema: geografia 6 / Cláudia Magalhães.... [et al.]. – 1. ed. – São Paulo: Editora do Brasil, 2018. – (Coleção apoema)

Outros autores: Marcos Gonçalves, Rafael Tangerina, Roseni Rudek.
ISBN 978-85-10-06904-5 (aluno)
ISBN 978-85-10-06905-2 (professor)

1. Geografia (Ensino fundamental) I. Magalhães, Cláudia. II. Gonçalves, Marcos. III. Tangerina, Rafael. IV. Rudek, Roseni. V. Série.

18-19570   CDD-372.891

Índices para catálogo sistemático:
1. Geografia : Ensino fundamental 372.891

Maria Alice Ferreira - Bibliotecária - CRB-8/7964

© Editora do Brasil S.A., 2018
Todos os direitos reservados

Direção-geral: Vicente Tortamano Avanso
Direção editorial: Felipe Ramos Poletti
Gerência editorial: Erika Caldin
Supervisão de arte e editoração: Cida Alves
Supervisão de revisão: Dora Helena Feres
Supervisão de iconografia: Léo Burgos
Supervisão de digital: Ethel Shuña Queiroz
Supervisão de controle de processos editoriais: Marta Dias Portero
Supervisão de direitos autorais: Marilisa Bertolone Mendes

Supervisão editorial: Júlio Fonseca
Consultoria Técnica: Ana Paula Ribeiro
Edição: Guilherme Fioravante e Nathalia C. Folli Simões
Assistência editorial: André dos Santos Martins e Patrícia Harumi
Auxílio editorial: Marina Lacerda D'Umbra
Coordenação de revisão: Otacilio Palareti
Copidesque: Gisélia Costa, Ricardo Liberal e Sylmara Beletti
Revisão: Andréia Andrade e Elaine Silva
Pesquisa iconográfica: Elena Molinari e Tatiana Lubarino
Assistência de arte: Lívia Danielli
Design gráfico: Patrícia Lino
Capa: Megalo Design
Imagem de capa: I Love photo/Shutterstock.com
Ilustrações: Antonio Eder, Christiane S. Messias, Dancake/Shutterstock.com (textura da seção Cartografia em foco), Dawidson França, Fabio Nienow, Jane Kelly/Shutterstock.com (ícones das seções), Luca Navarro, Luis Moura, Marcos de Mello, Paula Haydee Radi, Paulo César Pereira, Rafael Herrera, Saulo Nunes Marques
Produção cartográfica: DAE (Departamento de Arte e Editoração), Alessandro Passos da Costa, Mario Yoshida, Sonia Vaz, Studio Caparroz
Coordenação de editoração eletrônica: Abdonildo José de Lima Santos
Editoração eletrônica: Select Editoração
Licenciamentos de textos: Cinthya Utiyama, Jennifer Xavier, Paula Harue Tozaki e Renata Garbellini
Controle de processos editoriais: Bruna Alves, Carlos Nunes, Jefferson Galdino, Rafael Machado e Stephanie Paparella

1ª edição / 3ª impressão, 2023
Impresso na Pifferprint

Rua Conselheiro Nébias, 887
São Paulo, SP – CEP 01203-001
Fone: +55 11 3226-0211
www.editoradobrasil.com.br

APRESENTAÇÃO

Caro estudante,

Geografia é uma das ciências que nos possibilitam entender melhor o mundo complexo e dinâmico em que vivemos. Por meio de seus conteúdos, podemos relacionar as informações que recebemos às situações que se apresentam em nosso cotidiano, assim percebemos o espaço como um elemento importante de nossa organização social.

Estudar Geografia permite identificar algumas razões pelas quais as nações passam por mudanças históricas, econômicas, territoriais e políticas. Implica estudar o espaço geográfico, ou seja, o espaço organizado pela sociedade, resultado da ação humana sobre a natureza.

A Geografia é um importante caminho para desenvolver a cidadania, fortalecer a ética e incentivar o respeito às diferenças, sejam elas culturais, políticas ou religiosas, combatendo, assim, as desigualdades econômicas e as injustiças sociais.

O trabalho desenvolvido nesta coleção proporciona uma reflexão sobre a realidade e sobre o papel que cada um de nós desempenha na sociedade. Assim, convidamos você a ampliar sua visão de mundo por meio de uma viagem na construção do conhecimento geográfico.

Os autores

SUMÁRIO

Unidade 1 – No dia a dia com a Geografia 8

Capítulo 1 – O espaço geográfico.................... 10
O estudo do lugar 10
• Lugar: nosso espaço de vivência 11
Viver – Sou londrinense 12
• Os lugares são diferentes 13
A paisagem na Geografia 14
• Elementos da paisagem..................................14
Atividades 16

Capítulo 2 – Representação e observação da paisagem............................... 17
Leitura da paisagem 17
De olho no legado – Paisagens revelam diferentes olhares através do tempo sobre o continente americano 18
O observador e a paisagem 19
Atividades 22

Capítulo 3 – Transformações nas paisagens 23
Ação humana nas paisagens 23
Paisagem, técnica e trabalho 24
Natureza e mudança 25
Atividades 26

Capítulo 4 – As sociedades e suas paisagens.... 27
A história e a cultura nas paisagens 27
Paisagens e povos tradicionais 28
Atividades 31
Retomar **32**
Visualização **34**

Unidade 2 – A Terra no espaço sideral 36

Capítulo 5 – A Terra no Universo...................... 38
O céu e os astros 38
Via Láctea: nosso endereço no espaço sideral....39
Caleidoscópio – Sistema Solar 40
Satélites artificiais: o sideral e o geográfico conectados..42
Atividades 43

Capítulo 6 – Forma e movimentos da Terra 44
A forma da Terra 44
Movimentos da Terra 44
De olho no legado – Mitos e estações no céu tupi-guarani 47
Atividades 48

Capítulo 7 – Orientação terrestre 49
O céu e a orientação 49
Orientação pelo Sol 50
Orientação pela Lua 51
Orientação pelo Cruzeiro do Sul 51
As formas das constelações no céu 51
Instrumentos de orientação: astrolábio e bússola 52
Cartografia em foco – Identificando os pontos cardeais na sala de aula...................54
Atividades 55
Retomar **56**
Visualização **58**

Unidade 3 – Espaço: localização e representação 60

Capítulo 8 – Localização 62
Como nos localizamos na Terra 62
Latitude e longitude 63
Cartografia em foco 66
Sensoriamento remoto 67
• Sistema de posicionamento global 67
Atividades 69

Capítulo 9 – Mapas e o espaço geográfico 70
Mapeando o espaço geográfico 70
Mapas: importância e história 72
De olho no legado – Mapas secretos 74
Como são feitos os mapas 75
Projeções cartográficas e modelos de representação 76
Atividades 79

Capítulo 10 – Leitura de representações cartográficas 80
Os elementos do mapa 80
Escala 81
• Como indicar a escala 82
Convenções cartográficas e legendas 83
Cartografia em foco 84
Tipos de mapa 85
Atividades 87
Retomar **88**
Visualização **90**

Unidade 4 – Litosfera: natureza e sociedade 92

Capítulo 11 – Litosfera e dinâmica interna da Terra 94
As esferas da Terra 94
Da superfície ao interior da Terra 95
De olho no legado 96
Mudanças geológicas ao longo do tempo 97
Deriva continental e Tectônica de Placas 99
Atividades 101

Capítulo 12 – As formas da superfície terrestre 102
O relevo 102
Cartografia em foco 103
Principais formas do relevo 104
O relevo oceânico 106
Atividades 107

Capítulo 13 – Agentes internos do relevo 108
As forças do interior da Terra 108
• Tectonismo 109
• Vulcanismo 110
• Abalos sísmicos 111
Cartografia em foco 112
Atividades 113

Capítulo 14 – Agentes externos naturais e ação humana 115
As forças externas modificadoras do relevo 115
• Erosão pluvial 115
• Erosão fluvial 115
• Erosão marinha 116
• Erosão glacial 116
• Erosão eólica 116
A ação humana no relevo 117
Viver 118
Atividades 119
Retomar **120**
Visualização **122**

Unidade 5 – Hidrosfera: natureza e sociedade 124

Capítulo 15 – Água e cidadania 126
O ciclo da água 126
Água: crise hídrica e consumo consciente.....129
Viver 130
Atividades 131

Capítulo 16 – Águas do planeta 132
A água na Terra 132
As águas oceânicas..132
• Movimentos do mar 135
Cartografia em foco 136
As águas continentais......................................137
• Lagos 137
• Geleiras 137
• Rios 137
• Águas subterrâneas 137
Poluição das águas 138
Atividades 139

Capítulo 17 – Bacias hidrográficas 141
Rios e bacias hidrográficas 141
Rio: regime e relevo 143
Pontos de vista 144
Bacias hidrográficas brasileiras.....................145
Principais bacias hidrográficas do mundo.....146
Atividades 148
Retomar **150**
Visualização **152**

Unidade 6 – Atmosfera: natureza e sociedade 154

Capítulo 18 – A atmosfera terrestre............... 156
Composição, camadas e importância.............156
O equilíbrio atmosférico 157
Alterações na atmosfera 158
Tempo 160
• Previsão do tempo 160
Clima 163
Pontos de vista 164
Atividades 166

Capítulo 19 – Elementos do clima 167
Umidade do ar 167
Pressão atmosférica 170
Ventos 170
• A energia que provém do vento 171
Atividades 172

Capítulo 20 – Fatores climáticos 173
As variações da temperatura..........................173
• Latitude...173
• Altitude..174
• Continentalidade e maritimidade 174
• Cobertura vegetal...174
• Massas de ar 174
• Correntes marítimas......................................175
Cartografia em foco 176
Atividades 177

Capítulo 21 – Climas e formações vegetais 178
As condições naturais......................................178
Principais climas e vegetações
das zonas térmicas da Terra 179
Ação humana nas paisagens naturais............183
Viver 184
Atividades 185
Retomar **186**
Visualização **188**

Unidade 7 – Trabalho no espaço rural 190

Capítulo 22 – Paisagens rurais 192
Origem e desenvolvimento das atividades rurais 192
Relações de trabalho e novas atividades no espaço rural 195
Atividades 197

Capítulo 23 – Agropecuária 199
Produção de alimentos 199
Sistemas de cultivo 200
Sistemas de criação 202
Espaço rural: impacto socioambiental e sustentabilidade 203
Viver – Agroflorestas se espalham pelo país: cultivo sem desmatamento 205
Atividades 206

Capítulo 24 – Extrativismo 208
A extração de produtos 208
Extrativismo vegetal 209
Extrativismo animal 210
Extrativismo mineral 211
Atividades 212

Retomar **214**
Visualização **216**

Unidade 8 – Trabalho no espaço urbano ... 218

Capítulo 25 – Paisagens urbanas 220
As paisagens são diferentes 220
As várias paisagens de uma cidade 221
Cidade e urbanização 223
O rural e o urbano interligados 225
Viver – Cultura urbana e cultura rural: diferentes olhares 226
Atividades 227

Capítulo 26 – Atividades urbanas 229
Diferentes formas de trabalhar na cidade 229
Indústria e vida urbana 230
Comércio e prestação de serviços 231
Cartografia em foco 233
• Economia informal 234
De olho no legado – Mudanças no cotidiano urbano 235
Atividades 236

Capítulo 27 – Questões socioambientais 237
Problemas ambientais urbanos 237
• A questão do lixo 237
• A poluição da água e o saneamento básico 240
• Questões climáticas urbanas 241
• Impermeabilização e erosão do solo urbano 243
Questões sociais: moradia e infraestrutura ..244
• Mobilidade urbana 245
Caleidoscópio – Casa sustentável 246
Viver – Cidade: espaço da cidadania 248
Atividades 249

Retomar **250**
Visualização **252**
Referências **254**

UNIDADE 1

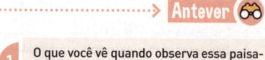
Antever

1 O que você vê quando observa essa paisagem?

2 Que elementos da natureza você identifica nela? Que elementos criados pelas pessoas você observa?

3 Continuamente, as pessoas promovem mudanças nos espaços. Que mudanças você acha que ocorreram nesse lugar ao longo do tempo?

4 Que mudanças você acha que podem vir a ocorrer com o passar do tempo?

Ao longo da história, as sociedades promovem transformações na superfície terrestre; constroem seus espaços de vivência e de produção – como o campo e a cidade –, criam seu modo de vida e adquirem experiências e conhecimentos, constituindo assim sua cultura.

Nesse processo, considera-se a forma como as pessoas vivem e a relação que estabelecem entre si e com a natureza. Ao se relacionarem com a natureza, por meio de suas ações, constroem uma estrada aqui, uma casa ali, um estabelecimento comercial acolá e, ao mesmo tempo, relacionam-se umas com as outras.

Tudo isso está expresso na paisagem dos lugares.

Vista aérea da zona rural do município de Virgínia (MG), 2017.

No dia a dia com a Geografia

CAPÍTULO 1
O espaço geográfico

O estudo do lugar

Na superfície terrestre existe uma infinidade de lugares, e cada um deles é formado por diferentes elementos. Cada lugar – um bairro, uma praça, uma cidade, por exemplo – tem uma localização geográfica específica, uma história, um ritmo de vida e de mudanças e, também, estabelece uma relação com outros lugares, próximos ou distantes dele.

O **lugar** onde moramos e todos os demais que existem podem ser estudados e compreendidos. Para isso, um bom caminho é iniciarmos pela observação do lugar. Observar é uma ação que pode ser traduzida como "olhar atentamente". Isso pode ser feito por meio de registros do lugar que se pretende estudar, por exemplo, fotografias.

Observe a seguir fotografias de alguns lugares do Brasil.

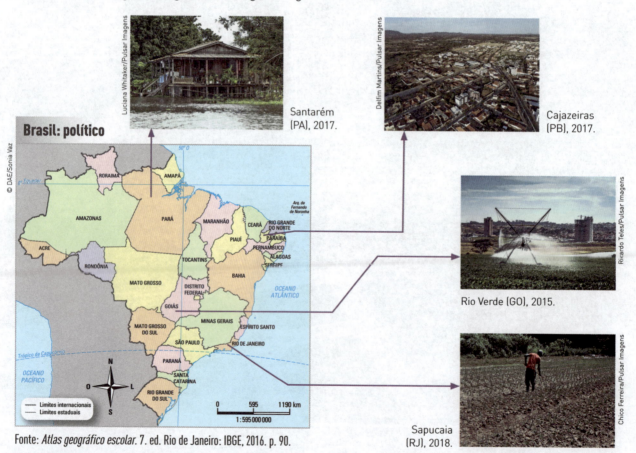

Santarém (PA), 2017.

Cajazeiras (PB), 2017.

Rio Verde (GO), 2015.

Sapucaia (RJ), 2018.

Fonte: *Atlas geográfico escolar*. 7. ed. Rio de Janeiro: IBGE, 2016. p. 90.

Em Geografia, estudar e compreender os lugares implica analisar o espaço geográfico. O **espaço geográfico** é construído pelas pessoas, resultado da interação entre elas e a natureza, e pode ser continuamente transformado pela ação humana. Assim, analisar o espaço geográfico nos faz compreender a maneira e os motivos pelos quais as pessoas produziram os espaços em que vivem.

Lugar: nosso espaço de vivência

Além da sua moradia e da escola onde estuda, você frequenta outros lugares no cotidiano como, por exemplo, ruas e estabelecimentos comerciais do bairro, a casa de parentes ou amigos, uma praça, um parque, um clube etc. Nesses e em outros lugares você convive com as pessoas que estão à sua volta e, com elas, constrói e participa da história desses lugares.

Portanto, **lugar** refere-se aos espaços nos quais vivemos e desenvolvemos nossas atividades diárias. Neles brincamos, estudamos, trabalhamos, convivemos com outras pessoas; são espaços com os quais nos identificamos e criamos vínculos afetivos.

"Nosso lugar" é a referência que temos do mundo, aquele que tem significado para nós.

Crianças praticam atividade em quadra poliesportiva do Parque Buritizal. Feijó (AC), 2016.

Alunos brincam em quadra escolar. Goiânia (GO), 2017.

Viver

Leia o poema a seguir. Nele está expresso o que uma estudante pensa e sente em relação ao lugar em que vive: a cidade de Londrina, localizada no norte do estado do Paraná.

Sou londrinense

Sou londrinense,
nasci e cresci aqui!
Lugar onde eu moro,
lugar onde eu vivo!

Londrina cidade pequenina,
lugar do meu coração!
A paisagem que vejo aqui,
me enche de muita emoção!

De janeiro a dezembro,
um lazer contagiante!
No futuro vou andar,
passear e namorar bastante!

Londrina é qualidade de vida,
é animação!
Melhores universidades,
Passeio no lago e diversão!

Poema escrito por Daniele Hernandes Pereira, aluna da Escola Municipal Noêmia Alaver Garcia Malanga. Disponível em: <www.londrina.pr.gov.br/dados/images/stories/Storage/sec_educacao/canal_educativo/caderno_de_poemas.pdf>. Acesso em: abr. 2018.

O poema escrito pela estudante demonstra a afeição dela pelo lugar em que mora. Percebemos que ela tem um sentimento de pertencimento a essa cidade.

1. E você, gosta do lugar onde vive? no caderno
2. Cite um lugar em sua cidade e o sentimento que tem por ele.
3. Escreva um poema que relate como ele é e, depois, leia-o para os colegas.

Os lugares são diferentes

A observação dos lugares apresentados nas fotografias da página 10 evidencia que cada um deles tem suas particularidades, sua história e as marcas da cultura da sociedade que o construiu. Cada lugar é resultado de como as pessoas se relacionam com esse espaço de vivência e o modificam ao longo do tempo, ou seja, é resultado da história das pessoas e dos grupos que nele vivem.

Apesar de os lugares serem diferentes, é importante entender que todos são integrantes de espaços maiores e, por isso, podem estar relacionados entre si. Por não serem isolados ou independentes, existe uma relação entre os lugares, sejam eles próximos ou distantes uns dos outros.

Muitas vezes, é preciso entender o que está acontecendo fora do lugar onde moramos para compreendermos o que acontece em nosso próprio lugar. O que ocorre a dezenas, centenas ou milhares de quilômetros pode influenciar aspectos do nosso cotidiano. Por exemplo, uma cidade pode receber muitas pessoas em busca de emprego porque uma indústria localizada em outra cidade (próxima ou distante dela) precisou ser fechada e, por isso, dispensou seus trabalhadores.

Outro aspecto a ser observado é que lugares diferentes podem existir, ao mesmo tempo, em espaços maiores. Por exemplo, em uma cidade pode haver vários lugares com características bem distintas entre si. Cada um resulta de formas de ocupação e de processo de dominação da natureza pela sociedade, entre outros fatores.

Observe nas fotografias a seguir diferentes lugares que pertencem à mesma cidade. Em seguida, descreva, com os colegas, o que você percebe em cada um desses lugares.

Bairro Praia da Costa, Vila Velha (ES), 2018.

Bairro Barramares, Vila Velha (ES), 2016.

A paisagem na Geografia

Em Geografia, o termo **paisagem** tem um significado bem amplo. Corresponde à porção do espaço terrestre que podemos perceber e observar por meio de nossos sentidos. Para descrever os lugares mostrados nas fotografias das páginas anteriores, você observou e identificou os elementos das paisagens deles.

Agora, observe a paisagem de outro lugar.

Unaí (MG), 2017.

A paisagem, tal como se vê na fotografia ao lado, revela a realidade do espaço naquele momento. Podemos perceber as interferências humanas que ocorreram ao construí-lo. Assim, o lugar mostra, por meio da paisagem, a história dos grupos que nele vivem, os recursos naturais de que dispõe e a forma como esses recursos são utilizados.

A paisagem é um dos principais conceitos da Geografia, pois seu entendimento contribui para a compreensão do espaço em que vivemos, assim como nos ajuda a entender as relações entre as pessoas e entre elas e a natureza.

Elementos da paisagem

Identificar os elementos de uma paisagem e entender seus significados são etapas importantes para a análise do espaço. Para compreender melhor essa afirmação, vamos observar mais paisagens.

Joinville (SC), 2017.

São Roque de Minas (MG), 2018.

ZOOM

① Os elementos em cada fotografia compõem as paisagens desses lugares. Identifique-os.

② Como você acredita que seja o cotidiano das pessoas que vivem no lugar mostrado na fotografia 1?

③ Em sua opinião, que ações humanas podem vir a alterar a paisagem retratada na fotografia 2?

④ Alguma dessas paisagens é semelhante à do lugar onde você mora? Se sim, reconhece nela alguns elementos comuns às paisagens de seu cotidiano?

A identificação dos elementos das paisagens retratadas foi o passo inicial para a análise dessas paisagens.

Os elementos que compõem cada uma delas são variados e de diferentes origens. Com base nas questões propostas, você pôde levantar **hipóteses** de como as pessoas vivem naqueles lugares, como se relacionam com outras pessoas e com a natureza, onde eles se localizam, além de comparar as paisagens.

Na paisagem do lugar retratado na fotografia 1, você identificou que os elementos que a constituem foram, em boa parte, produzidos pelas pessoas. E, na paisagem do lugar mostrado na fotografia 2, predominam elementos naturais.

Glossário

Hipótese: suposição que pode ser confirmada ou negada com base numa investigação.

Em geral, os elementos que constituem uma paisagem podem ser **naturais**, **produzidos pelos seres humanos** ou **naturais humanizados** (como uma árvore, que foi plantada no local, ou um rio que esteja canalizado).

As paisagens em que predominam elementos criados pelas pessoas são chamadas de **paisagens culturais** ou **humanizadas**. Casas, edifícios, lojas, ruas, plantações, carros, pessoas, entre outros, compõem a paisagem desses lugares.

Já aquelas paisagens constituídas de elementos naturais, como montanhas, rios, mares, florestas etc., são chamadas de **paisagens naturais**. Nelas predominam os processos naturais na transformação dos elementos, ou seja, são aquelas paisagens que antecedem a ação humana.

Além dos elementos visíveis das paisagens, existem os que não são aparentes, como o barulho das construções e da buzina dos carros, o cantar dos pássaros, os odores. O conjunto de todos esses elementos constitui a paisagem.

Hoje é cada vez mais difícil encontrarmos ambientes que não sofreram intervenção humana. Até mesmo lugares que oferecem alguma restrição à ocupação humana, como desertos, regiões polares ou montanhosas, podem apresentar marcas da presença de pessoas e de suas atividades.

Outro aspecto importante é entender que as paisagens não são estáticas, isto é, elas estão em constante modificação, que pode ter origem em ações humanas e da natureza.

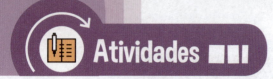

1. Escreva o que você entendeu sobre:
   a) paisagem;
   b) lugar;
   c) espaço geográfico.

2. No trajeto que você faz todos os dias de sua casa até a escola pode observar diferentes lugares.
   a) Descreva dois desses lugares e o que você identifica em cada um deles.
   b) Qual deles lhe chama mais a atenção? Por quê?

3. Pesquise, em revistas, jornais e na *internet*, imagens de paisagens compostas de elementos naturais e de elementos culturais. Divida uma folha de papel sulfite ao meio. Em uma das metades, escreva o título "Paisagens naturais" e, na outra, "Paisagens culturais". Cole, nos espaços adequados, as imagens pesquisadas. Em seguida, observe-as e escreva uma legenda para cada uma delas.

4. Observe a fotografia a seguir. Em seguida, faça o que se pede.

Manaus (AM), 2017.

   a) Liste os elementos visíveis dessa paisagem.
   b) Liste os elementos que você considera serem não visíveis nessa paisagem.
   c) Nessa paisagem há predomínio de elementos naturais ou culturais? Justifique sua resposta.
   d) Você definiria essa paisagem como natural ou cultural?

5. Na literatura indígena encontramos informações sobre a história, o espaço e a cultura de um povo. Leia, a seguir, a narrativa que evidencia o olhar do povo tikuna sobre a natureza que os cerca e lhes serve de morada.

Qualquer vida é muita dentro da floresta

Se a gente olha de cima, parece tudo parado.
Mas por dentro é diferente.
A floresta está em movimento.
Há uma vida dentro dela que se transforma
Sem parar.
Vem o vento.
Vem a chuva.
Caem as folhas.
E nascem novas folhas.
E os frutos são alimento.
Os pássaros deixam cair as sementes.
Das sementes nascem novas árvores.
E vem a noite.
Vem a lua.
E vêm as sombras
Que multiplicam as árvores.
As luzes dos vagalumes
São as estrelas na terra.
E com o sol vem o dia.
Esquenta a mata.
Ilumina as folhas.
Tudo tem cor e movimento.

Jussara Gomes Gruber (Org.). *O livro das árvores*.
Benjamim Constant: Organização Geral dos Professores Ticuna Bilíngues, 1997.

   a) Imagine que você esteja observando a paisagem desse lugar. Que tipo de elementos podem ser identificados? Cite exemplos.
   b) Com base no que você estudou, explique o trecho:

   "A floresta está em movimento. Há uma vida dentro dela que se transforma".

   c) Que relação você acha que o povo tikuna tem com a natureza?

CAPÍTULO 2
Representação e observação da paisagem

Leitura da paisagem

No capítulo anterior, você praticou, por meio de registros em fotografias, a observação e a descrição de diferentes paisagens. Comparou e fez correlação entre os lugares, levantou hipóteses e chegou a algumas conclusões a respeito das características de cada lugar. Realizou o que chamamos de **leitura da paisagem**.

Ao fazer isso, trocou ideias com os colegas e percebeu que cada pessoa vê a paisagem a seu modo. Isso ocorre porque cada um vê a paisagem segundo sua visão de mundo, seus interesses e seus conhecimentos prévios. Ao observarmos uma paisagem, interpretamos o que vemos em função de nossas ideias e valores, de acordo com o local e a época em que vivemos.

Além das fotografias, podemos observar paisagens em outras formas de representação, como filmes, pinturas e gravuras, por exemplo. A seguir, temos a pintura de uma paisagem da cidade de Paraty (RJ), feita pela artista polonesa M. Zawadzka.

M. Zawadzka. *Tarde em Parati*, 2014. Óleo sobre tela, 50 cm × 100 cm.

zoom ❶ Observe a pintura ao lado e, no caderno, escreva um texto sobre os aspectos e as características desse lugar.

Por meio da leitura da paisagem, percebemos aspectos que nos ajudam a compreender como as pessoas constroem e modificam os espaços em que vivem.

Há muitos anos, antes do surgimento das fotografias, as pinturas serviam como fontes de registro de paisagens brasileiras e contribuíam para a formação do imaginário a respeito de lugares desconhecidos. Vejamos a seguir um texto sobre como isso ocorria.

De olho no legado

Paisagens revelam diferentes olhares através do tempo sobre o continente americano

[...] Montanhas, cachoeiras, florestas, o mar, a neve. Foram vários os artistas que registraram com seus lápis e pincéis as cenas, paisagens, flores, frutas, animais e habitantes de nosso país e de outros tantos, retratando as belezas e diferenças de sua natureza.

A paisagem surge na história da pintura na Idade Média, mas não como tema, e sim, como representação de um ambiente no qual as cenas religiosas ou os santos eram retratados.

No século XVII, ela encontra um caminho diferente – os artistas passaram a registrar suas viagens em desenhos realizados no local que, além de um documento visual de terras distantes, também serviriam de material para a realização de pinturas e gravuras realizadas no atelier. [...]

No Brasil, os artistas estrangeiros participaram de expedições juntamente com cientistas e botânicos. Entre essas expedições, as que deixaram um maior número de imagens foram as realizadas no período em que Maurício de Nassau foi governador-geral do Brasil holandês, entre 1637 e 1644.

Essas imagens retratavam o País, mostrando as terras descobertas, suas riquezas naturais, seus povos e costumes para seus descobridores conhecerem melhor a terra a ser explorada.

Dois séculos após as expedições de Maurício de Nassau, outra expedição deixou importantes imagens de nosso País produzidas por artistas como Florence, Taunay e Rugendas [...].

Félix Émile Taunay. *Baía de Guanabara vista da Ilha das Cobras*, 1828. Óleo sobre tela, 68 cm × 136 cm.

Mas não foram só os estrangeiros que pintaram o Brasil. Com o passar dos anos surgiram artistas brasileiros que também retrataram as diversas faces de nosso país.

O Brasil se modernizava, suas paisagens se transformavam, as cidades se formavam e novas experiências pictóricas surgiam junto com esses avanços. [...]

Renata Sant'Anna. *Paisagens revelam diferentes olhares através do tempo sobre o continente americano.*
Disponível em: <www.cartaeducacao.com.br/aulas/fundamental-1/paisagens-revelam-diferentes-olhares-atraves-do-tempo-sobre-o-continente-americano>. Acesso em: abr. 2018.

1. Reúna-se aos colegas e, em grupo com quatro ou cinco alunos, pesquisem imagens de produções artísticas que representaram paisagens brasileiras em diferentes tempos. Elaborem, com o auxílio do professor, uma exposição dessas paisagens e escrevam uma legenda para cada uma delas, informando aspectos relevantes da leitura das paisagens.

O observador e a paisagem

Durante uma caminhada, um passeio ou mesmo uma viagem, você observa diferentes tipos e dimensões de paisagem. Dependendo do aspecto específico que observa e de onde parte sua observação, as percepções podem ser diferentes.

Por exemplo, ao observar uma ampla paisagem, consegue identificar e descrever detalhadamente os elementos que estão mais próximos a você e, em relação àqueles que estão mais distantes, perde essa riqueza de detalhes. Por outro lado, se você observar uma paisagem olhando-a de cima, perceberá elementos que provavelmente não conseguiria notar se estivesse olhando-a de frente.

Considerando o ponto do qual se observa a paisagem, isto é, aquele em que está o observador, podemos dividi-la em três partes. São os chamados **planos da paisagem**.

Em primeiro plano, encontram-se os elementos mais próximos de quem observa. Nele é possível perceber detalhadamente os elementos da paisagem. Em seguida, há o plano intermediário, que, por estar um pouco mais distante, torna os detalhes menos visíveis. E, por fim, temos o último plano, bem mais afastado do observador, no qual é mais difícil perceber os elementos com clareza.

Rio de Janeiro (RJ), 2017.

zoom

1. Que elementos dessa paisagem se destacam pela cor, forma ou tamanho?
2. Liste os elementos naturais e os elementos culturais que você identifica em cada um dos planos dessa paisagem.
3. Você reconhece elementos comuns entre a paisagem fotografada e alguma paisagem que vem à sua memória? Em caso afirmativo, registre no caderno esses elementos.

Uma paisagem pode ser observada de diferentes pontos de vista. Considerando-se a posição do observador, tem-se três formas de **visão da paisagem**.

Visão frontal ou **lateral**: corresponde à observação horizontal, pela qual é possível comparar a altura dos elementos da paisagem.

Obelisco do Ibirapuera. São Paulo (SP), 2018.

Visão oblíqua: corresponde à visão de um observador que se encontra em um nível mais alto e na diagonal em relação ao elemento observado, possibilitando, assim, uma visão panorâmica.

Obelisco do Ibirapuera. São Paulo (SP), 2018.

Visão superior vertical: corresponde à visão de cima para baixo, como se o observador estivesse sobrevoando a superfície terrestre a bordo de um avião e olhasse diretamente para o chão.

Obelisco do Ibirapuera. São Paulo (SP), 2018.

Esses diferentes pontos de vista podem ser facilmente entendidos quando visualizamos imagens em recursos tecnológicos disponíveis na internet ou aplicativos. Por exemplo, o Google Maps oferece uma boa visualização de imagens de satélites, pelas quais podemos observar os espaços de diferentes pontos de visão.

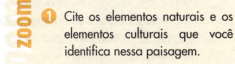

1. Cite os elementos naturais e os elementos culturais que você identifica nessa paisagem.

2. De que ponto de vista você a observa: frontal, oblíquo ou superior vertical?

3. Você costuma observar imagens como essa? Com que finalidade?

Visualização no aplicativo Google Maps do Parque da Independência, em São Paulo (SP), 2018.

Conviver

Agora, você e seus colegas vão aprimorar a capacidade de observação da paisagem. Mas, desta vez, será uma observação direta da paisagem de um lugar ao redor da escola. Para isso, é preciso que estejam atentos aos elementos visíveis e não visíveis que compõem a paisagem escolhida.

Sigam as instruções a seguir e realizem a atividade com o professor.

1. Organizem-se em duplas e façam uma lista dos materiais necessários para levar a campo.

2. Observem a paisagem escolhida e anotem o que considerarem importante para descrevê-la.

3. Em sala de aula, elaborem um texto sobre o que vocês observaram. Baseiem-se nas seguintes questões e em outras que considerarem relevantes:

   a) Que elementos predominam na paisagem?

   b) O que lhes chamou mais a atenção?

   c) Havia cheiros, cores ou sons que se destacaram na observação? Que sensações ou sentimentos foram notados?

   d) Em relação aos cuidados com o ambiente, o espaço observado apresenta elementos que indicam conservação ambiental? Justifiquem.

   e) Havia diferentes planos na paisagem?

   f) Que tipo de visão vocês tinham da paisagem: frontal, oblíqua ou vertical?

4. Compartilhem e comparem seus registros com os de outras duplas.

5. Caso tenham fotografado a paisagem, imprimam e exponham a imagem no mural da sala de aula.

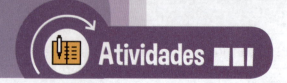

Atividades

1 Leia os textos a seguir, que descrevem diferentes paisagens urbanas do Brasil.

> Esta nova Curitiba me impressiona! Gosto dela, ao mesmo tempo que sinto saudades da nossa cidade da infância, onde as crianças brincavam na rua e jogavam futebol nos terrenos **baldios**. A cidade era menor, talvez mais segura, tínhamos aquele sotaque carregado, puxando sempre o "e", o sotaque leite quente que ainda faço questão de carregar. Hoje as crianças não brincam mais nas ruas. Há *shoppings* e condomínios fechados por toda a parte. Mas também há parques, muitos parques. Sempre cheios. [...]
>
> Fábio Domingos Batista, Felipe Grosso e Juliano Lamb. *Curitiba e seus olhos*. Curitiba: Grifo, 2014.

Glossário

Baldio: terreno abandonado.

> A casa dava para a rua, mas tinha quintal: lembro da sala, dos dormitórios. Na frente da casa passavam os vendedores de castanha, cantarolando. E o pizzaiolo com latas enormes, que era muito engraçado e vendia o produto dele cantando. As crianças iam atrás. A rua não tinha calçada. Elas ficavam à vontade naquelas ruas antigas. Eram ruas de lazer, porque não tinham movimento, e crianças tinha demais. Em São Paulo, nos terrenos baldios grandes, sempre se faziam parques para a meninada. Meus irmãos jogavam juntos futebol na rua. [...]
>
> Ecléa Bosi. Sr. Amadeu. *Memória e sociedade: lembranças de velhos*. 3. ed. São Paulo: Companhia das Letras, 1994. p. 125.

a) Os textos acima descrevem aspectos de quais cidades brasileiras?

b) De acordo com as descrições, quais são as características de cada cidade no passado?

c) Quais são as diferenças ou as semelhanças entre o lugar em que você mora e as cidades descritas pelos autores dos textos?

2 Observe a paisagem a seguir.

Praia de Ipanema. Rio de Janeiro (RJ), 2015.

a) Identifique elementos em primeiro, segundo e terceiro planos.

b) Em qual desses planos é possível observar maior riqueza de detalhes? Por quê?

c) Observe novamente a pintura da paisagem na página 17. Cite um elemento natural que você identifica no primeiro plano e outro, no último.

3 Quais são as três principais formas de visão da paisagem? Em qual delas está a paisagem observada na atividade anterior? Justifique.

CAPÍTULO 3
Transformações nas paisagens

Ação humana nas paisagens

A observação dos lugares em diferentes épocas revela mudanças nas paisagens. Essas mudanças podem ser notadas em especial nas áreas urbanas. Isso acontece porque as paisagens não permanecem iguais ao longo do tempo, elas estão em constante transformação. Uma nova construção na rua em que você mora ou uma nova praça próxima da escola onde você estuda mostram que uma nova paisagem está se formando e uma antiga, transformando-se.

A comparação entre fotografias antigas e atuais de um mesmo lugar possibilita percebermos mudanças nas paisagens.

Observe, nas fotografias a seguir, construções da cidade de Rio de Janeiro (RJ) em diferentes momentos de sua história.

Fachada do Paço Imperial, Rio de Janeiro (RJ), 1890.

Fachada do Paço Imperial, Rio de Janeiro (RJ), 2016.

Da mesma forma, podemos também notar a presença de casas e prédios construídos em momentos históricos distintos. Nas cidades, principalmente, edificações novas e antigas podem estar lado a lado. Ambas são elementos históricos presentes nas paisagens. O estudo dessas construções possibilita conhecer e recontar diversos aspectos de uma sociedade. Por exemplo, como ela se formou e se organizou ao longo do tempo. As marcas históricas e culturais, bem como as naturais, deixam registros em cada paisagem e atribuem a ela identidade própria.

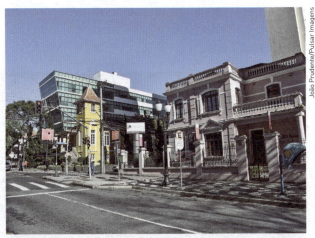
Fachada de casarão antigo ao lado de prédio moderno em Curitiba (PR), 2017.

Paisagem, técnica e trabalho

O ser humano modifica constantemente as paisagens, pois transforma o espaço geográfico para atender a suas necessidades. Ou seja, a **sociedade** apropria-se da **natureza** e produz diferentes espaços.

Ao longo do tempo, a humanidade desenvolveu, por meio do **trabalho**, diferentes formas de realizar o plantio e criar animais. Criou e expandiu a atividade industrial, bem como organizou a vida em espaços variados, das pequenas vilas do passado a enormes cidades dos tempos atuais. No decorrer desse processo, diferentes técnicas e instrumentos passaram a ser usados na construção e modificação das paisagens.

Observe, nas imagens a seguir, a transformação na paisagem ao longo do tempo, decorrente do plantio de café.

O plantio de café, no início do século XX, está representado na tela ao lado. Nela podemos observar a presença de trabalho manual e do uso de instrumentos, como enxadas, para capinar e revolver a terra.

A artista também destacou a presença de mulheres como protagonistas em ação no trabalho realizado no campo à época. Considerando o processo de industrialização e o aumento da mecanização em áreas rurais, a obra ficou como um registro da memória da paisagem.

Atualmente, em muitas paisagens de cultivo de café podemos perceber a mecanização em diversas etapas do processo produtivo, como no preparo da terra (sulcos para o plantio), no plantio e na colheita.

Georgina de Albuquerque. *No cafezal*, 1930. Óleo sobre tela, 1,00 m × 1,38 m.

Colheita mecanizada de café. Santa Mariana (PR), 2016.

24

Natureza e mudança

As mudanças na paisagem não são resultado apenas da ação humana mas também de fenômenos naturais. Períodos de chuvas, mudanças de estações do ano, tempestades, terremotos e atividades vulcânicas são alguns exemplos de ações da natureza que podem alterar a configuração de uma paisagem.

Observe, na sequência de imagens, mudanças numa paisagem do interior do estado do Ceará decorrentes de chuvas.

Período de estiagem. Penaforte (CE), 2016.

Período de chuvas. Penaforte (CE), 2014.

Em algumas regiões do mundo, as paisagens modificam-se considerando o período mais quente e o mais frio do ano. As imagens a seguir ilustram diferenças na paisagem entre os períodos de verão e inverno na Suíça.

Lago em Savognin durante o verão. Suíça, 2015.

Lago em Savognin durante o inverno. Suíça, 2015.

25

Atividades

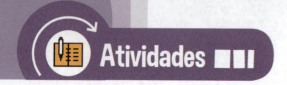

1 A observação das paisagens ajuda-nos a compreender como uma sociedade organiza e modifica o espaço em que vive ao longo do tempo. Observe a sequência de imagens e responda às questões.

Construída em 1935, a Casa das Rosas foi residência dos herdeiros de seu proprietário até os anos 1980. São Paulo (SP), 1986.

Espaço cultural Casa das Rosas, inaugurado em 1991. São Paulo (SP), 2017.

a) Quanto tempo se passou entre uma imagem e outra? Qual é o local representado?

b) O que mudou nessa paisagem ao longo do tempo? O que permaneceu?

c) Que elemento apresentou alteração quanto ao seu uso?

2 Que mudanças você percebeu ao longo do tempo no lugar onde mora?

3 Você já observou, nas proximidades da escola, construções novas e antigas que revelam diferenças referentes à época em que foram construídas? Em caso afirmativo, dê exemplos.

4 O lugar onde você mora apresenta mudanças na paisagem decorrentes da ação da natureza? Quais?

5 Leia o trecho de uma notícia publicada em junho de 2011.

Nos últimos dias, o tempo fechado prejudicou a visão da erupção do vulcão Puyehue, que há uma semana lança rochas, cinzas e gases no Chile. No entanto, quando o tempo limpa, é possível avistá-lo. [...] As cinzas invadiram a cidade e quase não permitem que as pessoas fiquem nas ruas. O cenário é ainda mais desolador em Villa La Angostura, uma das mais charmosas da região. Mesmo localizada na Argentina, a cidade está a apenas 37 quilômetros do vulcão. Além das cinzas, La Angostura foi soterrada por uma espécie de areia grossa. [...]

Vulcão Puyehue transforma a paisagem de cidades na Argentina. *G1*.
Disponível em: <http://g1.globo.com/mundo/noticia/2011/06/vulcao-puyehue-transforma-paisagem-de-cidades-na-argentina.html>.
Acesso em: abr. 2018.

A notícia faz referência a mudanças na paisagem.

a) Que fator provocou mudanças na paisagem dessa cidade? Explique.

b) Que implicações o fenômeno gerou no ritmo de vida das pessoas que vivem nesse lugar?

c) Copie um fragmento do texto que revela que as paisagens são dinâmicas.

CAPÍTULO 4
As sociedades e suas paisagens

A história e a cultura nas paisagens

Você já estudou que, por meio da observação, conseguimos identificar os elementos naturais e culturais que compõem a paisagem. E que, com a leitura da paisagem, podemos perceber ou levantar hipóteses do que possa existir por trás dela, como as pessoas se relacionam entre si e com a natureza, como constroem seus espaços etc.

Tudo o que está expresso numa paisagem é único. Não existe na superfície terrestre paisagens iguais. Isso se deve ao fato de cada lugar ter uma identidade, ou seja, um conjunto de características únicas que o diferencia dos demais lugares. E uma dessas características é a **cultura**.

Reconhecer a cultura do lugar onde vivemos possibilita perceber nossa história, nossos costumes e valores, entender o modo como exploramos e organizamos os espaços, os motivos pelos quais vivemos de um jeito e não de outro.

Observe as paisagens a seguir.

Abrigo Inuítes em Gjoa Haven, Canadá, 2015.

Plantação de arroz em Dali, China, 2014.

Cairo, capital do Egito, com as três pirâmides de Gizé ao fundo, 2017.

Pequeno grupo de casas no sul da cidade de Antofagasta, Chile, 2017.

Na leitura das paisagens acima foi possível perceber como cada sociedade se relaciona com a natureza e as atividades que realizam para suprir suas necessidades, bem como as técnicas e os instrumentos empregados. Ao compará-las, podemos concluir que cada paisagem revela a cultura da sociedade que a construiu. Por isso, podemos afirmar que a cultura é um aspecto importante para compreendermos os lugares.

Paisagens e povos tradicionais

Ao longo da história, os seres humanos sempre buscaram recursos na natureza para suprir suas necessidades e construir seus espaços de vivência. A forma de utilizar esses recursos e de relacionar-se com a natureza, e os tipos de instrumentos utilizados, depende do modo de vida de cada grupo, ou seja, da cultura de cada um.

Sociedades mais antigas interferiam menos na natureza do que as atuais, e utilizavam técnicas que causavam alterações menores nos ambientes. Ainda hoje existem povos que vivem da coleta, da pesca e da caça ou desenvolvem pastoreio e agricultura com instrumentos mais antigos. São os chamados **povos** ou **comunidades tradicionais**.

Indígenas, quilombolas, caiçaras e ribeirinhos são exemplos desses povos no Brasil. Embora utilizem a natureza como fonte de recursos, as comunidades tradicionais provocam menos impacto ambiental do que outros povos contemporâneos.

Por meio de seus costumes e tradições, passadas ao longo de gerações, os povos ou comunidades tradicionais utilizam e reproduzem técnicas de trabalho que são eficientes para atender suas necessidades, mantendo, assim, valores e hábitos de sua identidade cultural.

No Brasil, esses povos são reconhecidos e protegidos por lei federal desde 2007, que contempla seus direitos territoriais, sociais, ambientais, econômicos e culturais.

Os **indígenas**, também chamados de nativos, fazem parte das mais antigas comunidades tradicionais do nosso país. Segundo estimativas, viviam no Brasil entre 4 e 5 milhões de nativos quando da chegada dos portugueses em 1500. Atualmente, segundo dados do Censo 2010, a população indígena é de cerca de 900 mil pessoas. A maior parte dos indígenas vive em terras ou **reservas indígenas**, organizados em aldeias, de acordo com as características culturais do grupo e mantém sua língua, seus costumes e suas tradições. Existem também indígenas que vivem em áreas urbanas.

Observe nas fotografias diferentes formas de apropriação e ocupação do espaço por parte de indígenas de diferentes **etnias**.

> **Glossário**
>
> **Etnia:** grupo de pessoas que se identificam umas com as outras, ou são identificadas como tal por, com base em semelhanças culturais ou biológicas, ou ambas.
>
> **Reserva indígena:** terra demarcada pelo governo na qual muitos grupos indígenas vivem atualmente. Nessa terra, eles constroem moradias, plantam e caçam, mantendo costumes e tradições.

Aldeia Pykararakre, na Terra Indígena Kayapó. São Félix do Xingu (PA), 2016.

Aldeia Ingarikó Paraná, na Terra Indígena Raposa Serra do Sol, Uiramutã (RR), 2017.

Os **quilombolas** são principalmente descendentes de negros que se recusaram à submissão, à exploração e à violência da escravidão imposta no Período Colonial e se refugiaram na mata, em núcleos habitacionais que passaram a ser chamados quilombos. Viviam em comunidades, desenvolvendo pequenas áreas de plantio para atender às próprias necessidades, além de se dedicarem a atividades artesanais.

Atualmente, existem comunidades quilombolas em quase todos os estados brasileiros, principalmente em áreas rurais. Segundo dados da Fundação Cultural Palmares, instituição vinculada ao Ministério da Cultura, há cerca de 3 mil comunidades quilombolas no Brasil.

Essas comunidades são formadas por pessoas que se autodefinem como quilombolas, têm laços de parentesco e procuram manter as tradições, práticas culturais, formas de trabalho e organização social de seus antepassados. A terra é de uso comum, não podendo ser loteada ou vendida, e seu valor está na manutenção do grupo e de sua forma de viver.

Plantio de árvores no Quilombo Maria Romana. Cabo Frio (RJ), 2017.

Escola pública no Quilombo de Sobara. Araruama (RJ), 2015.

São chamados de **caiçaras** os habitantes tradicionais do litoral norte de Santa Catarina e do litoral dos estados do Paraná, São Paulo e Rio de Janeiro. Descendentes da miscigenação de indígenas com europeus e, em menor intensidade, de povos africanos, os caiçaras representam seu modo de viver nas paisagens litorâneas do Sul e Sudeste.

As principais atividades desenvolvidas por esses povos são a pesca, a agricultura de pequeno roçado e o artesanato. Com o uso de técnicas simples, utilizando os recursos naturais encontrados entre o mar e a floresta, obtêm alimentos e constroem suas moradias, redes e canoas.

O conhecimento da natureza, adquirido durante várias gerações, possibilita que identifiquem características naturais, como vento, umidade, movimento das marés, nascer e pôr do Sol, e utilizem esse conhecimento sobretudo na atividade pesqueira.

Pescadores caiçaras voltam de pescaria. Paraty (RJ), 2016.

Glossário

Piracema: refere-se ao período da reprodução dos peixes, quando realizam um movimento migratório em direção às nascentes dos rios.

Vazante: período de baixa do nível das águas de um rio.

Os **ribeirinhos**, como o próprio nome já revela, vivem nas beiras ou muito próximos dos inúmeros rios espalhados pelo país, especialmente na Amazônia. A pesca artesanal é sua principal atividade de sustento. Além de desenvolverem atividades associadas aos rios, têm também uma forte relação com as áreas de florestas, dedicando-se ao extrativismo vegetal, além de pequenos roçados para o próprio sustento.

Conhecem bem a dinâmica dos rios, os períodos de cheia, **vazante**, espécies de peixes, além de terem grande respeito pela **piracema**.

Muitos ribeirinhos vivem em moradias adaptadas aos períodos de inundação. Chamadas de palafitas, essas moradias são construídas sobre estacas de madeira, de modo a deixar a casa em uma altura que a água não alcance, mesmo nos períodos de cheia.

 Ampliar

Fundação Joaquim Nabuco

http://basilio.fundaj.gov.br/pesquisaescolar/index.php?option=com_content&id=1053:ribeirinhos

O *site*, mantido pela Fundação Joaquim Nabuco, órgão governamental de pesquisa e educação, traz mais informações sobre os povos ribeirinhos.

Instituto Socioambiental

https://pib.socioambiental.org/pt/P%C3%A1gina_principal

Página do Instituto Socioambiental, organização não governamental criada com o objetivo de defender bens e direitos sociais, relativos ao meio ambiente, ao patrimônio cultural e aos povos indígenas do Brasil.

Palafitas de comunidade ribeirinha no Rio Tocantins. Baião (PA), 2017.

Muitas comunidades tradicionais enfrentam problemas para assegurar sua sobrevivência e a preservação de sua cultura. Entre eles, estão a invasão de suas terras e os impactos ambientais causados por atividades mineradoras, construção de estradas e barragens.

Um exemplo é o caso do povo indígena enawené-nawê, que vive no Mato Grosso. A construção de uma hidrelétrica afetou a quantidade de peixes do rio Jurema e não permite mais que os indígenas pratiquem a pesca, ficando sujeitos a aguardar o fornecimento de peixes pelas empresas que administram a usina.

Atividades

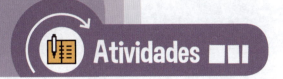

1. Veja as paisagens retratadas nas duas fotografias a seguir. Observe os detalhes e destaque as diferenças relacionadas à forma de ocupação do espaço.

Área de plantio de cítricos. Belo Vale (MG), 2017.

Bairros urbanos. Belo Horizonte (MG), 2016.

2. Qual é a relação dos povos tradicionais com a natureza?

3. Qual povo tradicional está retratado na fotografia a seguir? Como vivem e qual a relação que estabelecem com a natureza?

Crianças plantam muda de planta nativa no Rio Tapajós, em Santarém (PA), 2017.

4. Ribeirinhos e caiçaras são exemplos de comunidades tradicionais do Brasil. Cite as diferenças e as semelhanças no modo de vida desses dois grupos.

5. Leia o texto a seguir e depois faça o que se pede.

> [...] Entre os povos e comunidades tradicionais do Brasil estão quilombolas, ciganos, matriz africana, seringueiros, castanheiros, quebradeiras de coco-de-babaçu, comunidades de fundo de pasto, faxinalenses, pescadores artesanais, marisqueiras, ribeirinhos, varjeiros, caiçaras, praieiros, sertanejos, jangadeiros, ciganos, açorianos, campeiros, varzanteiros, pantaneiros, caatingueiros, entre outros. [...]
>
> Secretaria Nacional de Políticas de Promoção da Igualdade Racial. *Comunidades tradicionais – o que são*. Disponível em: <www.seppir.gov.br/comunidades-tradicionais/o-que-sao-comunidades-tradicionais>. Acesso em: abr. 2018.

Entre os povos e comunidades tradicionais citados no texto estão alguns que não foram estudados neste capítulo. Escolha dois deles para pesquisar como vivem, relacionam-se com a natureza e organizam seus espaços.

31

Retomar

1. Pesquise, em revistas, jornais ou na internet, uma paisagem de um lugar que você gostaria de conhecer. Recorte-a (ou imprima-a) e cole-a em uma folha sulfite. Em seguida, observe e descreva essa paisagem e os elementos que a compõem. Acrescente outras informações que considerar importantes e apresente a seus colegas o trabalho que realizou.

2. O lugar onde você mora está relacionado a lugares distantes. Da mesma forma, você também estabelece relação com outros lugares – direta e, até mesmo, indiretamente –, por exemplo: quando assiste a filmes, lê livros, consome produtos, pesquisa na internet etc. Relate duas situações nas quais você percebe sua relação com lugares distantes do seu, direta e indiretamente.

3. As paisagens, sobretudo das grandes cidades, modificam-se rapidamente. Você deve ter percebido isso pelos lugares que frequenta ou pelos caminhos que percorre. Liste exemplos de mudanças que você tenha percebido nos lugares da cidade onde mora. Utilize um desses exemplos para responder as questões a seguir.

    a) Qual foi o tipo de modificação ocorrido?
    b) Que novo ou novos elementos foram incorporados à paisagem?
    c) Em sua opinião, essa modificação era necessária? Justifique.
    d) Essa modificação promoveu mudanças na vida das pessoas? E no meio ambiente?

4. Observe a sequência de imagens e faça o que se pede.

Praia do Forte. Salvador (BA), 1885.

Praia do Forte. Salvador (BA), 2017.

a) Descreva as modificações observadas no espaço representado.
b) Qual é o ponto de vista da observação dessas imagens?

5. As sociedades modificam as paisagens naturais de uma forma muito mais intensa do que no início de sua história. Essa afirmativa é verdadeira ou falsa? Justifique.

6. Ao observar as paisagens de diferentes lugares, podemos perceber, além dos aspectos naturais, diferenças culturais, sociais e econômicas entre os lugares. De certa forma, é a identidade da sociedade que lá vive. Compare as duas fotografias e identifique as principais características de cada uma das paisagens dos lugares retratados.

Cametá (PA), 2017.

Osaka, Japão, 2015.

7. Explique o que são povos ou comunidades tradicionais.

8. Leia o texto a seguir, que exemplifica uma forma de organização do espaço brasileiro.

> As aldeias kayapó tradicionais são compostas por um círculo de casas construídas em torno de uma grande praça descampada. No meio da aldeia, há a casa dos homens, onde as associações políticas masculinas se reúnem cotidianamente. Esse centro é um lugar simbólico, origem e coração da organização social e ritual dos Kayapó, célebre por sua complexidade. Note-se que essa estrutura espacial e simbólica pode ser reencontrada entre os outros grupos Jê.
> A periferia da aldeia é constituída por casas dispostas em círculo, repartidas de modo regular, nas quais habitam famílias extensas. Essa porção da aldeia é associada, sobretudo, às atividades domésticas, ao desenvolvimento físico do indivíduo e à integração no seio dos grupos de parentesco. [...]
> Instituto Socioambiental. *Mebêngôkre (Kayapó)*. Disponível em: <https://pib.socioambiental.org/pt/povo/mebengokre-kayapo/186>. Acesso em: abr. 2018.

Responda:

a) A que povo tradicional do Brasil o texto se refere?

b) Pesquise e cite o local do Brasil em que estão localizadas essas aldeias.

c) Explique por que a cultura é um aspecto importante na compreensão desse lugar. Cite exemplos.

Visualização

A seguir, apresentamos um mapa conceitual sobre o tema estudado nesta unidade. Trata-se de uma representação gráfica do conhecimento organizado, composto de uma estrutura que relaciona os principais conceitos e as palavras de ligação do conteúdo. Essa ferramenta serve como resumo e instrumento de compreensão dos textos, além de possibilitar consultas futuras.

naturais
paisagens naturais

construídos pelos seres humanos
paisagens culturais ou humanizadas

naturais humanizados
paisagens culturais ou humanizadas

elementos visíveis

revela a cultura de uma sociedade

percepção por meio dos sentidos
ex.: sons e odores

PAISAGEM

visão
visão frontal, oblíqua e superior vertical

modificada pelo ser humano

A fotografia revela as características da paisagem em determinado momento.

UNIDADE 2

> **Antever**
>
> **1** Em sua opinião, os povos antigos de diferentes lugares e culturas interpretavam o céu da mesma forma? Que aspectos poderiam variar na observação feita por esses povos? E que semelhanças poderia haver?
>
> **2** Podemos dizer que fenômenos celestes influenciam a dinâmica da vida no espaço geográfico? Por quê?
>
> Telescópios são utilizados para observar objetos que se encontram a uma distância muito grande da Terra. Esses equipamentos têm a capacidade de ampliar as imagens, possibilitando que o objeto observado pareça maior do que se observado a olho nu. Não apenas os astrônomos podem observar outros planetas, estrelas e galáxias, qualquer pessoa que tenha um telescópio simples pode fazê-lo.

Telescópios do observatório ALMA (Atacama Large Millimeter Array) captando imagens da Via Láctea. San Pedro de Atacama, Chile, 2014.

A Terra no espaço sideral

CAPÍTULO 5
A Terra no Universo

O céu e os astros

Um dos hábitos mais antigos da humanidade é a observação do céu. Seja pelos encantos de um céu estrelado, seja por medo de certos fenômenos – como a passagem de um cometa ou a queda de meteoros, por exemplo –, o ser humano aprendeu a observar o céu e a utilizar as informações obtidas para viver e organizar sua rotina.

O Sol e a Lua foram representados por grupos humanos em **pinturas rupestres**, encontradas em cavernas de diferentes regiões do mundo. Os **mitos** sobre deuses e heróis de diversos povos antigos também eram uma forma de decifrar e entender o céu.

Olhar o céu era muito importante para a identificação da melhor época para o plantio e a colheita. Pela observação de estrelas e **constelações** e da posição dos astros, principalmente do Sol e da Lua, o ser humano criou os calendários, que ajudam a organizar a vida em sociedade.

No passado, as constelações e as estrelas serviram de referência para que os seres humanos pudessem se localizar e, principalmente, para que os navegadores estabelecessem rotas, destinos e explorassem novos mundos. E se algum viajante espacial quisesse chegar até nosso planeta? Que rota ele utilizaria? Você sabe qual é a localização da Terra no Universo?

> **Glossário**
>
> **Constelação:** conjunto de estrelas e objetos celestes em determinada região do céu ao qual diferentes povos e culturas atribuem a representação de figuras por eles imaginadas.
> **Mito:** narrativa utilizada para explicar fatos e fenômenos da natureza.
> **Pintura rupestre:** registro feito por povos antigos nas cavernas onde, muito provavelmente, eles habitavam ou faziam rituais.

Pintura rupestre que representa animais e pessoas. Karikkiyoor, Índia, 2008.

Pintura rupestre no Complexo da Zilda. Carrancas (MG), 2014.

Representação do Sol e da Lua em pintura rupestre. Novo México, Estados Unidos, 2013.

Via Láctea: nosso endereço no espaço sideral

As **galáxias** são sistemas estelares no Universo que contêm bilhões de estrelas, planetas, nuvens de gás e poeira. A **Via Láctea** é a galáxia onde a Terra está localizada, mas ela não é a única: há bilhões de outras galáxias no Universo.

Quando observada em noite de céu sem nuvens e distante de iluminação artificial, a Via Láctea parece uma extensa faixa esbranquiçada. Por causa de sua aparência, e da crença em mitos, os gregos antigos acreditavam que ela era um caminho feito de leite, daí o nome de origem latina *lácteo*, que significa "caminho de leite".

Observando o céu a olho nu ou com a ajuda de binóculos e telescópios, é possível perceber detalhes da Via Láctea, como estrelas e planetas que a compõem.

Representação artística da via Láctea, a galáxia em que está localizado o planeta Terra.

Você sabe qual é a diferença entre estrelas e planetas? Uma delas é o tamanho. As **estrelas** são muito maiores que os planetas. Além disso, elas geram luz visível; já os **planetas** não geram luz. De modo geral, podemos dizer que planetas são astros que giram ao redor das estrelas e são iluminados por elas. O planeta Terra, e mais outros sete planetas, giram ao redor de uma estrela, o Sol. Juntos formam um sistema, denominado **Sistema Solar**.

Modelo comparativo do tamanho do Sol, dos planetas e outros astros do Sistema Solar.

Glossário

Big Bang: teoria científica que defende a expansão do Universo a partir de um ponto inicial.
Força da gravidade: força que atrai dois corpos um para o outro. Por causa dela, os planetas de nosso sistema orbitam o Sol. Quanto maior a massa de um objeto, mais forte é sua atração gravitacional.
Teoria: conjunto de princípios fundamentais de uma arte ou ciência.

Uma das **teorias** mais aceitas atualmente pelos cientistas é que há, aproximadamente, 5 bilhões de anos uma nuvem de poeira e gás, oriunda do **Big Bang**, sofreu grandes modificações. O gás e a poeira começaram a girar e a unir-se sob a ação da **força da gravidade**. No centro, formou-se uma grande estrela: o Sol.

Caleidoscópio

SISTEMA SOLAR

VÊNUS

CURIOSIDADE: O dia em Vênus é mais longo que seu ano.

Tem tamanho e massa muito parecidos com a Terra. Mas, diferentemente de nosso planeta, sua atmosfera é formada por 96% de gás carbônico e nuvens de ácido sulfúrico, o que faz com que sua pressão atmosférica seja 90 vezes maior que a da Terra. A temperatura chega a 470 °C. É o planeta mais quente de todos, considerando a temperatura média.

TERRA

É o terceiro em ordem de afastamento do Sol, distante 150 milhões de quilômetros. A disponibilidade de nitrogênio e oxigênio e a existência de água, entre outras condições, tornam o planeta um ambiente propício à vida. A Terra é chamada de "planeta azul", por causa da imensidão dos oceanos. Seu único satélite natural é a Lua.

LUA

MERCÚRIO

É o menor planeta e o mais próximo do Sol. Entre todos, é o que tem a órbita mais curta, pois a cada período de 88 dias terrestres completa uma volta ao redor do Sol. Sua temperatura varia de 180 °C negativos à noite a 430 °C positivos durante o dia.

CURIOSIDADE: Uma das luas de Júpiter tem vulcões ativos.

JÚPITER

MARTE

Tem características parecidas com as da Terra, como a duração do dia e as estações do ano (embora com situações climáticas diferentes). Sua superfície é rica em ferro, que dá ao planeta uma cor avermelhada. O "planeta vermelho" é muito estudado pelos cientistas porque, de acordo com suas características, é possível que tenha abrigado vida algum dia.

É o primeiro dos gigantes gasosos. Sua massa é maior do que a de todos os planetas juntos. Se fosse oco, caberiam mais de mil Terras em seu interior. Apesar de ser um planeta muito maior, sua rotação, de 9 horas e 56 minutos, é bem mais rápida do que a da Terra. Até 2018 foram identificados 79 satélites naturais em sua órbita.

Fabio Nienow

40

SATURNO

O segundo maior planeta do Sistema Solar. É formado principalmente por gases, o hidrogênio é o mais abundante. Saturno tem um sistema de anéis compostos de rochas, rochas congeladas, poeira e gelo-seco, que podem ser vistos da Terra com equipamento adequado.

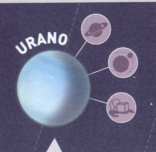

URANO

É o terceiro maior planeta do Sistema Solar. Como é o sétimo em ordem de afastamento do Sol, a grande distância interfere diretamente em sua temperatura, que é baixíssima, com uma média de 195 °C negativos. Urano possui mais de 27 satélites naturais em sua órbita.

NETUNO

Este planeta completa sua órbita a cada 165 anos. Tendo o tempo terrestre como referência, o dia lá dura 16 horas e 7 minutos. Até o momento, foram identificados 13 satélites naturais em sua órbita.
É o planeta mais afastado do Sol, o que faz com que sua temperatura chegue a até 200 °C negativos.

CORPOS CELESTES

Além do Sol e dos planetas, no Sistema Solar há satélites naturais, asteroides, cometas e meteoros.

Satélites naturais
São astros que orbitam os planetas e alguns asteroides. Como não possuem luz própria, são vistos somente quando iluminados pelo Sol.

Asteroides
Corpos rochosos sólidos de dimensões variadas que orbitam o Sol. Há inúmeros deles entre as órbitas de Marte e Júpiter formando o **Cinturão de Asteroides**.

Cometas
São astros compostos predominantemente de gelo, com tamanho que varia de metros a quilômetros. Todo cometa orbita o Sol em trajetórias maiores ou menores, variando assim a regularidade com a qual se aproxima do centro do Sistema Solar. Os cometas têm uma cauda formada de vapor de água originária do aquecimento de seu núcleo quando se aproximam do Sol.

Meteoros
Chamados popularmente de "estrelas cadentes", são fragmentos de rocha que, ao entrar na atmosfera terrestre, tornam-se incandescentes. Quando não se desintegram, podem atingir o solo e formar crateras; quando resistem ao impacto, são chamados de meteoritos.

LEGENDA

rochoso

gasoso

de gelo

tem satélite natural

Necessita de equipamento para visualizar.

tem anéis

planeta mais quente

planeta mais frio

maior planeta

menor planeta

① Cite duas diferenças entre os planetas Vênus e Terra.

② Qual é o maior planeta do Sistema Solar? A composição desse planeta é semelhante à da Terra?

③ O que são satélites naturais? Qual é o único satélite natural da Terra?

Fonte: NASA. Disponível em: <http://solarsystem.nasa.gov>. Acesso em: jun. 2018. O céu que nos envolve. Introdução à astronomia para educadores e iniciantes. Enos Picazzio (Edição e coordenação). São Paulo: Odysseus Editora, 2011.

Na figura foram utilizadas cores-fantasia. Os elementos não estão representados proporcionalmente entre si e seu tamanho não corresponde ao tamanho real.

Satélite artificial orbitando o planeta Terra em 2017.

Satélites artificiais: o sideral e o geográfico conectados

A obtenção de dados e informações sobre nosso planeta aumentou de forma significativa com a criação e o lançamento de **satélites artificiais**. Por meio de foguetes superpotentes, eles são levados até o espaço sideral e postos em órbita em torno da Terra. Eles fornecem extraordinária quantidade de dados sobre as áreas oceânicas e continentais.

As imagens e outros dados coletados pelos sensores dos satélites (temperatura, pressão atmosférica, concentração de gases etc.) são analisados e utilizados no planejamento de áreas de plantio e na fiscalização de áreas protegidas, por exemplo. Eles também fornecem importantes informações sobre fenômenos atmosféricos, como os furacões e o aquecimento ou resfriamento do planeta.

Desmatamento captado por satélite. Rondônia (RO), 2018.

Deslocamento de furacão no Oceano Atlântico em 2017.

O lançamento de satélites artificiais na órbita da Terra possibilitou o desenvolvimento das **telecomunicações**. O primeiro satélite de telecomunicação foi posto em órbita pelos Estados Unidos em 1962, responsável pela primeira transmissão televisiva ao vivo. As informações e imagens da superfície terrestre provenientes desses equipamentos são difundidas praticamente em todo o mundo, rapidamente. Entretanto, quando os satélites deixam de ser utilizados, boa parte deles e de suas estruturas não retorna para a Terra, agravando, assim, o problema do lixo espacial.

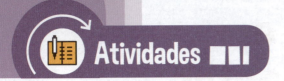

1. Pesquise em jornais, revistas ou na internet a imagem de uma galáxia e cole-a em uma folha de papel. Em seguida, crie uma legenda para explicar o que são galáxias e como são formadas.

2. Responda as questões à seguir.
   a) Qual é o nome da galáxia em que vivemos?
   b) Por que ela tem esse nome?

3. Cite duas diferenças entre estrelas e planetas.

4. Explique qual é a importância dos satélites artificiais na órbita da Terra para melhor compreendermos o planeta.

5. A Terra reúne condições favoráveis à vida. Por quê?

6. Leia o trecho de notícia a seguir e faça o que se pede.

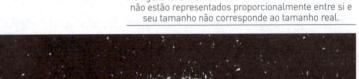

Na figura foram utilizadas cores-fantasia. Os elementos não estão representados proporcionalmente entre si e seu tamanho não corresponde ao tamanho real.

Lixo cósmico equivale a 600 elefantes

Uma equipe do Instituto Riken, no Japão, tem em mente a construção de um telescópio capaz de destruir o lixo cósmico. O projeto, denominado "Orbital Clean House" e que está em fase de desenvolvimento, além de ser novidade, seria uma forma de fazer desaparecer os detritos que navegam pelo Espaço. Os especialistas em Astronomia calculam que o lixo na Galáxia, resultante de satélites desativados e de colisões, equivale a 15 baleias azuis, 600 elefantes ou 1500 automóveis. [...] Também a União Europeia tem vindo a trabalhar no mesmo sentido. O projeto, designado por "Stardust", visa anular "alvos não amigáveis", igualmente com recurso ao *laser*. [...]

Nasa. *Jornal de Notícias*. Porto (Portugal), 13 maio 2015. Disponível em: <www.jn.pt/mundo/interior/lixo-cosmico-equivale-a-elefantes-4565894.html>. Acesso em: maio 2018.

Representação artística do lixo cósmico.

a) Pesquise o significado destas palavras e registre-o, pois o ajudará a compreender o texto.
   - satélites artificiais;
   - astronomia;
   - cosmos.

b) Explique o que é "lixo cósmico".

c) Em sua opinião, é necessário destruir o lixo espacial? Por quê?

CAPÍTULO 6
Forma e movimentos da Terra

A forma da Terra

A Terra está a, aproximadamente, 150 milhões de quilômetros do Sol e, como já vimos, é o terceiro planeta mais próximo dele. É o maior planeta de composição rochosa e o único que abriga formas complexas de vida no Sistema Solar.

Pesquisas científicas indicam que diversos fenômenos naturais estão relacionados à energia solar que o planeta recebe. A ocorrência desses fenômenos depende também de outros fatores, como a forma da superfície terrestre; os movimentos da Terra no espaço sideral, principalmente o de rotação e o de translação; e a quantidade de energia solar que é absorvida e refletida pela atmosfera e pela superfície terrestre. Veremos como o formato e os movimentos da Terra influenciam na dinâmica dos fenômenos naturais e na organização da vida em sociedade.

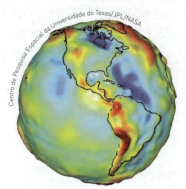

Representação da superfície irregular da Terra.

A forma da Terra é esférica, com superfície irregular, leve achatamento nos polos e um alargamento na região equatorial. A esse formato damos o nome de **geoide**.

Observando-o da própria superfície terrestre é quase impossível perceber sua forma. Os gregos antigos, ao observarem que a extremidade do mastro dos navios era a primeira parte a aparecer ou a última a desaparecer no horizonte, chegaram à conclusão de que a forma da Terra era curva. O formato curvo foi confirmado posteriormente, com o avanço tecnológico, especialmente após a obtenção de imagens de satélites lançados na órbita da Terra.

Movimentos da Terra

Como todos os outros planetas, a Terra também se move. Ela faz inúmeros movimentos no espaço sideral, e os dois que mais afetam os seres humanos são o de **rotação** e o de **translação**, cujas consequências percebemos no cotidiano.

O movimento de **rotação** é o que a Terra executa em torno de si mesma, ou seja, ela gira em torno de um eixo imaginário no sentido oeste-leste. Esse movimento tem duração de 23 horas, 56 minutos e 4 segundos, a uma velocidade aproximada de 1 675 km/h. No entanto, para efeito de contagem do tempo, considera-se a duração de **24 horas**, ou seja, um dia. Esse movimento gera a sucessão de **dias** e **noites**.

Na figura foram utilizadas cores-fantasia. Os elementos não estão representados proporcionalmente entre si e seu tamanho não corresponde ao tamanho real.

Representação do movimento de rotação da Terra. Na face do planeta voltada para o Sol é dia. Na face oposta, onde não há luz solar, é noite.
Fonte: Vera Caldini e Leda Ísola. *Atlas geográfico Saraiva.* 4. ed. São Paulo: Saraiva, 2013. p. 10-11.

44

Embora o movimento de rotação seja feito em grande velocidade se o compararmos à velocidade dos carros, por exemplo, não conseguimos percebê-lo. É por isso que temos a impressão de que é o Sol que se desloca ao redor da Terra e não o contrário.

A rotação terrestre é muito importante para a manutenção da vida no planeta. Esse movimento possibilita a alternância de exposição à radiação solar, pois se somente um lado da Terra ficasse voltado para o Sol, a temperatura nesse lado ficaria muito elevada, enquanto no outro lado haveria apenas temperaturas muito baixas.

O eixo de rotação da Terra é representado por uma reta que atravessa os dois polos. Esse eixo de rotação apresenta uma inclinação de 23°27′ em relação ao plano de sua órbita. Por causa dessa inclinação e também da forma esférica, a Terra é iluminada de maneira desigual, o que leva à existência de diferentes **zonas térmicas ou climáticas**.

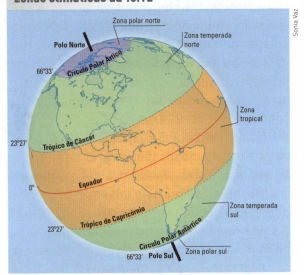

Representação das zonas climáticas da Terra.
Fonte: *Atlas geográfico escolar*. 7. ed. Rio de Janeiro: IBGE, 2016. p. 58.

A **Zona tropical:** área com as maiores temperaturas do planeta. Nela, os raios solares atingem a superfície quase perpendicularmente.

B **Zonas temperadas:** são as áreas da superfície onde os raios solares chegam com inclinação maior do que na zona tropical, porém menor do que nas zonas polares.

C **Zonas polares:** são as áreas que apresentam as menores temperaturas da Terra, pois os raios solares atingem a superfície com grande inclinação.

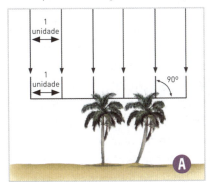
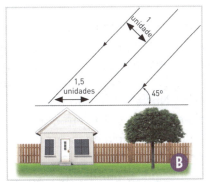
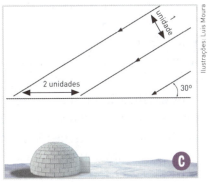

Representação da incidência desigual de raios solares nas zonas tropical (à esquerda), temperadas (centro) e polares (à direita).
Fonte das imagens: Departamento de Física da Universidade Federal do Paraná (UFPR). Disponível em: <http://fisica.ufpr.br/grimm/aposmeteo/cap2/cap2-1.html>. Acesso em: ago. 2018.

Outro fator fundamental para a dinâmica da vida na Terra é o movimento de **translação**, que determina a ocorrência de fenômenos climáticos em determinadas épocas do ano nas diferentes regiões do planeta. Neste movimento, a Terra se desloca em torno do Sol a uma velocidade de 108 mil km/h, completando uma volta a cada 365 dias e aproximadamente 6 horas, ou seja, **um ano**. A cada 4 anos essas 6 horas formam um dia (24 horas), que convencionamos atribuir ao mês de fevereiro, assim, a cada 4 anos há um ano de 366 dias, o **ano bissexto**.

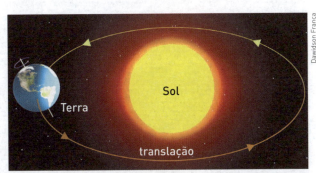

Representação dos movimentos de rotação e translação.

Na figura foram utilizadas cores-fantasia. Os elementos não estão representados proporcionalmente entre si e seu tamanho não corresponde ao tamanho real.

A translação da Terra, associada à inclinação do eixo, leva à variação da incidência dos raios solares na superfície, o que origina as quatro **estações do ano**: primavera, verão, outono e inverno. A sequência das estações ocorre de forma inversa nos hemisférios Norte e Sul também por causa da inclinação do eixo terrestre.

Observe na figura ao lado as diferenças nas áreas de incidência dos raios solares no planeta no movimento de translação.

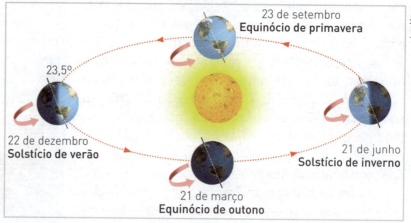

Na figura foram utilizadas cores-fantasia. Os elementos não estão representados proporcionalmente entre si e seu tamanho não corresponde ao tamanho real.

Posição de solstícios e equinócios em datas correspondentes para o Hemisfério Sul.
Fonte: Vera Caldini e Leda Ísola. *Atlas geográfico Saraiva*. 4. ed. São Paulo: Saraiva, 2013. p. 10-11.

A data de 20 ou 21 de março marca o início da primavera no Hemisfério Norte e do outono no Hemisfério Sul. Observe que os raios solares incidem na superfície perpendicularmente à Linha do Equador.

Em 20 ou 21 de junho, os raios solares passam a incidir no Hemisfério Norte com maior intensidade, perpendicularmente ao Trópico de Câncer: é o início do verão nesse hemisfério. No Hemisfério Sul inicia-se o inverno.

Em 22 ou 23 de setembro, inicia-se o outono no Hemisfério Norte e a primavera no Hemisfério Sul.

Na data de 21 ou 22 de dezembro, os raios solares passam a incidir com maior intensidade no Hemisfério Sul, perpendicularmente ao Trópico de Capricórnio: é o início do verão. No Hemisfério Norte, inicia-se o inverno.

A posição da Terra em relação ao Sol no primeiro dia de primavera e outono é chamada de **equinócio** (palavra em latim que significa "noites iguais"). Nessa posição, os hemisférios Norte e Sul são iluminados de forma igual pelo Sol, ou seja, o dia e a noite têm a mesma duração nos dois hemisférios. Já no primeiro dia de inverno e verão, ocorre a posição de **solstício** (palavra latina que significa "sol estático"), em que os hemisférios Norte e Sul são iluminados pelo Sol de forma desigual. No hemisfério em que ocorre o solstício de verão, o dia tem o maior período de iluminação do ano. Em contrapartida, no hemisfério em que há o solstício de inverno, ocorre a noite mais longa do ano.

Outra consequência da inclinação do eixo terrestre associado aos movimentos de rotação e translação da Terra é o fenômeno conhecido como "Sol da meia-noite". Observe a fotografia a seguir.

Sol da meia-noite no norte da Europa, 2017.

zoom

❶ Você já ouviu falar no Sol da meia-noite? Pesquise a ocorrência desse fenômeno no mundo e responda: É possível ocorrer esse fenômeno em nosso país? Por quê? Converse com os colegas e o professor a respeito e registre suas conclusões no caderno.

De olho no legado

Mitos e estações no céu tupi-guarani

Com astronomia própria, índios brasileiros definiam o tempo de colheita, a contagem de dias, meses e anos, a duração das marés, a chegada das chuvas. Desenhavam no céu histórias de mitos, lendas e seus códigos morais, fazendo do firmamento esteio de seu cotidiano.

A observação do céu sempre esteve na base do conhecimento de todas as sociedades do passado, submetidas em conjunto ao desdobramento cíclico de fenômenos como o dia e a noite, as fases da Lua e as estações do ano. Os indígenas há muito perceberam que as atividades de caça, pesca, coleta e lavoura estão sujeitas a flutuações sazonais e procuraram desvendar os fascinantes mecanismos que regem esses processos cósmicos, para utilizá-los em favor da sobrevivência da comunidade.

Diferentes entre si, os grupos indígenas tiveram em comum a necessidade de sistematizar o acesso a um rico e variado **ecossistema** de que sempre se consideraram parte. Mas não bastava saber onde e como obter alimentos. Era preciso definir também a época apropriada para cada uma das atividades de subsistência. Esse calendário era obtido pela leitura do céu. Há registros escritos sobre sua ligação com os astros desde a chegada dos europeus ao Brasil, mas é possível que se utilizassem desse conhecimento desde que deixaram de ser **nômades** [...]. Para acessar essa cosmologia é preciso considerar, entre outros pontos, a localização física e geográfica de cada grupo [...]. Junto à Linha do Equador, por exemplo, não há muito sentido em referir-se às estações do ano em função de variação da temperatura local. Além de reduzidas, nem sempre essas oscilações refletem o que se pode caracterizar como verão ou inverno. O clima da região tropical é caracterizado, fundamentalmente, em função da maior ou menor abundância de chuvas.

Germano Afonso. Mitos e estações no céu tupi-guarani. *Scientific American Brasil*.
Disponível em: <www.mat.uc.pt/mpt2013/files/tupi_guarani_GA.pdf>. Acesso em: maio 2018.

Glossário

Ecossistema: conjunto de seres vivos (animais, vegetais e microrganismos) e seu meio inorgânico (água, rochas, solo, ar e Sol) que ocupa áreas de localização e extensão variadas.

Nômade: aquele que não tem moradia fixa.

Neste relógio solar a sombra do gnomon indica também as estações do ano, 2009.

Vimos que a alternância das estações do ano influencia a intensidade de energia solar recebida nos hemisférios.

1. Converse com os colegas e o professor sobre a importância da energia solar para as diferentes atividades humanas em diferentes sociedades.

2. No caderno, cole duas imagens sobre o assunto.

3. Elabore, também no caderno, um texto para registrar suas conclusões.

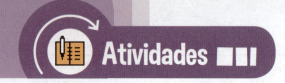

1. Qual é o nome do formato da Terra? Como podemos definir esse formato?

2. Quais são as três zonas térmicas ou climáticas da Terra? Escreva as diferenças entre elas considerando a inclinação da incidência da radiação solar no planeta.

3. Observe na imagem a posição do planeta Terra em relação ao Sol e aos hemisférios Norte e Sul e responda às perguntas.

a) Qual dos hemisférios está mais iluminado?
b) Qual é a estação do ano no Hemisfério Norte?
c) Qual dos polos geográficos tem dia claro de 24 horas?
d) Em qual dos hemisférios a duração da noite é mais longa?

4. Observe o esquema representativo dos movimentos da Terra. Com base em seus conhecimentos, diferencie os dois principais movimentos da Terra.

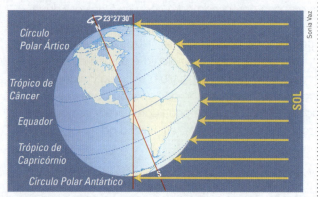

Fonte: *Apostila de meteorologia básica*. Disponível em: <http://fisica.ufpr.br/grimm/aposmeteo>. Acesso em: jul. 2018.

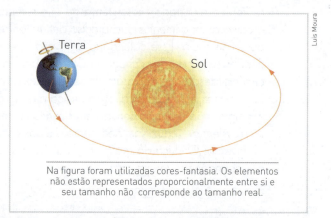

Na figura foram utilizadas cores-fantasia. Os elementos não estão representados proporcionalmente entre si e seu tamanho não corresponde ao tamanho real.

Fonte: Vera Caldini e Leda Ísola. *Atlas geográfico Saraiva*. 4. ed. São Paulo: Saraiva, 2013. p. 10-11.

5. Leia o texto a seguir e faça o que se pede.

O que aconteceria se a Terra parasse de girar?

[...] "É impossível que o planeta pare de girar de modo abrupto, mas, se isso acontecesse, tudo aquilo que se encontra na superfície terrestre seria arrancado violentamente: as cidades, os oceanos e até o ar da atmosfera", afirma Rubens Machado, do departamento de Astronomia da USP.

Apesar de não percebermos, a Terra completa sua rotação a cada 24 horas a uma velocidade de aproximadamente 1700 quilômetros por hora. Então, se a freada brusca de um carro faz com que os passageiros sejam jogados "para a frente", imagine o que não aconteceria com os pobres habitantes da Terra caso o planeta decidisse colocar o pé no freio. "Os corpos arrancados da superfície voltariam a cair, já que 1700 quilômetros por hora não é uma velocidade alta o suficiente para escapar do campo gravitacional e se perder no espaço", diz Machado. "Então, todos os destroços sólidos, os oceanos e a atmosfera cairiam de volta." Se algum ser sobrevivesse a esse voo em velocidade supersônica, o dia seguinte não seria lá muito fácil: apesar de a Terra continuar a percorrer sua trajetória anual ao redor do Sol, a falta de rotação acabaria com o conceito de dia e noite, já que teríamos seis meses de exposição solar seguidos de outros seis meses de escuridão. Além disso, o planeta provavelmente perderia seu campo magnético, que serve como uma espécie de escudo contra partículas de altas energias provenientes do vento solar.

Thiago Tanji. O que aconteceria se a Terra parasse de girar? *Galileu*, 9 jun. 2015. Disponível em: <https://revistagalileu.globo.com/Revista/noticia/2015/06/o-que-aconteceria-se-terra-parasse-de-girar.html>. Acesso em: maio 2018.

Com base no texto, responda:

a) Qual é a ideia principal do texto?
b) Não percebemos o movimento de rotação da Terra, mas podemos observar que ela se move. Cite dois argumentos que comprovem esse movimento.

CAPÍTULO 7
Orientação terrestre

O céu e a orientação

Você já ouviu alguém dizer que estava perdido, sem saber por onde ir? Ou alguém já perguntou a você se estava no caminho certo? Quando não sabem como chegar ao destino, as pessoas perguntam: será que vou por aqui ou por ali? Em que direção devo seguir?

Em nosso cotidiano, muitas vezes precisamos ir a algum lugar, mas desconhecemos o caminho. Para isso, perguntamos a outras pessoas, nos informamos por meio de mapas ou utilizamos a internet como fonte de informação. Essa necessidade não é recente, as pessoas sempre se deslocaram por espaços próximos ou distantes de sua moradia por variados motivos.

Desde a Antiguidade, os seres humanos utilizam os astros e seus movimentos para se orientar nos espaços e traçar direções a serem seguidas. Uma das primeiras formas foi a observação das estrelas, até mesmo pela curiosidade que tinham de conhecer os mistérios do Universo e seus astros.

Pessoa observando os astros à noite. Gosau, Áustria, 2016.

Orientar-se pelos astros possibilitou aos seres humanos deslocarem-se por grandes distâncias e determinar a direção a seguir mesmo em locais onde não havia pontos de referência, como uma árvore ou um rio, por exemplo.

Orientação é um procedimento fundamental na localização dos lugares. O termo **orientação** tem origem do latim *oriri*, que significa "ir à procura do oriente", lugar onde o Sol nasce. Vejamos a seguir como isso é possível.

Orientação pelo Sol

O **Sol**, estrela que está mais próxima da Terra, sempre foi utilizado como meio de orientação. Compreendendo a regularidade com que o Sol aparentemente se movimentava no céu, o ser humano estabeleceu direções que pudessem ser reconhecidas por norte, sul, leste e oeste: são as direções cardeais ou principais.

Como essas direções cardeais foram determinadas? A direção em que o Sol surge no horizonte é chamada de nascente, leste ou oriente. A direção em que ele se põe é conhecida como poente, oeste ou ocidente. Apontando o braço direito para a direção em que o Sol surge temos o horizonte leste; consequentemente, do lado esquerdo, o oeste; à frente, fica o norte, também chamado de setentrional ou boreal; atrás está o sul, chamado também de meridional ou austral.

A direção em que o Sol desponta no horizonte no decorrer do ano não é sempre a mesma, assim como a direção oposta, na qual ele se põe ao final da tarde. Ainda assim, porque as variações são pequenas, o Sol pode muito bem ser utilizado como orientação.

Ainda que tenhamos a impressão de que o Sol se movimenta pelo céu, esse movimento é apenas aparente. Na realidade, é a Terra que faz o movimento de rotação, ou seja, ela gira ao redor do próprio eixo, de oeste para leste.

Fonte: <www.planetariodorio.com.br/o-movimento-da-terra/>. Acesso em: ago. 2018.

Muitas vezes, para nos orientarmos, necessitamos de direções intermediárias. Por isso, foram estabelecidas outras direções, denominadas colaterais, cujos nomes foram formados com base nas direções principais. Assim, entre o norte (N) e o leste (L ou E), está o nordeste (NE); entre o norte (N) e o oeste (O), o noroeste (NO); entre o sul (S) e o leste (L ou E), o sudeste (SE); entre o sul (S) e o oeste (O), o sudoeste (SO).

Há, ainda, as direções subcolaterais, situadas entre as cardeais e as colaterais. Todas essas direções são representadas em um desenho denominado rosa dos ventos ou rosa dos rumos. Ela é utilizada para orientação em mapas e plantas.

Pontos cardeais.   Pontos colaterais.   Pontos subcolaterais.

Orientação pela Lua

A **Lua** é um satélite natural da Terra e, a exemplo das estrelas, também pode ser utilizada como forma de orientação aproximada, principalmente à noite, se o céu não estiver nublado.

É possível se orientar pela Lua quando ela está na fase cheia. Apontando o braço direito para a direção em que ela aparece no início da noite temos o leste. Consequentemente, do lado esquerdo, o oeste; à frente, o norte e atrás, o sul.

Representação de orientação pela Lua.

Orientação pelo Cruzeiro do Sul

Além do Sol, podemos nos orientar por outras estrelas, de acordo com sua posição no céu, nas noites em que estão visíveis a olho nu.

No Brasil e em todo o Hemisfério Sul, a orientação pode ser feita pela constelação do **Cruzeiro do Sul**. O nome dessa constelação refere-se à disposição das estrelas no céu, que lembra uma cruz, forma que foi imaginada pelos navegadores portugueses na época das **Grandes Navegações**. Tal característica facilita sua localização. Muitos povos, desde a Antiguidade, utilizavam essas estrelas para orientação.

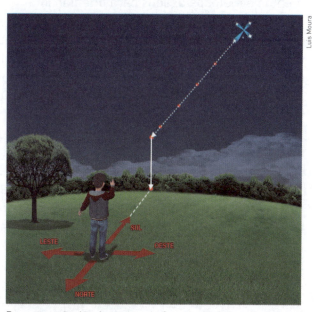

Representação de orientação pelo Cruzeiro do Sul.

Fonte das imagens: <www.planetariodorio.com.br/o-movimento-da-terra/>. Acesso em: ago. 2018.

Para orientar-se pelo Cruzeiro do Sul é preciso procurar a estrela mais brilhante dessa constelação, a Estrela de Magalhães. A partir desta estrela prolongue 4,5 vezes o braço maior da cruz, encontrando o Polo Sul celeste. Para encontrarmos o sul geográfico, basta traçar uma linha perpendicular até o horizonte. Com base na direção sul, é possível estabelecer as demais.

Glossário

Grandes Navegações: expressão utilizada para se referir às várias expedições marítimas organizadas nos séculos XV e XVI, principalmente por Portugal e Espanha.
Mitologia: conjunto de mitos que pertencem a um povo.

As formas das constelações no céu

Ao observarem o céu, muitos povos antigos perceberam que as estrelas estavam dispostas em um arranjo que permanecia o mesmo todos os dias. Com base nisso, uniram as estrelas por linhas imaginárias, formando figuras que representavam deuses, animais, heróis da **mitologia**, entre outros. Esses desenhos no céu receberam o nome de **constelações**.

Os indígenas brasileiros também têm formas de interpretar os astros. A compreensão dos desenhos que os astros formam no céu pode variar entre os diferentes grupos indígenas. Por exemplo, para os desanas – indígenas que vivem próximo a Manaus –, as estrelas do Cruzeiro do Sul representam a Garça, mas para outras comunidades esta constelação é o Jabuti. Os guaranis do Sul do Brasil acreditam que as estrelas do Cruzeiro do Sul permitem identificar a cabeça da Ema (guirá nhandu, em guarani). Quando ela surge completamente ao anoitecer no lado leste, na segunda quinzena do mês de junho, temos o início do inverno.

Instrumentos de orientação: astrolábio e bússola

Temos, atualmente, instrumentos e métodos eficientes para orientação e localização. Milhões de pessoas utilizam aplicativos e endereços na internet associados ao recurso de GPS para auxiliar no deslocamento e na economia de tempo no trânsito e na navegação em muitas partes do mundo, sem que seja necessário muito conhecimento sobre o assunto. Esses programas e *sites* simbolizam uma evolução da ciência e da tecnologia de instrumentos e métodos usados para orientação.

No passado, o astrolábio e a bússola, por exemplo, foram muito utilizados e fundamentais para orientar as navegações, sobretudo após o século XII. Esses instrumentos exigiam conhecimento específico. O **astrolábio** era utilizado para medir a altura dos astros acima do horizonte e determinar a posição das estrelas no céu, o que ajudava na localização em alto-mar.

Astrolábio.

A **bússola** é um instrumento de orientação utilizado até hoje. Foi inventada pelos chineses há cerca de 4 mil anos. Contudo, foi por volta do século XII que ela passou a ser utilizada nas navegações marítimas.

Na construção da bússola foi considerada a **propriedade magnética** da Terra. A bússola é parecida com um relógio, porém tem um único ponteiro e uma rosa dos ventos no centro. O ponteiro é uma agulha imantada (age como um ímã) que sempre aponta para o norte magnético da Terra. Com base nessa indicação, podemos estabelecer as demais direções cardeais.

Observe no mapa a localização do norte geográfico e do norte magnético.

Glossário

Propriedade magnética: relacionada à atração ou repulsão exercida por determinados materiais – chamados de ímãs – que têm a propriedade de atrair objetos de ferro.

Bússola.

Fonte: Graça M. L. Ferreira. *Atlas geográfico: espaço mundial*. 3. ed. São Paulo: Moderna, 2010. p. 115.

Conviver

Você sabia que é possível construir uma bússola com material simples? Faça a atividade com o professor.

Forme um grupo com alguns colegas. Vocês precisarão de:

Material:
- agulha;
- prato com água;
- rolha de cortiça;
- fita adesiva;
- ímã.

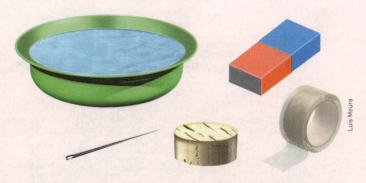

Como fazer

1 Pintem ou colem na borda do prato a representação das direções cardeais e colaterais. Depois, passem o ímã várias vezes pela ponta da agulha, sempre no mesmo sentido. Assim, a agulha ficará magnetizada, da mesma forma que a agulha da bússola é imantada.

2 Prendam, com fita adesiva, a agulha na cortiça. Coloquem a cortiça no prato com água. Observem que ela flutua e se movimenta.

3 Quando a agulha parar e apontar para o norte, virem o prato até alinhar a marcação (norte) feita no prato com a direção (norte) apontada pela agulha.

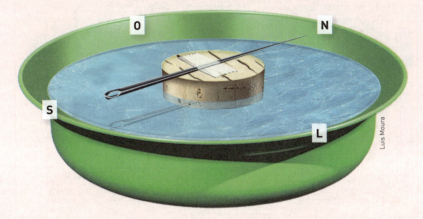

❶ Utilizando a bússola e tendo como referência a sala de aula, respondam às perguntas.

   a) O que está ao norte?
   b) O que está ao sul?
   c) O que está a leste?
   d) O que está a oeste?

❷ Dirijam-se ao pátio da escola e respondam às questões a seguir oralmente.

   a) Em que direção está o portão?
   b) Em que direção está a sala de aula?

53

Cartografia em foco

Identificando os pontos cardeais na sala de aula

1. Utilizando os conhecimentos sobre direções cardeais e colaterais, você e os colegas atribuirão nomes às quatro paredes da sala de aula. Cada parede receberá o nome da direção cardeal de acordo com a posição que ocupa em relação ao movimento do Sol. Veja o esquema a seguir.

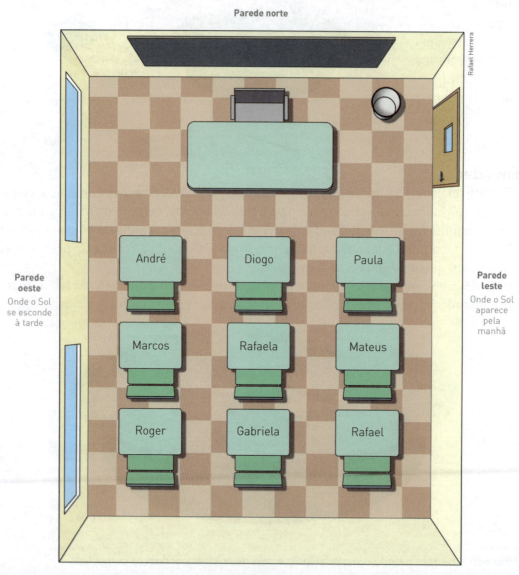

As paredes passam a ser referência para orientar a posição de cada um de vocês na sala de aula. Com o auxílio do professor, construam noções de direção. Vejam os exemplos a seguir.

- Paula e Mateus estão sentados na direção da parede leste.
- Marcos e André estão sentados na direção da parede oeste. Para ir à carteira de Mateus, Marcos deve seguir em direção à parede leste.
- Rafael está na direção sudeste da sala. Para ir até Paula, deve seguir em direção à parede norte.
- Em relação a Mateus, Paula está na direção da parede norte e Rafael, na direção da parede sul.

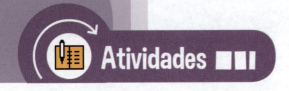

1. Pesquise imagens que representem diferentes meios de orientação (astrolábio, bússola, Sol, Lua, constelações), cole-as no caderno e elabore legendas. Para produzir as legendas, considere que elas acrescentam informações à imagem. O texto deve fornecer dados que ajudem a compreender o que está retratado. Esteja atento à grafia oficial das palavras e às regras de pontuação.

2. Explique de que modo podemos nos orientar pelo Sol e pela Lua sem a utilização de recursos tecnológicos.

3. Justifique a importância da constelação do Cruzeiro do Sul para o Hemisfério Sul da Terra considerando as noções básicas de orientação que aprendeu.

4. A rosa dos ventos é uma representação gráfica das direções cardeais, colaterais e subcolaterais. Desenhe uma rosa dos ventos e indique os pontos cardeais e colaterais.

5. Com o auxílio do professor, consulte em um atlas o mapa-múndi e, considerando o continente europeu, escreva em que direção ou direções se localizam os continentes a seguir.

   a) Ásia
   b) África
   c) América
   d) Oceania
   e) Antártida

6. Observe o mapa do Brasil e indique a direção cardeal ou colateral de cada um dos deslocamentos a seguir, considerando o Distrito Federal como referência.

Fonte: *Atlas geográfico escolar.* 7. ed. Rio de Janeiro: IBGE, 2016. p. 90.

a) Belém
b) Rio de Janeiro
c) Campo Grande
d) Teresina
e) Manaus
f) Curitiba

55

Retomar

1. Observe o esquema ilustrado e faça o que se pede.

Na figura foram utilizadas cores-fantasia. Os elementos não estão representados proporcionalmente entre si e seu tamanho não corresponde ao tamanho real.

Fonte: *Atlas geográfico escolar*: 7. ed. Rio de Janeiro: IBGE, 2016. p. 9.

a) Cite duas características do astro indicado na imagem com o número 1.

b) Diferencie os astros indicados com os números 2 e 3 em dois aspectos.

c) Que astros foram indicados com o número 4?

2. Entre os movimentos realizados por nosso planeta, os mais conhecidos são o de rotação e o de translação. Copie no caderno e complete o quadro que aborda esses dois movimentos. Observe o exemplo.

MOVIMENTO	O QUE É	DURAÇÃO APROXIMADA	CONSEQUÊNCIAS
ROTAÇÃO	Movimento que a Terra realiza em torno do próprio eixo.		
TRANSLAÇÃO			

3. Considerando as diferentes zonas climáticas do planeta e a posição das três pessoas na superfície terrestre, indicadas na imagem a seguir pelos números 1, 2 e 3, em que local as temperaturas médias são mais elevadas, com predomínio de climas quentes? Explique.

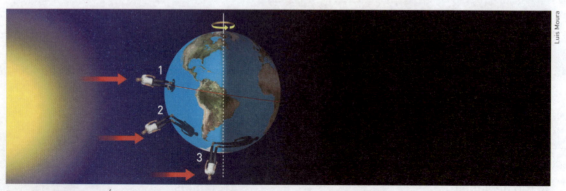

Fonte: Vera Caldini e Leda Ísola. *Atlas geográfico Saraiva*. 4. ed. São Paulo: Saraiva, 2013. p. 10-11.

Na figura foram utilizadas cores-fantasia. Os elementos não estão representados proporcionalmente entre si e seu tamanho não corresponde ao tamanho real.

4. Observe a representação do movimento anual da Terra ao redor do Sol em quatro datas especiais. Escreva a data em que ocorre cada evento mencionado nos itens a seguir. Depois diferencie solstícios de equinócios.

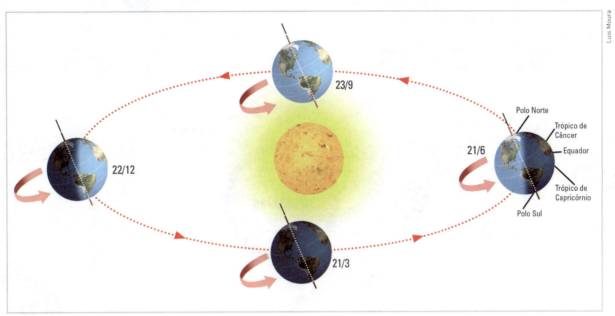

Fonte: Vera Caldini e Leda Ísola. *Atlas geográfico Saraiva*. 4. ed. São Paulo: Saraiva, 2013. p. 10-11.

Na figura foram utilizadas cores-fantasia. Os elementos não estão representados proporcionalmente entre si e seu tamanho não corresponde ao tamanho real.

a) O Sol incide perpendicularmente no Trópico de Capricórnio.
b) Início da primavera no Hemisfério Sul.
c) Início do outono no Hemisfério Sul.
d) Solstício de verão no Hemisfério Norte.

5. Explique de que modo as estações do ano influenciam a dinâmica das atividades humanas no espaço geográfico.

6. Por que as estações do ano ocorrem de maneira alternada entre os hemisférios Norte e Sul do planeta?

7. Que informações e conhecimentos podemos obter por meio da observação do céu? De que forma as estrelas podem nos auxiliar aqui na Terra?

8. No mapa do Brasil da página 55, localize o estado do Pará e identifique o estado que se limita com ele:

- ao sul;
- a sudeste;
- a leste;
- a oeste;
- ao norte.

Visualização

A seguir, apresentamos um mapa conceitual sobre o tema estudado nesta unidade. Trata-se de uma representação gráfica do conhecimento organizado, composto de uma estrutura que relaciona os principais conceitos e as palavras de ligação do conteúdo. Essa ferramenta serve como resumo e instrumento de compreensão dos textos, além de possibilitar consultas futuras.

BIG BANG

Universo
↓
Galáxias
↓
Via-Láctea
↓
SISTEMA SOLAR

- Sol
- planetas: Mercúrio, Vênus, Terra, Marte, Júpiter, Saturno, Urano, Netuno
- satélites naturais
- asteroides
- meteoros
- cometas

Podem ser observados a olho nu ou por meio de instrumentos, como binóculos, telescópios e satélites.

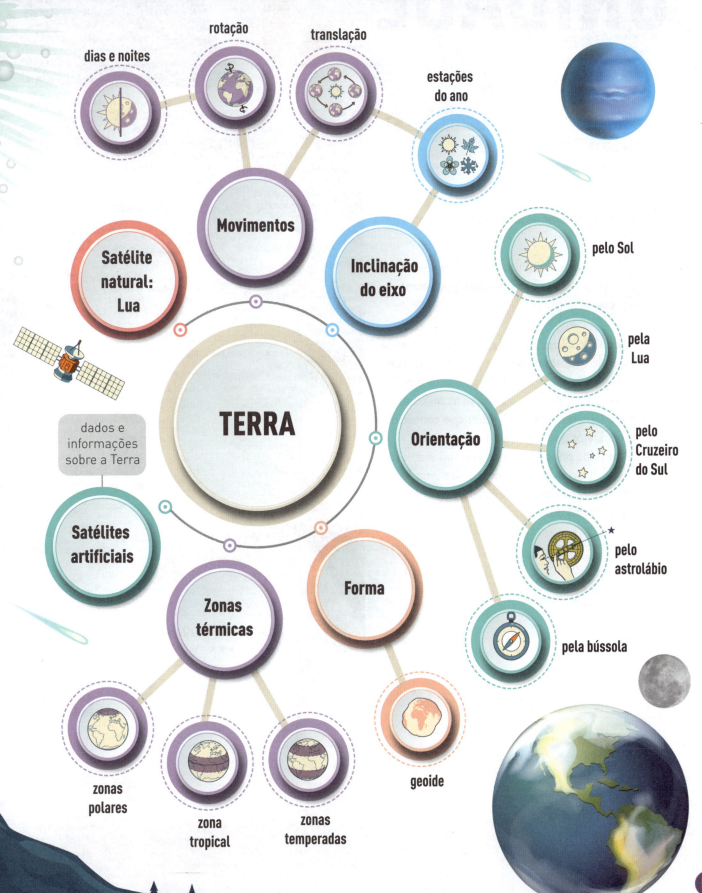

UNIDADE 3

> **Antever**

1 Você sabe localizar-se no lugar onde mora?

2 Que maneiras de localizar-se você conhece?

3 Você costuma utilizar mapa? Consegue compreender os elementos que o compõem?

Saber localizar-se na superfície terrestre é uma tarefa importante para as pessoas e as sociedades, pois implica conhecer os espaços e deslocar-se por eles. Povos que viveram há milhares de anos já representavam os lugares que conheciam e os caminhos que percorriam.

Uma das principais formas de representação do espaço é o mapa. Os mapas são uma ferramenta indispensável para o estudo e a compreensão geográfica dos espaços.

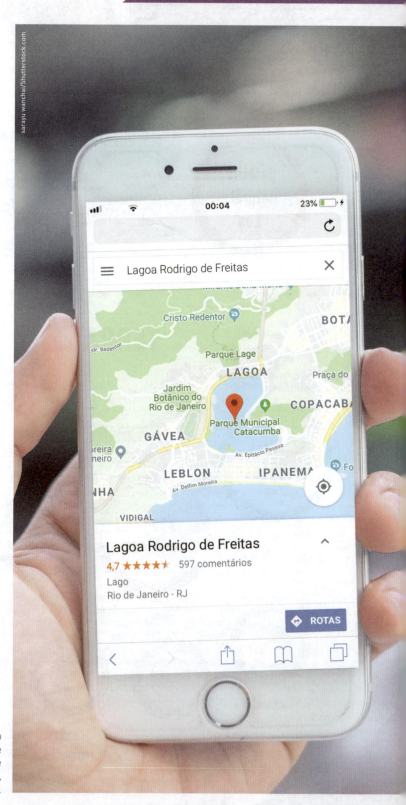

Lagoa Rodrigo de Freitas, na cidade do Rio de Janeiro (RJ), em três formas de representação espacial: aplicativo de localização por GPS em *Smartphone*, imagem de satélite e mapa histórico.

Espaço: localização e representação

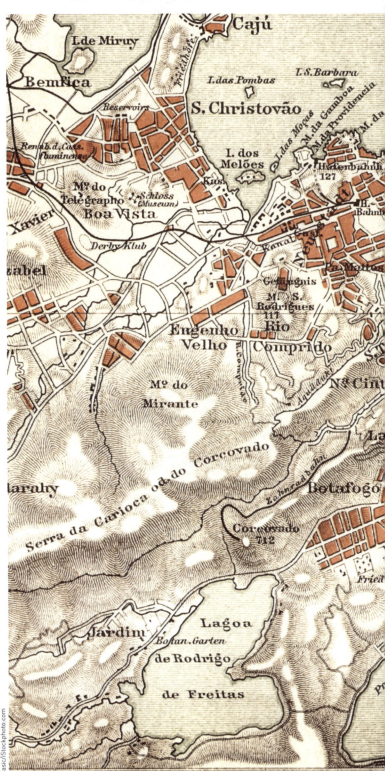

CAPÍTULO 8

Localização

Como nos localizamos na Terra

Quando queremos indicar a alguém a localização de nossa moradia, orientamos a pessoa por meio do endereço, que é formado pelo nome do bairro, da rua em que ela se localiza e o número da casa ou edifício. No caso de um edifício também é preciso informar o andar e/ou o número do apartamento. Para melhor orientar, podemos informar à pessoa pontos de referência nesse espaço, como uma praça, um ponto comercial ou uma igreja próxima dele.

Também podemos informar a localização de nossa moradia por meio das direções cardeais: está localizada em um bairro ao norte da cidade ou ao sul do parque, por exemplo.

E se desejássemos localizar um navio ou uma ilha na imensidão do oceano? Que informações precisaríamos? Saber que está no Oceano Atlântico ou no Pacífico resolveria apenas parte do problema, pois a área desses oceanos é muito grande.

Nessas situações necessitamos de uma informação mais precisa fornecida pelas **coordenadas geográficas**, ou seja, um sistema de linhas imaginárias traçadas sobre a superfície da Terra. Essas linhas, que se cruzam, possibilitando a localização exata de qualquer ponto sobre a superfície da Terra, são chamadas de **paralelos** e **meridianos**.

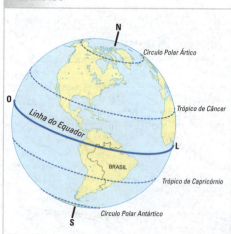

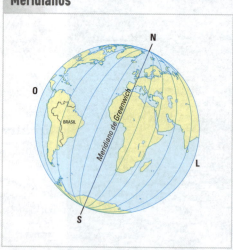

Fonte: Adaptado do *Atlas geográfico escolar*. 6. ed. Rio de Janeiro: IBGE, 2012. p. 18.

Observe nas ilustrações que os paralelos são linhas imaginárias horizontais que circundam o planeta, enquanto os meridianos são linhas que vão de um polo ao outro. A Linha do Equador corresponde ao paralelo zero (0°). É a maior das circunferências terrestres, dividindo a Terra em dois hemisférios: Norte e Sul. O Meridiano de Greenwich, que foi definido como 0°, é considerado o meridiano principal. Ele divide a Terra em dois hemisférios: Leste e Oeste. Cada meridiano equivale à metade de um círculo, e a cada um deles corresponde um antimeridiano, com o qual se completa uma volta em torno do planeta. Enquanto os paralelos apresentam circunferências de dimensões diferentes, todos os meridianos têm o mesmo comprimento.

Latitude e longitude

Como foi possível observar na imagem da página anterior, além da Linha do Equador, há outros paralelos que também recebem denominações especiais: o Trópico de Câncer e o Círculo Polar Ártico no Hemisfério Norte, e o Trópico de Capricórnio e o Círculo Polar Antártico no Hemisfério Sul.

Os paralelos indicam a latitude de um lugar ou ponto na superfície terrestre. A **latitude** é medida em graus e corresponde à distância de qualquer ponto da superfície terrestre até a Linha do Equador. Um ponto na superfície terrestre que esteja sobre a Linha do Equador apresenta a latitude zero grau. Quanto mais nos afastamos da Linha do Equador, mais as latitudes aumentam, variando de 0° a 90° para o norte e para o sul. Todas as localidades situadas num mesmo paralelo apresentam a mesma latitude.

Veja como se determina a latitude de alguns pontos na superfície terrestre no planisfério a seguir. O ponto A está a 30° sul da Linha do Equador, enquanto o ponto B está a 15° norte dessa mesma linha.

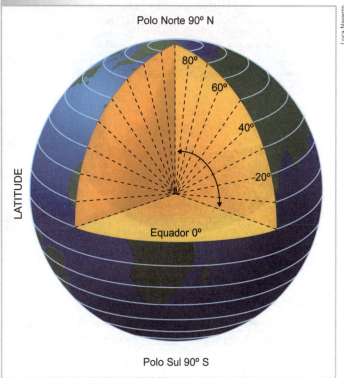

Paralelos e latitudes

Fonte: *Atlas geográfico escolar*. 7. ed. Rio de Janeiro: IBGE, 2016. p. 18.

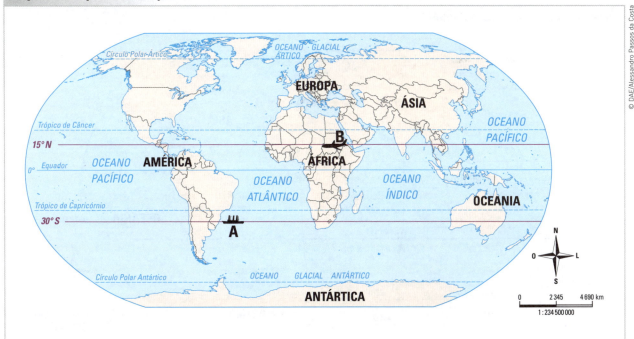

Mapa-múndi: paralelos no planisfério

Fonte: *Atlas geográfico escolar*. 7. ed. Rio de Janeiro: IBGE, 2016. p. 32.

63

Meridianos e longitudes

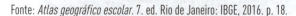
Fonte: *Atlas geográfico escolar*. 7. ed. Rio de Janeiro: IBGE, 2016. p. 18.

Observatório Real de Greenwich, fundado em 1675 com o objetivo de auxiliar os navegadores ingleses em suas incursões oceânicas. Londres, Reino Unido, 2015.

As **longitudes** são determinadas pelos meridianos. Correspondem à distância em graus de um ponto em relação ao meridiano principal: o Meridiano de Greenwich.

A longitude varia de 0° a 180° para leste e oeste, e nessa escala zero grau (0°) corresponde ao Meridiano de Greenwich. Todos os locais situados num mesmo meridiano apresentam a mesma longitude.

O Meridiano de Greenwich foi adotado como principal ou primeiro meridiano em 1884, na Conferência Internacional do Primeiro Meridiano, realizada em Washington (EUA). Estabeleceu-se uma linha imaginária que passa pelo Observatório Real de Greenwich, localizado na área metropolitana de Londres.

Com a interseção da latitude e da longitude de um lugar ou ponto na superfície terrestre, temos a coordenada geográfica dele.

Mapa-múndi: paralelos e meridianos

Fonte: *Atlas geográfico escolar*. 7. ed. Rio de Janeiro: IBGE, 2016. p. 32.

Conviver

Sistema de coordenadas na prática

Com auxílio do professor, em horário de aula, dirijam-se ao pátio da escola e, no chão, tracem com giz várias linhas, horizontal e verticalmente, mantendo distâncias iguais entre elas, de modo que formem um grande quadriculado.

Destaquem com uma fita a parte central do quadriculado, nos dois sentidos.

Usando uma bússola, determinem as direções cardeais e anotem no quadriculado as posições norte, sul, leste e oeste.

Insiram um número para identificar cada linha horizontal e uma letra para identificar cada linha vertical.

Organizem-se em dois grupos. Os alunos do primeiro grupo devem posicionar-se sobre o traçado onde há a interseção das linhas e permanecer ali.

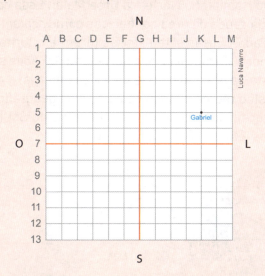

Os alunos do segundo grupo deverão, então, copiar e completar um quadro como o do modelo a seguir, com a posição dos alunos do primeiro grupo.

Nome do aluno	Posição no paralelo (número)	Posição no meridiano (letra)	Localização quanto à direção cardeal
Gabriel	5	K	Nordeste

Num segundo momento, os grupos invertem as posições.

1) Comparando a atividade feita no pátio com o sistema de coordenadas geográficas, responda às questões a seguir.

    a) O que representam as linhas traçadas horizontalmente?

    b) E as linhas traçadas verticalmente?

    c) O que representa a linha em destaque no sentido horizontal?

    d) O que representa a linha em destaque no sentido vertical?

Cartografia em foco

A Linha do Equador divide a Terra em dois hemisférios iguais (em latim a palavra **hemisfério** significa "metade da esfera"). Assim, temos os hemisférios Norte e Sul delimitados por essa linha. A palavra **equador** significa "tornar igual". E por que os trópicos de Câncer e Capricórnio recebem esses nomes? Câncer e Capricórnio são duas constelações zodiacais imaginadas pelos antigos gregos. Eles perceberam que na posição de solstício de verão no Hemisfério Norte, em 21 de junho, o Sol se projetava na constelação de Câncer. Já em 22 de dezembro, solstício de inverno no Hemisfério Norte, o Sol projetava-se na constelação de Capricórnio. Essas duas linhas delimitam o eixo de inclinação da Terra, assim como a Zona Tropical, nos hemisférios Norte e Sul.

Já nas datas de equinócio (21 de março e 23 de setembro), que marcam o início da primavera e do outono, o Sol nasce exatamente sobre a Linha do Equador.

Por sua vez, as linhas imaginárias que servem de limite para definir as regiões polares (Círculo Polar Ártico e Círculo Polar Antártico) também estão relacionadas aos conhecimentos astronômicos. A palavra **ártico** vem do grego *árktikós*, que se refere a "urso", animal imaginado em uma das constelações mais representativas do Hemisfério Norte – a Ursa Maior. Essa constelação tem sete estrelas brilhantes situadas na região da cauda da ursa conhecidas como *septentriones*, que na cultura romana significava "sete bois de arado". Essas sete estrelas giram em torno da estrela polar, referência para a localização da direção norte. Devido a isso, o norte também pode ser chamado de setentrional. Já o Antártico ("antiártico") está na posição oposta ao Ártico, ou seja, o nosso sul geográfico.

No mapa-múndi abaixo estão representados os dois polos geográficos, a Linha do Equador e as quatro linhas imaginárias determinadas pelo movimento anual do Sol (círculos polares e trópicos). Eles estão identificados com as letras A, B, C, D, E, F e G.

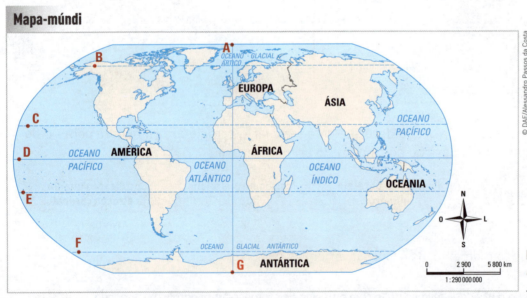

Fonte: *Atlas geográfico escolar*. 7. ed. Rio de Janeiro: IBGE, 2016. p. 32.

❶ Com base em seus conhecimentos sobre orientação e localização geográfica, responda às questões a seguir.

a) Que letras correspondem aos polos geográficos Norte e Sul, respectivamente?

b) No solstício de dezembro (21 ou 22 de dezembro) o Sol está sobre o paralelo E. Qual é o nome desse paralelo?

c) Que paralelos indicam as regiões mais frias da Terra? Nomeie estes paralelos.

d) Quando o Sol está sobre o paralelo C tem início o inverno no Hemisfério Sul. Qual é o nome desse paralelo?

Sensoriamento remoto

Conhecer a superfície terrestre é fundamental para a localização e representação do espaço. Os seres humanos perceberam que uma visão de cima para baixo possibilita uma melhor visualização do espaço terrestre. No início, fotografias aéreas tiradas de balões proporcionavam obter informações do espaço na visão vertical. Com o tempo, as técnicas evoluíram. As câmeras fotográficas foram acopladas em aviões, e mais tarde os satélites passaram a registrar imagens da superfície terrestre.

Sensoriamento remoto é o nome dado à tecnologia que possibilita obter imagens e outros dados da superfície terrestre por meio da captação e do registro da energia refletida ou emitida por ela. Essas imagens e dados são captados em diferentes altitudes por meio de sensores instalados principalmente em aviões ou satélites.

As imagens obtidas por meio do sensoriamento remoto são utilizadas tanto para fins militares quanto para previsões meteorológicas e pesquisas sobre avanço de áreas com desmatamento, crescimento de áreas urbanas, entre outros. Dessa forma, o sensoriamento remoto mostra a expressão real da paisagem.

Sistema de posicionamento global

Os satélites enviam constantemente um sinal para a Terra com seu código e horário em que ele foi enviado. A todo instante, pelo menos quatro satélites estão sobre qualquer ponto do planeta.

Na figura foram utilizadas cores-fantasia. Os elementos não estão representados proporcionalmente entre si e seu tamanho não corresponde ao tamanho real.

Ilustração representando os satélites artificiais orbitando a Terra.

Fonte: *Atlas geográfico escolar*. 7. ed. Rio de Janeiro: IBGE, 2016. p. 20.

Desde 1995, os Estados Unidos administram um sistema de posicionamento global composto de uma rede de satélites que foram dispostos de forma que cada satélite passe sobre o mesmo ponto da Terra num intervalo de 24 horas. Mais conhecido como **GPS** (sigla de *Global Position System*, em português, Sistema de Posicionamento Global), esse sistema é capaz de localizar com precisão qualquer ponto na superfície terrestre por meio das coordenadas geográficas. Planejado originariamente para fins militares, hoje pode ser utilizado por qualquer pessoa que possua um aparelho receptor móvel (um telefone, por exemplo) capaz de captar os sinais de alguns desses satélites, processar os dados e indicar com precisão a coordenada geográfica (latitude, longitude e altitude, principalmente) de qualquer objeto ou ponto na Terra.

COMO FUNCIONA O SISTEMA DE POSICIONAMENTO GLOBAL (GPS)?

Fonte: Tecnologia a favor da orientação: saiba como funciona o GPS. *Globo Cidadania*, 5 maio 2013. Disponível em: <http://redeglobo.globo.com/globocidadania/videos/v/tecnologia-a-favor-da-orientacao-saiba-como-funciona-o-gps/2551343/>. Acesso em: ago. 2018.

O GPS, acoplado, entre outros objetos, a automóveis e celulares, tem sido amplamente utilizado pelas pessoas para orientar-se e localizar-se no espaço, pois possibilita traçar rotas mais rápidas e seguras, bem como indicar caminhos tanto nas estradas quanto nas ruas de uma cidade. Também é utilizado para orientar equipamentos não tripulados, como *drones*, na localização de objetos perdidos ou roubados (cargas, caminhões, celulares), na pesquisa e no monitoramento de rotas migratórias de animais etc.

Atividades

1. Explique o que são a latitude e a longitude de um ponto na superfície terrestre.

2. Em um atlas, consulte um mapa do Brasil e responda: Quais são os paralelos principais que cortam o território brasileiro e por quais estados eles passam?

3. Utilize um mapa-múndi político e escreva o nome de dois países que estejam totalmente:
   a) ao sul do Equador e a leste de Greenwich;
   b) ao norte do Equador e a leste de Greenwich;
   c) ao sul do Equador e a oeste de Greenwich;
   d) ao norte do Equador e a oeste de Greenwich.

4. Localize a latitude e a longitude de cada um dos pontos a seguir, determinando a coordenada geográfica.

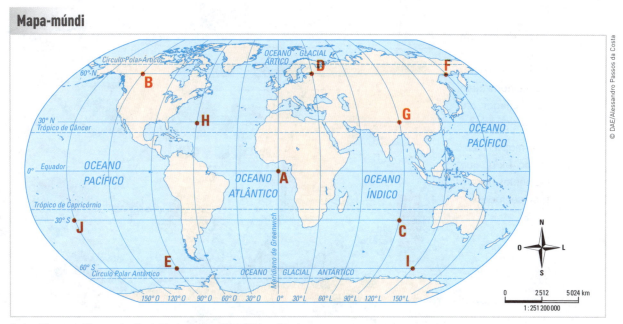

Fonte: *Atlas geográfico escolar*. 7. ed. Rio de Janeiro: IBGE, 2016. p. 32.

5. Leia o trecho de texto a seguir e, depois, faça o que se pede.

   Das estrelas ao GPS

   [...]
   Ao viajar, seja de avião ou automóvel, contando com as facilidades tecnológicas hoje disponíveis, nem lembramos o quanto já foi difícil fazer viagens e travessias. Mas fato é que o homem, para encontrar o caminho correto – ou o mais rápido – já utilizou as mais diversas estratégias e aparatos, desde as mais simples, como a observação das estrelas, às mais sofisticadas, como o GPS.
   [...]

   Adilson de Oliveira. *Das estrelas ao GPS*. Ciência hoje, 21 jan. 2011. Disponível em: <www.cienciahoje.org.br/coluna/das_estrelas_ao_gps>. Acesso em: maio 2018.

   a) O que é GPS?
   b) Cite situações em que o GPS é utilizado.
   c) Justifique o título do texto: "Das estrelas ao GPS".

CAPÍTULO 9

Mapas e o espaço geográfico

Mapeando o espaço geográfico

As pessoas podem fazer desenhos para indicar endereços ou caminhos. Neles aparecem referências que facilitam a orientação e a localização. São mapas mentais, imagens que as pessoas têm de lugares conhecidos, elaborados com aspectos do presente ou do passado.

Observe um exemplo de mapa mental.

zoom

1. Você já fez um desenho da rua onde mora ou do melhor trajeto para chegar até sua residência?

2. No mapa mental ao lado, que elementos foram representados?

O **mapa mental** é uma forma de representação de um espaço e traz a visão particular de cada "mapeador" sobre o lugar onde vive e suas experiências.

Mas o espaço geográfico é muito amplo e pode ser representado de maneira mais formal, utilizando técnicas precisas. A organização dos conhecimentos de representação do espaço geográfico deu origem à cartografia, combinação de arte, técnica e ciência, responsável pela representação da realidade por meio dos mapas.

Os **mapas** são representações reduzidas e planas da superfície terrestre. Eles podem representar de forma simplificada toda essa superfície ou apenas parte dela. Nos mapas, os espaços são representados na visão vertical, ou seja, de cima para baixo.

O planisfério ou mapa-múndi representa em uma superfície plana, como uma folha de papel, toda a superfície terrestre.

Outro modo de representar a superfície terrestre é o **globo terrestre**, a mais fiel representação de nosso planeta, pois mantém a forma da Terra. Por meio dele, podemos perceber como estão dispostas todas as porções de terra e de água da superfície do planeta, ou seja, sua parte externa. Ele também possibilita entender o eixo de inclinação da Terra e simular o movimento de rotação, como você já estudou na Unidade 2.

O globo, contudo, não possibilita visualizar ao mesmo tempo toda a superfície terrestre. Se esta for nossa intenção, devemos utilizar um mapa-múndi.

Outra forma de representação dos espaços são as **plantas cartográficas**, utilizadas para representar espaços menores, como casas, terrenos, bairros ou cidades. Nelas podem ser inseridas informações como o nome das ruas, dos parques e das edificações, mantendo a proporção de tamanho e distância entre os elementos representados.

O globo terrestre é a melhor forma de representação do planeta Terra.

As plantas cartográficas possibilitam compreender a distribuição espacial dos fenômenos representados, estabelecer caminhos e direções a serem seguidos, entre outras funções. Como a representação restringe-se a uma área limitada, o detalhamento das informações é maior.

Para fazermos a leitura de uma planta cartográfica, devemos entender que estamos vendo o espaço de cima.

Planta cartográfica do bairro de Fátima, Fortaleza (CE), 2018.

Ampliar

Imagens de satélite do Rio de Janeiro de 1984 até os dias atuais

http://trenamar.com.br/evolucao-rio-de-janeiro-desde-1984-por-fotos-de-satelite-impressionante

Nesse *site* há imagens de satélite do mesmo espaço geográfico, tiradas durante vários anos, que mostram as transformações na paisagem.

A planta acima é uma representação gráfica do bairro de Fátima, localizado na cidade de Fortaleza, no estado do Ceará. Observe que não é possível saber se suas ruas são íngremes ou planas. Também não sabemos se as construções são elevadas ou baixas. Quando olhamos o espaço de cima, numa visão vertical, a altura dos elementos observados não é mostrada. Apesar disso, podemos perceber onde se localizam lugares como o hospital, a igreja (ou santuário) e o parque.

71

Mapas: importância e história

Os mapas constituem uma das formas mais antigas de representação da superfície terrestre e dos fenômenos que nela ocorrem. São de grande utilidade para todos os que necessitam de informações sobre deslocamentos, distribuição e organização dos espaços. São indispensáveis para planejar uma cidade, construir estradas, estudar, pesquisar, viajar, conhecer lugares ou simplesmente saber onde estamos.

Antes mesmo da invenção da escrita, diferentes grupos humanos representavam, por meio de desenhos, os lugares em que viviam e os caminhos que percorriam. Esses desenhos eram feitos em materiais diversos, como argila, pedra, conchas, peles de animais, papiro e, mais tarde, papel.

Mapa de Nippur, uma das cidades mais antigas da Babilônia. Acredita-se que esse mapa tenha sido produzido no século XIV ou XIII a.C.; nele há representações de edifícios (templos, canais, paredes, portas), incluindo medidas de distância.

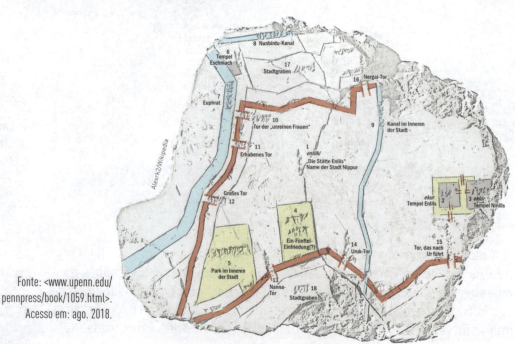

Fonte: <www.upenn.edu/pennpress/book/1059.html>. Acesso em: ago. 2018.

Reconstituição do antigo Mapa de Nippur, mantendo-se as escalas com medidas de distância e representações de edifícios.

Com a formação das primeiras civilizações, os mapas foram adquirindo mais importância para o transporte e a delimitação de territórios. Elaborados com base em conhecimentos de Geometria e Astronomia, tornaram-se mais precisos, porém representavam somente o espaço conhecido pelos mapeadores.

Mapa-múndi gravado por Johannes Schnitzer em 1482, com base na *Introdução à Geografia* de Ptolomeu (100-170 d.C.).

A cartografia pouco a pouco foi aperfeiçoando-se. A partir do século XV, as rotas de navegação que levaram à conquista de novas terras impulsionaram o desenvolvimento cartográfico, pois exigiam mais detalhes e informações sobre os espaços representados. Na elaboração de muitos desses mapas, utilizaram-se também relatos de viajantes e ilustrações do meio físico e da sociedade que ocupava aquele espaço.

Observe na figura a seguir um exemplo de mapa desse período.

Porção sul-americana do planisfério de Pierre Desceliers, de 1546.

De olho no legado

Mapas secretos

Desenhar mapas sempre foi uma necessidade dos seres humanos. Muitos povos antigos tentavam representar, por meio de desenhos, os espaços em que viviam e as direções que seguiam.

No passado, muitos mapas traziam ilustrações do meio físico e da sociedade que ocupava aquele espaço e, por isso, serviam também como fonte de informações dos espaços representados.

Os mapas e suas informações eram considerados bens de família. Seus segredos passavam de pai para filho, e possuí-los significava poder e perigo. Na época das Grandes Navegações, os mapas eram documentos secretos. A Coroa portuguesa condenava à morte os marinheiros e navegadores que divulgassem informações sobre as novas regiões. E, para garantir mais sigilo, o rei mandava confiscar todos os diários de bordo e anotações assim que os navios atracavam nos portos lusitanos.

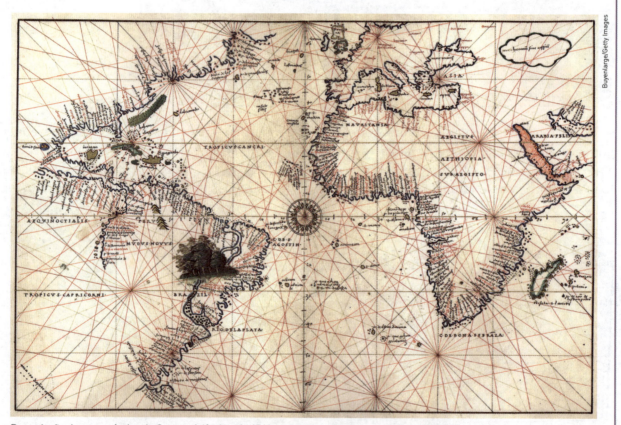

Reprodução de carta náutica do Oceano Atlântico, de 1544.

1. Por que os mapas eram considerados documentos secretos na época das Grandes Navegações? Que tipos de informação eles continham?

2. Exemplifique duas situações que demonstrem a importância dos mapas na época das Grandes Navegações.

3. O que os navegadores usavam para localizar-se durante as longas viagens?

4. Podemos afirmar que os mapas refletem as inovações técnicas de uma sociedade? Explique.

Como são feitos os mapas

A confecção de um mapa está atrelada aos aspectos do espaço que o cartógrafo pretende destacar – os elementos físicos, sociais ou econômicos. É fundamental também que, ao fazer o mapa, sejam estabelecidas com precisão as distâncias e a localização dos elementos geográficos.

São necessárias diferentes etapas de produção para que o mapa esteja pronto e possa ser utilizado.

Primeiramente é preciso obter uma imagem da visão vertical da área que será mapeada. Essa imagem pode ser obtida por meio da aerofotogrametria, ou seja, da fotografia tirada de um avião ou de imagens transmitidas por satélites que estão em órbita na Terra.

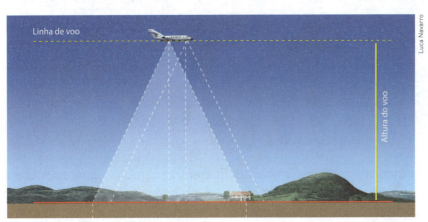

Câmeras fotográficas instaladas em aviões captam imagens da superfície terrestre.
Fonte das imagens: *Atlas geográfico escolar*. 7. ed. Rio de Janeiro: IBGE, 2016. p. 27.

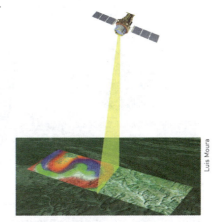

Sensores instalados nos satélites captam imagens do planeta.

Por meio de programas de computador, unem-se as diversas imagens obtidas como se formassem um grande quebra-cabeça. Em seguida, os dados das imagens são transportados para o papel ou para o computador e inseridos as informações e os elementos necessários, de acordo com que se pretende mapear.

Imagem de satélite da Península Arábica, 2018.

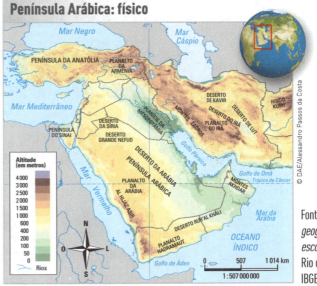

Fonte: *Atlas geográfico escolar*. 7. ed. Rio de Janeiro: IBGE, 2016. p. 48.

Atualmente, além dos mapas publicados em atlas, temos os mapas digitais, disponíveis em diversos *sites* ou aplicativos de telefones celulares, aparelhos de GPS e computadores.

Os **mapas digitais** são utilizados por milhões de pessoas em todo o mundo. Um exemplo são os mapas com aplicativos que conferem em tempo real como está a velocidade do fluxo de veículos nas cidades ou indicam o melhor trajeto para chegar a determinado local.

75

Projeções cartográficas e modelos de representação

Os planisférios foram projetados para representar a Terra no plano. Mas, se o formato da Terra é esférico, como é possível representá-la em um plano? Observe as ilustrações.

Fonte: Andrew Haslam e Barbara Taylor. *Mapas: a Geografia na prática*. São Paulo: Scipione, 1999. p. 22.

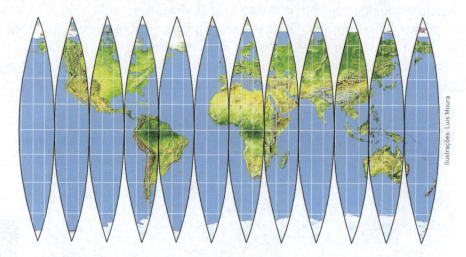

Podemos perceber que do globo ao mapa algumas partes ficaram separadas, com aberturas entre elas. Procurando resolver os "vazios" criados com a abertura do globo, foram desenvolvidas técnicas denominadas **projeções cartográficas**, que tornaram possível representar o formato esférico do planeta em uma superfície plana. Por meio de um conjunto de operações matemáticas, as projeções cartográficas possibilitam representar uma superfície curva (o planeta) em uma superfície plana, como o papel. Há diversos tipos de projeção, e a escolha mais adequada dependerá do que e como pretendemos representar o planeta ou determinada porção dele.

Uma das projeções mais utilizadas é a **cilíndrica**. Ela foi criada em 1569 pelo cartógrafo Gerard Mercator (1512-1594). A projeção cilíndrica é feita como se o globo terrestre estivesse envolto em um cilindro. Essa projeção mantém a forma real das massas continentais; nela, os paralelos e os meridianos são traçados em linhas retas. Observe a ilustração e o mapa a seguir.

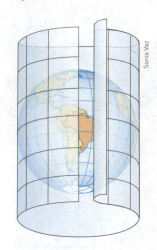

Fonte: *Atlas geográfico escolar*. 7. ed. Rio de Janeiro: IBGE, 2016. p. 23.

Os espaços vazios foram compensados com cálculos matemáticos, porém criaram uma série de deformações. Nessa projeção, as áreas afastadas da Linha do Equador (altas latitudes) apresentam as maiores deformações, tornando-se mais extensas do que realmente são.

Em 1961, o cartógrafo Arthur Robinson (1915-2004), com base na projeção cilíndrica, desenhou um planisfério no qual é "retratado" o achatamento da Terra. Nele, os meridianos estão representados em linhas curvas, enquanto os paralelos, em linhas retas. Dessa forma, as distorções nas proporções e formas são bem menores.

Mapa-múndi: projeção de Robinson

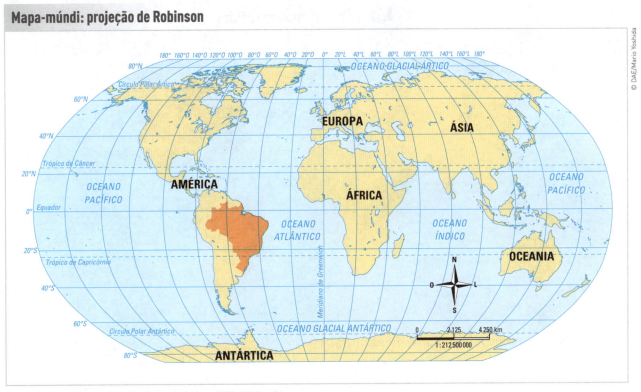

Fonte: *Atlas geográfico escolar*. 7. ed. Rio de Janeiro: IBGE, 2016. p. 24.

Em 1973, o cartógrafo Arno Peters (1916-2002) publicou um planisfério que também utilizou a projeção cilíndrica, mas que conservava as proporções entre as áreas. No entanto, as massas continentais localizadas nas áreas entre os trópicos sofreram distorções, alongando-se. Observe a o mapa a seguir.

Mapa-múndi: projeção de Peters

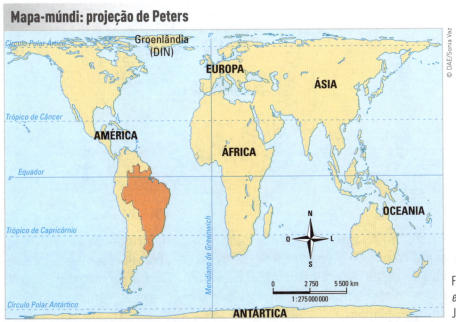

Fonte: *Atlas geográfico escolar*. 7. ed. Rio de Janeiro: IBGE, 2016. p. 21.

Além da projeção cilíndrica, existe a **cônica**, na qual o mapa resulta da projeção do globo sobre um cone. Ela é geralmente utilizada para retratar apenas um hemisfério. Conforme a área mapeada aproxima-se da Linha do Equador, aumentam as distorções do terreno e as áreas polares (altas latitudes) são representadas com mais precisão.

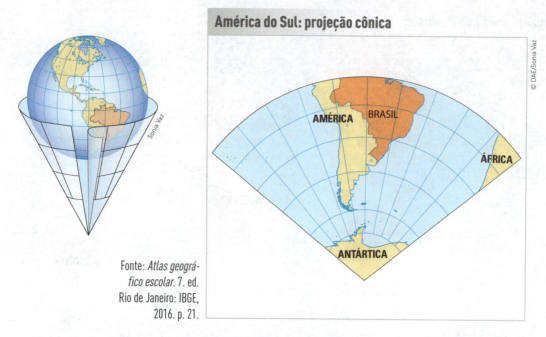

Fonte: *Atlas geográfico escolar*. 7. ed. Rio de Janeiro: IBGE, 2016. p. 21.

Outro tipo de projeção é a **plana**, ou **azimutal**, muito utilizada para representar as regiões polares. No mapa a seguir temos uma visão do planeta a partir do Polo Sul. Nessa projeção, as distorções das áreas mapeadas aumentam à medida que se afastam do ponto central.

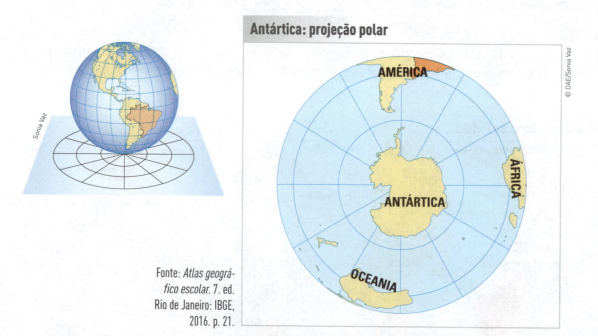

Fonte: *Atlas geográfico escolar*. 7. ed. Rio de Janeiro: IBGE, 2016. p. 21.

Como podemos ver, não existe um tipo de projeção perfeito, pois, em virtude da esfericidade do planeta, sua representação gráfica no plano sempre traz deformações. Na representação de superfícies menores, como plantas de casas, bairros etc., não se leva em conta a curvatura da Terra. Entretanto, nas representações de espaços maiores, como países e continentes, sempre ocorrem distorções em virtude da curvatura do planeta.

Atividades

1. Explique o que são mapas.

2. Como podem ser obtidas as imagens utilizadas na elaboração dos mapas?

3. Os mapas são confeccionados há muito tempo, antes mesmo da invenção da escrita. Muita coisa mudou até chegarmos à confecção de mapas como os que conhecemos hoje. Levando isso em consideração, responda às questões a seguir.

   a) Por que os seres humanos necessitam utilizar mapas?

   b) O que possibilitou à humanidade evoluir tanto na capacidade de elaborar mapas? Cite dois motivos.

   c) Que ganhos a humanidade obteve com a melhora na capacidade e na precisão de elaborar mapas?

4. Elabore um mapa mental que represente um trajeto percorrido por você em seu cotidiano.

5. Explique a importância da técnica de projeção cartográfica para a elaboração de mapas.

6. Que característica de nosso planeta faz com que sua representação plana sempre apresente deformações?

7. De acordo com os tipos de projeção cartográfica utilizados nos mapas, responda às questões a seguir.

   a) Que tipo de projeção cartográfica é a mais adequada para confeccionar mapas-múndi e observar todos os continentes da Terra?

   b) Que tipo de projeção cartográfica é a mais adequada para localizar os lagos do Hemisfério Norte?

   c) Qual é a projeção mais indicada para representar as regiões polares?

8. A Organização das Nações Unidas (ONU) é uma entidade formada por vários países com o objetivo de trabalhar pela paz e promover a cooperação internacional. Ela foi criada em 1945, logo após o término da Segunda Guerra Mundial. Seu logotipo possibilita visualizar, de um ponto do planeta Terra, todos os continentes. Observe:

Fonte: <https://logodownload.org/onu-logo-nacoes-unidas-logo/>. Acesso em: ago. 2018.

Que tipo de projeção foi utilizada para fazer esse logotipo?

CAPÍTULO 10 — Leitura de representações cartográficas

Os elementos do mapa

Os mapas são representações de um espaço geográfico e da disposição e organização dos elementos que o compõem. São modelos de comunicação que têm uma linguagem própria: a linguagem cartográfica.

Para interpretá-los, é necessário saber identificar todos os seus elementos. Caso contrário, não conseguiremos lê-los, ou seja, não entenderemos o que está sendo representado e o que eles nos informam.

Há várias formas de ler um mapa. Sugerimos que sempre se inicie a leitura pelo **título**, que indica o espaço representado, o fenômeno abordado e ainda o ano ou período específico, por exemplo.

Depois é preciso observar a **legenda**, que explica o significado dos sinais, símbolos e cores utilizados no mapa.

Também é importante verificar a **escala**, que indica a relação entre as dimensões reais do terreno e as representadas no papel.

A **orientação**, representada pelo desenho da rosa dos ventos, revela a posição geográfica do espaço retratado.

Já a **fonte** informa a autoria do mapa e o ano em que foi produzido.

Observe esses elementos no mapa a seguir.

Fonte: *Atlas geográfico escolar*. 7. ed. Rio de Janeiro: IBGE, 2016. p. 90.

Escala

Ao confeccionar mapas é necessário reduzir as dimensões dos elementos proporcionalmente, pois é impossível representar no papel, em tamanho real, espaços como uma casa, um bairro, uma cidade ou um país. Assim, todo mapa é uma redução dos elementos reais do espaço.

Essa diminuição proporcional das medidas é indicada na escala. Uma escala indica a proporção entre as medidas reais dos elementos do espaço e o tamanho com que esses elementos foram desenhados no papel. As escalas têm tamanhos diferentes e são empregadas de acordo com a necessidade de observar um espaço com maior ou menor detalhamento.

Observe os exemplos a seguir.

Fonte: Instituto Geográfico e Cartográfico. Disponível em: <www.igc.sp.gov.br/produtos/regioes_adm.html>. Acesso em: maio 2018.

Fonte: Empresa Paulista de Planejamento Metropolitano S.A. Disponível em: <www.emplasa.sp.gov.br/RMSP>. Acesso em: maio 2018.

Os dois mapas destacam a região metropolitana do estado de São Paulo. Contudo, a escala aplicada para fazer esses mapas foi diferente. No primeiro, a escala é 1:4 000 000 e o espaço foi reduzido 4 milhões de vezes. No segundo, em que a escala é maior, o espaço foi reduzido 1,6 milhão de vezes. Quanto maior é a escala, maior é o nível de detalhamento do espaço representado.

Como indicar a escala

Conhecendo a escala do mapa, é possível, por exemplo, calcular a distância entre as cidades representadas. Existem duas formas de expressar as escalas num mapa: a numérica e a gráfica.

A **escala numérica** é expressa por uma fração: o numerador, que é sempre 1, indica a unidade de medida do mapa; o denominador indica quantas vezes as medidas reais foram reduzidas para caber no papel.

Como se trata de uma fração, a escala numérica pode ser escrita de diferentes maneiras:

1 : 9 000 000

1 / 9 000 000

$$\frac{1}{9\,000\,000}$$

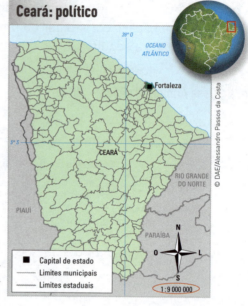

Fonte: IBGE. Disponível em: <ftp://geoftp.ibge.gov.br/cartas_e_mapas/mapas_estaduais_e_distrito_federal/politico/2015/ce_politico650k_2015.pdf>. Acesso em: jul. 2018.

A **escala gráfica** é expressa por meio de uma barra, parecida com uma régua, que indica a relação de proporção. Cada pedaço da barra tem geralmente a largura de 1 cm, que é a medida no papel; ela tem a indicação da medida real correspondente. Uma das vantagens é que essa forma de representar a escala traz as medidas reais em unidades mais adequadas. Esse tipo de escala é mais facilmente entendido e, por isso, o mais utilizado nos mapas.

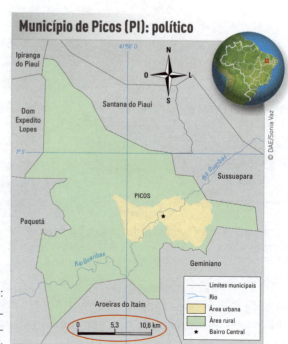

zoom

1. No primeiro mapa desta página, quantas vezes o espaço real foi reduzido para ser representado?

2. No segundo mapa, quanto representa cada centímetro?

3. Em sua opinião, por que foi utilizada, em cada mapa, uma forma de representar a escala?

Fonte: IBGE. Disponível em: <ftp://geoftp.ibge.gov.br/cartas_e_mapas/mapas_estaduais_e_distrito_federal/politico/2015/pi_politico850k_2015_v2.pdf>. Acesso em: jul. 2018.

Convenções cartográficas e legendas

Você deve ter percebido que nos mapas aparecem diferentes sinais, símbolos ou cores para indicar os elementos do espaço. Geralmente, na parte inferior do mapa, os símbolos ou as cores utilizados estão reunidos em uma legenda para podermos entender o que está representado. A **legenda**, portanto, explica as informações registradas no mapa. Nela estão explicados os significados de cada símbolo.

Os cartógrafos utilizam uma linguagem cartográfica – pontos, traços, símbolos, sinais ou cores – para representar os elementos do espaço que será mapeado. São as chamadas convenções cartográficas, que possibilitam a elaboração e o entendimento dos mapas. As **convenções cartográficas** são universais e lembram o elemento representado: a cor azul, por exemplo, é utilizada para representar rios, lagos e oceanos; o desenho do avião representa um aeroporto.

Observe a seguir alguns exemplos de convenções cartográficas.

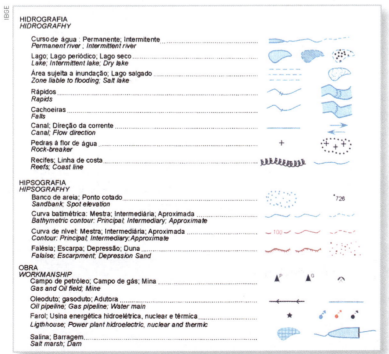

Fonte: *Atlas geográfico escolar*. 7. ed. Rio de Janeiro: IBGE, 2016. p. 28.

Cartografia em foco

1 Observe o mapa e responda às questões.

Fonte: *Atlas geográfico escolar*. 7. ed. Rio de Janeiro: IBGE, 2016. p. 143.

a) Qual é o título do mapa?

b) Que tipo de escala foi utilizado nesse mapa? O que ela indica?

c) Que convenções cartográficas foram utilizadas nesse mapa e o que elas indicam?

d) Que informações você obtém após a leitura desse mapa?

2 Considere uma viagem do Rio de Janeiro até Belo Horizonte, passando por Vitória. Para uma viagem mais segura, é importante calcular a distância do trajeto e a direção geográfica a seguir, desde o ponto de partida até o destino. Calcule a distância:

a) entre Rio de Janeiro e Vitória;

b) entre Vitória e Belo Horizonte;

c) entre Belo Horizonte e Rio de Janeiro.

3 Indique a direção geográfica entre:

a) Rio de Janeiro e Vitória;

b) Vitória e Belo Horizonte.

Tipos de mapa

Os mapas têm uma função especial em Geografia, por ser ela a ciência que estuda a organização do espaço. Nesse caso, são utilizados tanto para a investigação de fenômenos quanto para a constatação de dados.

Por meio da leitura de mapas, as pessoas podem informar-se sobre o espaço representado e ter uma visão de todo o entorno.

São muitas as finalidades dos mapas. Eles são necessários para planejar uma cidade, construir estradas, estudar, pesquisar, viajar, conhecer lugares ou simplesmente saber onde se está.

No entanto, não é qualquer mapa que poderá nos fornecer as informações de que necessitamos. Existem diferentes tipos de mapa, cada um com uma finalidade específica.

Como exemplo, observe os mapas a seguir. Qual dos dois você utilizaria para identificar o maior estado brasileiro?

Fonte: *Atlas geográfico escolar*. 7. ed. Rio de Janeiro: IBGE, 2016. p. 113.

Fonte: *Atlas geográfico escolar*. 7. ed. Rio de Janeiro: IBGE, 2012. p. 90.

Provavelmente, ao ler os títulos e observar o que representam, você e os colegas escolheram o segundo mapa, pois é nele que estão representados os estados brasileiros, em cores diferentes.

Um mapa em que cada estado tem sua área representada com cores diferentes, possibilita melhor visualização de sua área, o que facilita a identificação do maior estado brasileiro.

Como é mostrado nesse exemplo, os mapas apresentam informações variadas que podem auxiliar na resposta a diferentes perguntas que fazemos. Estudar os diferentes tipos de mapas é fundamental para conhecer os seus usos.

Esse mapa (que está à direita) é um **mapa político**. Os mapas políticos são aqueles que representam os limites políticos dos territórios. Nesse caso, mostra a divisão interna do Brasil em unidades político-administrativas, ou seja, os estados e o Distrito Federal.

O primeiro é um **mapa demográfico**, no qual aparece a distribuição espacial da população brasileira. Nele a distribuição da população brasileira utiliza pontos que se referem ao número de habitantes. Essa indicação facilita a leitura das informações mapeadas. Podemos, por exemplo, conhecer quantos habitantes existem nas diferentes áreas do território brasileiro.

Dessa forma, utilizar um mapa específico, de acordo com as informações que buscamos, é o melhor caminho.

Veja a seguir outros exemplos de mapas. Observe o título de cada um. Neles estão as informações sobre o espaço representado e o tema abordado. Não se esqueça de observar também a legenda.

Mapa físico: representa as variações de altitude do terreno, os compartimentos do relevo e a hidrografia.

Mapa temático: representa informações relacionadas a diversos temas, por exemplo, produção agrícola, turismo, unidades de conservação etc. No caso do mapa abaixo, estão representadas as reservas e terras indígenas do Brasil.

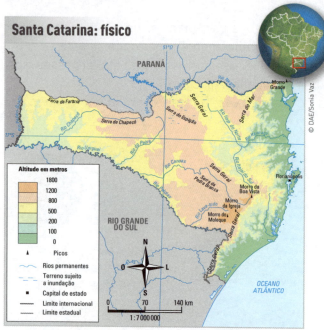

Fonte: *Atlas geográfico escolar*. 7. ed. Rio de Janeiro: IBGE, 2016. p. 176.

Fonte: *Atlas geográfico escolar*. 7. ed. Rio de Janeiro: IBGE, 2016. p. 112.

Mapa histórico: na maior parte dos casos, representa algum aspecto de determinada época passada.

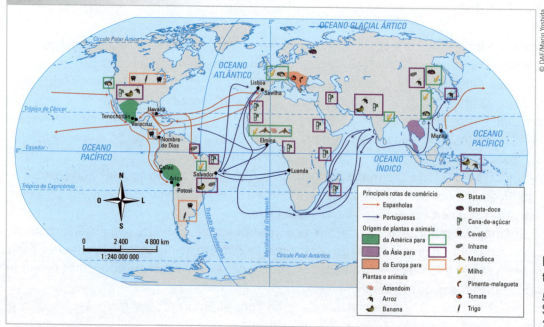

Fonte: Claudio Vicentino. *Atlas histórico geral e do Brasil*. São Paulo: Scipione, 2011. p. 90.

Atividades

1. A interpretação de um mapa exige certos procedimentos e alguns cuidados. Precisamos conhecer as informações apresentadas pelos elementos que o compõem, como título, legenda, escala e orientação, relacionando-as ao que foi representado. Responda:

   a) O que as escalas indicam?
   b) Qual é a função da rosa dos ventos em um mapa?
   c) Qual é a importância da legenda para a leitura e interpretação de um mapa?

2. Observe o mapa e depois responda às questões.

Fonte: *Atlas geográfico escolar*. 7. ed. Rio de Janeiro: IBGE, 2016. p. 139.

   a) Que espaço foi mapeado?
   b) O que esse mapa representa?
   c) Que elemento visual foi utilizado para representar as informações no mapa?
   d) Que informações você obteve após a leitura e análise desse mapa?
   e) Há atividade turística em seu estado? De que tipo?

Retomar

1. Escreva o nome das linhas imaginárias destacadas com as letras. Para isso organize uma legenda para a representação.

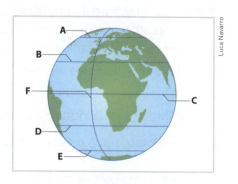

2. Observe o mapa-múndi a seguir e responda:

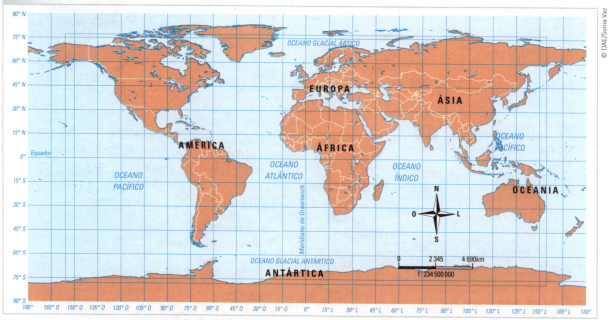

Fonte: *Atlas geográfico escolar.* 7. ed. Rio de Janeiro: IBGE, 2016. p. 32

a) O Meridiano de Greenwich passa por quais continentes?

b) A Linha do Equador passa por quais continentes?

c) Quais continentes estão totalmente no Hemisfério Norte?

d) Qual continente está totalmente no Hemisfério Sul?

3. Sabemos que as coordenadas geográficas nos dão com precisão a localização de qualquer ponto na superfície terrestre. Diana é repórter fotográfica e viaja o mundo registrando as paisagens terrestres e o fundo do mar. Consulte novamente o mapa-múndi da questão 2, siga as pistas e localize nele, registrando em seu caderno, onde ela esteve nos últimos anos.

a) 45° S 135° O   b) 45° N 90° L   c) 30° S 150° L

- Agora é sua vez de criar uma localização que indique onde gostaria de ir. Depois explique por que gostaria de ir para lá.

4. Qual é a utilidade do GPS?

5 Leia o trecho do texto a seguir e depois faça o que se pede.

O que é Cartografia?

[...]

A função principal da Cartografia é representar a realidade através de informações, que são organizadas e padronizadas, de forma a atender aos mais diversos ramos de atividade.

Hoje, ela está muito presente no nosso dia a dia na medida em que nos valemos de mapas para nos localizar, para traçarmos um caminho, para entendermos melhor o nosso entorno, para estabelecermos limites, para compreendermos fenômenos naturais, sociais etc.

[...]

IBGE. O que é cartografia? *Atlas geográfico escolar na internet*.
Disponível em: <https://atlasescolar.ibge.gov.br/conceitos-gerais/o-que-e-cartografia.html>. Acesso em: maio 2018.

a) De acordo com o texto, cite duas situações que indicam o uso de mapas.

b) Ao fazer a leitura do mapa de seu município, estado ou país é possível confirmar algumas das afirmações apontadas no segundo parágrafo do texto? Justifique.

6 Quais são as semelhanças e as diferenças entre plantas e mapas?

7 Que diferenças existem entre a confecção de mapas no passado e no presente?

8 As projeções cartográficas possibilitam representar o formato esférico da Terra numa superfície plana. Escreva a diferença entre as projeções cartográficas.

9 Observe o mapa a seguir e depois responda às questões.

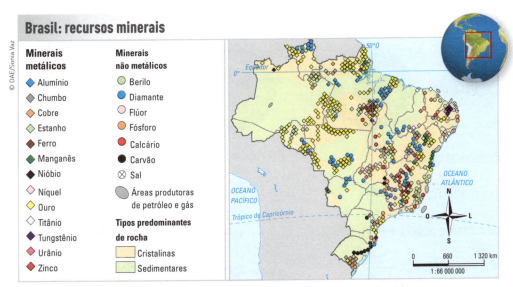

Fonte: Gisele Girardi e Jussara Vaz Rosa. *Atlas geográfico do estudante*. São Paulo: FTD, 2011. p. 35.

a) Que espaço está representado?

b) Que tipo de mapa é esse? Justifique sua resposta.

c) Que informações o mapa disponibiliza?

d) Que recurso visual foi utilizado para representar os elementos mapeados?

e) Que tipos de escala foram utilizados no mapa?

f) Quanto o espaço real foi reduzido para caber nesta página?

Visualização

A seguir, apresentamos um mapa conceitual sobre o tema estudado nesta unidade. Trata-se de uma representação gráfica do conhecimento organizado, composto de uma estrutura que relaciona os principais conceitos e as palavras de ligação do conteúdo. Essa ferramenta serve como resumo e instrumento de compreensão dos textos, além de possibilitar consultas futuras.

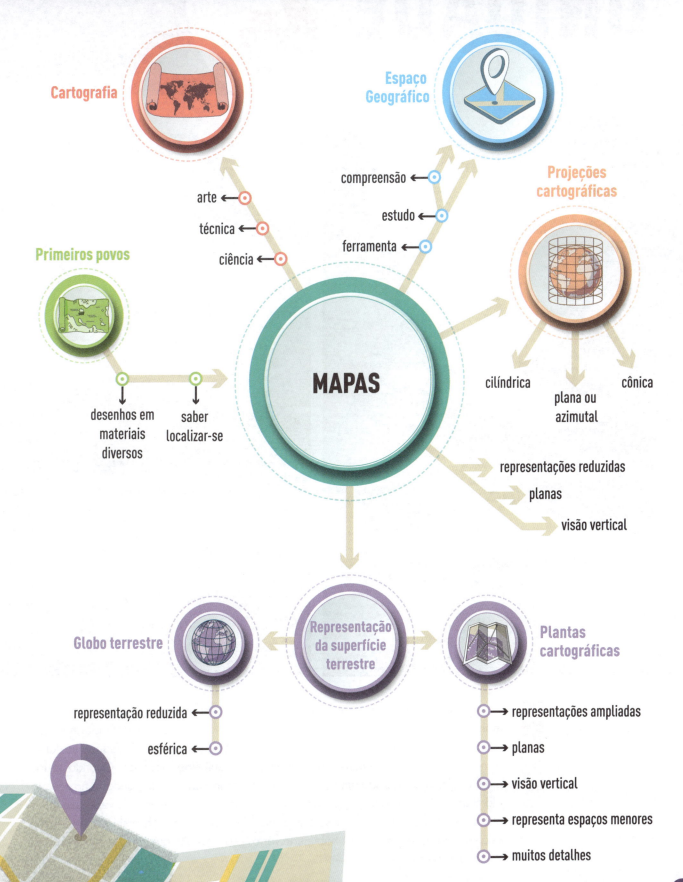

UNIDADE 4

A sequência de fotografias mostra a formação de uma nova ilha originada de sucessivas erupções vulcânicas, próximo à Ilha de Nishinoshima, no Japão. Na fotografia 1 vemos uma erupção em 21 de novembro de 2013; na fotografia 2, em 26 de novembro de 2013.

Antever

As fotografias mostram o dinamismo da Terra, desde sua superfície até o interior mais profundo. Isso acontece porque a Terra está "viva", em constante transformação.

Em 2013, de uma erupção vulcânica, nasceu essa ilha, ao sul de Tóquio, no Japão – mais uma entre as milhares que compõem o arquipélago japonês. Quando se formou, os cientistas não sabiam ao certo se ela permaneceria ou se afundaria no oceano. No entanto, em dois anos, após sucessivas erupções, ela aumentou 12 vezes seu tamanho original, a ponto de juntar-se com outra ilha próxima, a Nishinoshima. Atualmente está coberta de vegetação e é hábitat de vários pássaros. Ao que parece, ela está longe de desaparecer.

Litosfera: natureza e sociedade

Na fotografia 3 vemos a expansão da lava expelida pelo vulcão se juntando à ilha em 26 de dezembro de 2013; e na fotografia 4 temos a nova ilha formada pela junção do vulcão e da Ilha de Nishinoshima, em 17 de novembro de 2015.

1 O que você sabe sobre atividades vulcânicas?

2 As erupções vulcânicas são fenômenos provenientes do interior da Terra que ocorrem na superfície terrestre. Você conhece outros fenômenos como este? Se sim, quais?

3 Por meio dessa sequência de imagens, em sua opinião, o que pode mudar nessa paisagem ao longo de milhões de anos?

CAPÍTULO 11
Litosfera e dinâmica interna da Terra

As esferas da Terra

Na Unidade 2 vimos características importantes da Terra, como sua origem, formação e particularidades que a tornam o único planeta do Sistema Solar a ter vida como conhecemos.

Durante seus mais de 4,5 bilhões de anos de idade, a Terra passou por várias transformações, sendo submetida incessantemente à ação de fenômenos internos e externos que levaram à configuração de sua superfície atual, ainda em transformação.

A superfície terrestre, parte externa da Terra, é componente de uma camada rígida do planeta, constituída por rochas e minerais, que chamamos de **litosfera** (do grego *lithos*, que significa "pedra"). A litosfera tem estreita relação com outras duas camadas: a hidrosfera e a atmosfera.

A **hidrosfera** é a camada descontínua de água que envolve a Terra, e a **atmosfera** é a camada gasosa que envolve todo o planeta. Na atmosfera também há água no estado de vapor. A interação dessas três camadas, ou esferas, forma a **biosfera** (esfera da vida). Os elementos da biosfera não ocorrem isoladamente. Eles interagem entre si, e a alteração de um deles pode desequilibrar todo o conjunto.

Observe a seguir as três esferas e a distribuição de terras emersas e águas na superfície terrestre.

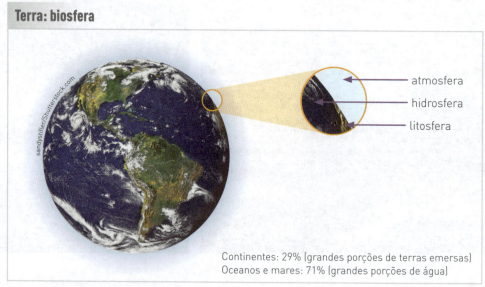

Terra: biosfera

Fonte: Frank Press et al. *Para entender a Terra*, 2006.

Continentes: 29% (grandes porções de terras emersas)
Oceanos e mares: 71% (grandes porções de água)

É na superfície terrestre que estão os continentes e os oceanos, onde a vida se desenvolve em todas as formas e os espaços geográficos são construídos e transformados pelos seres humanos, compondo paisagens diversas.

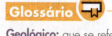

Glossário

Geológico: que se refere à estrutura e à evolução física da Terra.

Embora vivamos sobre a superfície, estudar o que existe abaixo de nossos pés nos leva a compreender como a Terra se formou, sua composição **geológica** e como atuam as forças provenientes de seu interior que interferem na dinâmica de sua superfície. Esse conhecimento pode ajudar a salvar vidas e prevenir acidentes.

Da superfície ao interior da Terra

A maior parte do que conhecemos atualmente a respeito do interior da Terra provém de meios indiretos, pois não é possível chegar até ele.

Estudos científicos com base na propagação de ondas sísmicas produzidas pelos tremores de terra possibilitaram comprovar que a Terra é formada, em seu interior, por camadas **concêntricas**, compostas de diferentes materiais e densidades.

Quanto à composição química dos materiais, a estrutura interna da Terra é classificada em: **crosta terrestre**, **manto** e **núcleo**. Quanto à rigidez dos materiais, dividem-se as camadas da Terra em: litosfera, astenosfera, mesosfera e núcleo. A litosfera corresponde à crosta terrestre e à parte superior do manto; o limite é a temperatura de 1 200 °C. É sobre a astenosfera (zona plástica) que as placas litosféricas deslizam lentamente.

A **crosta terrestre** é uma camada de fina espessura que envolve a Terra, composta sobretudo de basalto e granito. Juntamente com a parte superior do manto, forma a litosfera.

Camadas internas da Terra

Fonte: Vera Caldini e Leda Ísola. *Atlas geográfico Saraiva*. São Paulo: Saraiva, 2009. p. 20.

Glossário

Concêntrico: que contém o mesmo centro.

A crosta terrestre não é homogênea, podendo ser dividida em crosta continental e crosta oceânica. A crosta oceânica é constituída por rochas basálticas, com espessura média em torno de 6 km e idade máxima de 180 milhões de anos. Já a crosta continental tem espessura que varia de 20 km a 80 km, sendo constituída por diferentes tipos de rochas que se formaram ao longo do tempo geológico, com idade aproximada de 4 bilhões de anos. O solo é a camada superficial da crosta terrestre, constituída por componentes minerais e orgânicos, resultante da desintegração e da decomposição de rochas. Ele é considerado a base das atividades humanas na superfície terrestre e apresenta várias possibilidades de uso e ocupação.

O **manto**, abaixo da crosta, é a camada que envolve o núcleo da Terra. É composto de minerais ricos em silício, ferro e magnésio. O manto interior é composto principalmente de sílica e silicatos de alumina. À medida que aumenta a profundidade e as temperaturas se apresentam acima de 1 200 °C, o manto deixa de ter certa rigidez, encontrando-se na forma de material viscoso.

O **núcleo** é a camada mais interna da Terra, constituída por níquel e ferro, com temperaturas em torno de 5 000 °C. Divide-se em núcleo externo, com consistência mais líquida, e núcleo interno, composto de minerais supostamente sólidos.

O avanço do conhecimento científico a respeito do interior do planeta proporcionou aos seres humanos obter benefícios de seu calor, por exemplo, utilizando fontes termais para a geração de energia. A grandes profundidades, rochas em altas temperaturas aquecem a água que se encontra abaixo da superfície. Algumas **instalações geotérmicas** utilizam, para gerar energia, a água quente que flui naturalmente para a superfície.

De olho no legado

[...] Ainda no início do século XVII acreditava-se que a Terra possuía cerca de 6.000 anos, idade esta baseada em relatos bíblicos e especulações de antigos filósofos gregos.

Entre os séculos XVII e XVIII ocorreu um certo avanço sobre o conhecimento da Terra. Entretanto, no final desse período acreditava-se ainda que seu interior era constituído por inúmeros túneis, conectados entre si a câmaras preenchidas com os materiais expelidos pelos vulcões. Estes representavam os pontos de ligação entre a superfície terrestre e o interior profundo. No início do século XIX, quando as primeiras minas e poços mais profundos foram perfurados, foi comprovado que há um aumento significativo da temperatura com a profundidade. *Lord* Kelvin (1824-1907), físico muito conceituado na época, utilizou a taxa de aumento da temperatura com a profundidade, observada em minas, para supor que a Terra formou-se pelo resfriamento de uma massa em fusão e para calcular que o tempo necessário para atingir a temperatura atual deveria ser no máximo de cerca de 100 milhões de anos. Essa idade era contestada por cientistas da época, que a consideravam muito pequena para explicar a evolução dos seres vivos e dos estratos geológicos.

A descoberta da **radioatividade**, em 1896, por Henri Becquerel, promoveu um grande progresso no que se refere ao conhecimento da idade da Terra, pois em 1903 o casal Pierre e Marie Curie mostrou que no processo de decaimento radioativo há geração de calor. Portanto, a idade obtida por Kelvin necessitava ser revista, pois em seus cálculos esse importante fator não havia sido computado.

Foi, no entanto, no século XX que ocorreu uma grande revolução sobre a origem, constituição e evolução do nosso planeta. A **datação radiométrica** é o método utilizado atualmente para a determinação da idade das rochas e, através dele, sabemos hoje que a Terra possui 4,5 bilhões de anos. Foi nesse século que a geofísica estabeleceu-se como ciência, permitindo a obtenção das informações de que dispomos hoje sobre o interior terrestre, as quais são baseadas na propagação de ondas sísmicas produzidas por tremores de terra, em medidas tanto do calor emitido em sua superfície, como também dos campos magnético e de gravidade.

Essas determinações permitiram verificar que a Terra não é internamente homogênea, tanto sob o ponto de vista composicional, como também quanto ao estado físico, sendo composta essencialmente por quatro camadas esféricas e concêntricas. [...]

A proporção em volume de cada uma dessas camadas é semelhante ao que se observa em um ovo cozido, sendo que o núcleo (interno e externo) corresponde à proporção ocupada pela gema, o manto à da clara endurecida, e a crosta à da casca. [...]

Leila Soares Marques. O interior da Terra. *Revista USP*, São Paulo: n. 71, p. 21 e 22, set./nov. 2006. Disponível em: <www.revistas.usp.br/revusp/article/view/13547/15365>. Acesso em: maio 2018.

Glossário

Datação radiométrica: técnica que possibilita datar fósseis e outros objetos arqueológicos com base no decaimento do carbono 14.

Radioatividade: energia emitida sob forma de partículas ou radiação eletromagnética por algumas substâncias ou elementos fisicamente instáveis (radioativos).

---

1 O texto aborda a evolução dos estudos científicos que possibilitaram descobrir a idade da Terra. Copie a tabela a seguir e indique as idades da Terra apresentadas nos períodos.

Até o século XVII	Séculos XVIII e XIX	Século XX

2 Qual foi o grande avanço científico que possibilitou datar a idade da Terra?

3 Forme um grupo com alguns colegas e, juntos, elaborem uma representação das camadas internas da Terra. Vocês podem usar diferentes materiais, como papelão, argila e massa de modelar. Utilizem proporções semelhantes às reais.

Mudanças geológicas ao longo do tempo

Desde a origem da Terra, muitos processos internos (como terremotos e atividade vulcânica) e externos (como chuvas e ventos) aconteceram, provocando modificações em suas paisagens. As primeiras formas de vida surgiram há quase 3 bilhões de anos e os primeiros ancestrais dos seres humanos, há menos de 1 milhão de anos.

Parte dos eventos geológicos ocorridos na história do planeta é contada com base no estudo de seu interior e outra, pela descoberta de registros **fósseis**. Por meio do estudo dos fósseis, os cientistas desvendam acontecimentos do passado. Para conhecer essas mudanças, os pesquisadores também analisam as rochas, criando hipóteses e teorias para explicar as características geológicas da Terra e suas transformações.

Fóssil de trilobita, artrópode característico da Era Paleozoica.

Fóssil de uma *Leefructus mirus* de cerca de 125 milhões de anos.

Ampliar

Como se formam os fósseis

www.uc.pt/fossil/pags/formac.dwt

O *site* apresenta uma animação sobre o processo de fossilização.

Acervo de fósseis

www.uel.br/grupo-pesquisa/geologia/index.php?option=com_content&view=article&id=54&Itemid=71

Nesse *site* há imagens de fósseis: plantas, invertebrados e vertebrados.

Glossário

Éon: maior subdivisão da escala de tempo da história da Terra, que representa grandes etapas de seu desenvolvimento.
Fóssil: resto ou vestígio de animal e vegetal preservado ou gravado em rocha. Por meio de seu estudo, é possível descobrir informações sobre o passado geológico da Terra.

A fim de organizar a evolução da Terra e os fenômenos naturais ocorridos nessa longa jornada, utilizamos um calendário geológico com unidades de medida em milhões de anos, bem diferente do que usamos no dia a dia.

Assim, a história da Terra pode ser dividida em quatro **éons** – Hadeano, Arqueano, Proterozoico e Fanerozoico –, que são divididos em eras. Essas unidades de tempo são divididas em períodos, e estes, por sua vez, em épocas.

Observe a escala a seguir, que representa a divisão do tempo geológico.

	Tempo geológico	
Era Cenozoica Duração: cerca de 65,5 milhões de anos	**Período Quaternário** • Surgimento do *Homo sapiens*. • Grande glaciação do Hemisfério Norte (Idade do Gelo). • Configuração atual dos continentes e oceanos.	
	Período Neogeno • Surgimento dos hominídeos primitivos. • Expansão dos mamíferos de grande porte. • Superfície da Terra se aproxima da forma atual.	
	Período Paleogeno • Intensa atividade vulcânica e formação das grandes cadeias montanhosas (Andes, Alpes e Himalaia). • Surgimento dos mamíferos modernos e evolução das espécies pastadoras. • Diversificação dos mamíferos e auge do desenvolvimento das aves.	
Era Mesozoica Duração: cerca de 185,5 milhões de anos	• Surgimento das primeiras plantas com flores (angiospermas) e de grande porte (coníferas). • Surgimento, domínio e brusca extinção dos dinossauros. • Clima árido que originou vasto deserto arenoso; consolidação dos arenitos, rochas porosas que propiciaram a formação do Aquífero Guarani. • Fragmentação da Pangeia em dois continentes: Laurásia e Gondwana.	
Era Paleozoica Duração: cerca de 291 milhões de anos	• Já existiam todos os grandes grupos de invertebrados (animais marinhos, peixes de água doce, insetos, anfíbios e répteis). • Maior extinção em massa de formas de vida animal e vegetal (Extinção Permiana). • Grande diversificação evolutiva dos animais (Explosão Cambriana). • Surgimento de plantas terrestres e grandes florestas que propiciaram a formação de jazidas de carvão.	
Pré- -Cambriano Duração: cerca de 4 bilhões de anos	• Formação do supercontinente Rodínia e surgimento da reprodução animal sexuada. • Acúmulo de oxigênio na litosfera. • Surgimento dos primeiros continentes, com intensa atividade orogênica (formação de montanhas). • Surgimento da vida nos oceanos: organismos primitivos unicelulares (procariontes) e posterior evolução de seres eucariontes. • Intensas chuvas que propiciaram o surgimento dos oceanos. • Grande ocorrência de choques de meteoritos. • Formação da atmosfera – rica em dióxido de carbono (CO_2) e praticamente sem oxigênio. • Intensa atividade vulcânica e formação das primeiras rochas. • Resfriamento da Terra.	

Fonte: Pércio de Moraes Branco. Breve história da Terra. *Serviço Geológico do Brasil*, 3 dez. 2016. Disponível em: <www.cprm.gov.br/publique/Redes-Institucionais/Rede-de-Bibliotecas---Rede-Ametista/Canal-Escola/Breve-Historia-da-Terra-1094.html>. Acesso em: jun. 2018.

Conviver

Em quatro grupos com quatro a seis alunos, pesquisem os principais fenômenos que ocorreram na história geológica da Terra. Cada grupo ficará responsável por coletar informações sobre uma das eras geológicas. A pesquisa deverá ser exposta em cartazes, por meio de textos e imagens. Os textos precisam ser curtos e informativos. O título apresentará o assunto ou tema e deve estar em destaque, centralizado nos cartazes.

Ao fazer um cartaz, é importante estar atento a questões estéticas, como as margens e o uso de letra legível e em tamanho que possibilite a leitura. Não deve haver rasuras. As imagens devem estar bem recortadas e coladas. Selecionem apenas as mais significativas e incluam pequenos textos explicativos.

Deriva Continental e Tectônica de Placas

Hoje sabemos que no passado a distribuição das terras e das águas na superfície terrestre era muito diferente da atual e que isso se deve ao fato de os movimentos da litosfera terem ocorrido lentamente, causados pelo calor do interior da Terra.

Observe esse processo na sequência de imagens a seguir.

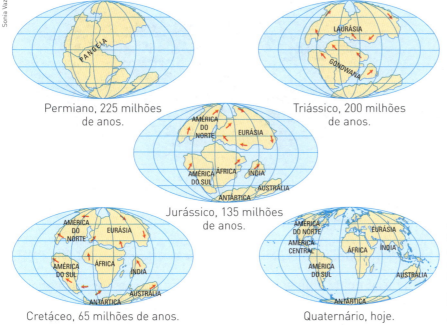

Permiano, 225 milhões de anos.

Triássico, 200 milhões de anos.

Jurássico, 135 milhões de anos.

Cretáceo, 65 milhões de anos.

Quaternário, hoje.

Ao longo do tempo geológico, supercontinentes se formaram, sendo depois fragmentados, e esse processo continuará enquanto houver calor no interior da Terra.

Fonte: *Atlas geográfico escolar*. 7. ed. Rio de Janeiro: IBGE, 2016. p. 12.

Alguns cientistas estudaram o tema e levantaram a hipótese da movimentação dos continentes, entre eles, o alemão Alfred Wegener (1880-1930), que elaborou a teoria da **Deriva Continental**, divulgada em 1912.

Além do encaixe de costas de continentes hoje afastados, ele observou que havia fósseis idênticos em continentes distintos. Percebeu também que as rochas dos litorais africano, sul-americano, indiano e australiano eram muito parecidas. Com outros argumentos, elaborou a hipótese de ter existido, entre 200 milhões e 250 milhões de anos atrás, uma única massa continental, que foi denominada **Pangeia**, e apenas um oceano, o Pantalassa.

A fragmentação da Pangeia deu origem a dois megacontinentes, chamados de Laurásia, localizado ao norte, e Gondwana, ao sul. Laurásia e Gondwana continuaram a se dividir ao longo do tempo, originando outros continentes, há cerca de 135 milhões de anos. Nesse período, as áreas continentais atuais ainda não estavam definidas. A Índia, por exemplo, "soltou-se" de Gondwana, formando uma ilha. Somente na Era Cenozoica, a configuração dos continentes começou a se assemelhar à atual.

Embora os estudiosos tenham encontrado evidências (provas) do movimento dos continentes, apenas recentemente conseguiram explicar como as separações ocorreram. A teoria da **Tectônica de Placas**, apresentada no início da década de 1960, complementou a teoria de Alfred Wegener ao comprovar que a litosfera é descontínua e fragmentada em grandes blocos rochosos, denominados placas tectônicas ou litosféricas.

A teoria da Tectônica de Placas foi elaborada pela geóloga e estudiosa de cartografia oceanográfica americana Marie Tharp (1920-2006) e pelo oceanógrafo Bruce Heezen (1924-1977), após ela ter feito o primeiro mapeamento do fundo do oceano, em 1948.

Semelhante a um quebra-cabeça, as rígidas placas tectônicas – que englobam partes continentais e oceânicas – movimentam-se continuamente sobre o manto. A espessura das placas é, em média, de 100 km, sendo as maiores registradas nos continentes e as menores, apenas no fundo dos oceanos.

Nos limites das placas tectônicas estão situadas as áreas mais instáveis do planeta, sujeitas a terremotos e vulcanismo.

Observe no mapa a seguir as placas tectônicas que compõem a crosta terrestre.

❶ Em que parte da placa tectônica o Brasil se localiza? Qual é a principal consequência dessa localização quanto à ocorrência de terremotos e vulcões?

❷ Identifique locais no mundo que estão sujeitos a movimentos da crosta terrestre.

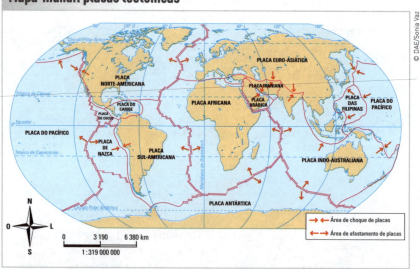

Mapa-múndi: placas tectônicas

Fonte: *Atlas geográfico escolar: Ensino Fundamental do 6º ao 9º ano*. Rio de Janeiro: IBGE, 2010. p. 103.

Ampliar

Conheça a Terra
www.iag.usp.br/siae97/geofs/terra0.htm

Site do Instituto de Astronomia e Geofísica da Universidade de São Paulo, dedicado à difusão de conhecimento sobre a estrutura interna da Terra e suas classificações.

O material fluido e de elevada temperatura que se encontra abaixo da litosfera apresenta grande mobilidade de fluxo de calor. Quando esse fluxo de calor se processa de forma rápida, por meio de correntes de convecção, produz o movimento das placas e, consequentemente, os abalos sísmicos, que observamos na forma de terremotos.

Assim, podemos afirmar que as forças originadas no interior da Terra levam à movimentação das placas e, enquanto existir calor, os continentes continuarão a se movimentar, ainda que lentamente. Isso é comprovado hoje por meio de tecnologias, que, além de identificar a direção de deslocamento das placas, determinam a que velocidade ocorrem os movimentos.

1. Quais são as três esferas que juntas possibilitam a existência da biosfera? Explique cada uma delas.

2. Observe a ilustração ao lado e identifique no caderno as camadas da Terra de acordo com os números indicados.

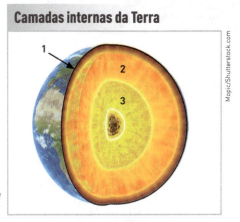

Fonte: Vera Caldini e Leda Ísola. *Atlas geográfico Saraiva*. São Paulo: Saraiva, 2009. p. 20.

3. Alfred Wegener baseou-se em evidências para elaborar a teoria da Deriva Continental. Sobre isso, responda às questões a seguir.

   a) O que a teoria afirmava?
   b) A que evidência a imagem se aplica?
   c) Aponte outras evidências nas quais ele se baseou para elaborar a teoria.

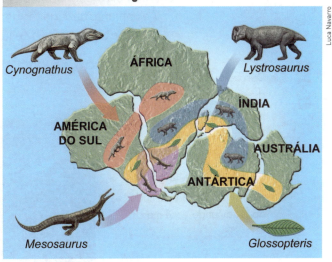

Fonte: Laboratório de Paleontologia da Amazônia. Deriva Continental. Universidade Federal de Roraima. Disponível em: <http://ufrr.br/lapa/index.php?option=com_content&view=article&id=%2093>. Acesso em: jul. 2018.

4. Observe a imagem a seguir e, com base nela, explique por que a crosta terrestre está em movimento.

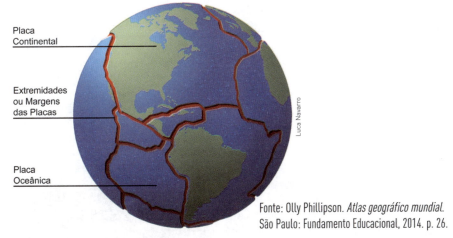

Fonte: Olly Phillipson. *Atlas geográfico mundial*. São Paulo: Fundamento Educacional, 2014. p. 26.

5. Qual é a importância de estudar o tempo geológico?

101

CAPÍTULO 12
As formas da superfície terrestre

O relevo

Atualmente, dos 510 milhões de quilômetros quadrados da superfície terrestre, 149 milhões constituem as terras emersas, que correspondem aos continentes e ilhas, enquanto os 361 milhões restantes compreendem os oceanos e mares.

Observando a fotografia da Terra pode parecer que toda a superfície seja lisa e uniforme; no entanto, ela está bem longe disso. Nosso planeta é bastante irregular. Existem áreas de terrenos mais elevados, outros mais baixos; algumas áreas são planas, outras apresentam ondulações. Essa irregularidade não ocorre apenas nos continentes, mas também no **assoalho oceânico**.

Ao conjunto de variação de formas da superfície terrestre chamamos de **relevo**. Observe a paisagem a seguir, que revela formas do relevo brasileiro.

Glossário
Assoalho oceânico: superfície sólida no fundo do mar.

Zoom
1. Descreva como é o relevo dessa paisagem.
2. Esse tipo de paisagem se assemelha ao do lugar onde você mora? Por quê?
3. Você sabe quais são os tipos de relevo e a altitude do lugar onde você mora?

Ladainha (MG), 2018.

Como você pôde constatar, o relevo pode apresentar variações de **altitude**. Para determinar a altitude de um lugar, usamos o nível do mar como ponto de referência. Por exemplo: o ponto culminante do Brasil, o Pico da Neblina, localizado na Serra do Imeri, no estado do Amazonas, está a 2 994 metros acima do nível do mar; o Monte Everest, a maior montanha da Terra, na Cordilheira do Himalaia, na Ásia, está a 8 848 m de altitude.

Fonte: Antônio Teixeira Guerra. *Dicionário geológico-geomorfológico*. 9. ed. Rio de Janeiro: Bertrand Brasil, 2011. p. 33, 38 e 178.

Altitude e altura

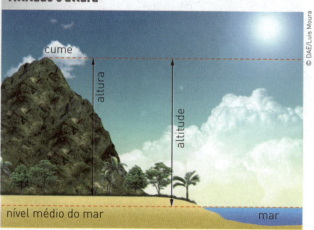

Cartografia em foco

Observe no mapa abaixo a representação do aspecto físico da Terra. Nele pode-se identificar a variação da altitude do relevo terrestre, bem como alguns dos maiores rios do mundo.

As altitudes são apresentadas por diferentes cores. Geralmente utiliza-se um sistema de gradação, onde as cores não são aleatórias, mas obedecem a uma convenção. O marrom mais escuro, por exemplo, representa as maiores altitudes, cuja tonalidade vai clareando conforme diminuem as altitudes e o verde, as baixas altitudes. As águas são representadas pela cor azul.

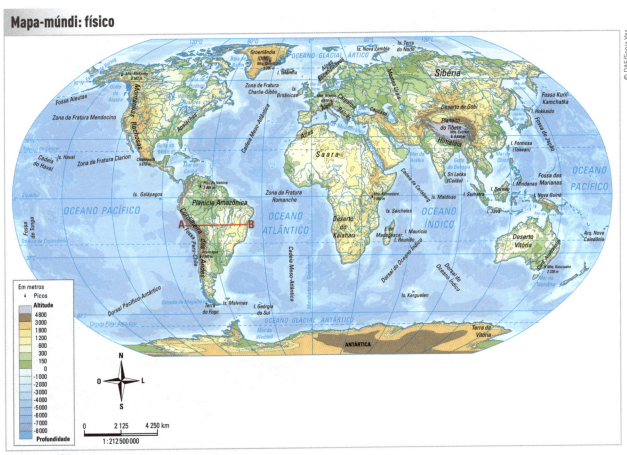

Mapa-múndi: físico

Fonte: *Atlas geográfico escolar*. 7. ed. Rio de Janeiro: IBGE, 2016. p. 33.

1. Leia a legenda e identifique que cor representa os terrenos mais elevados da superfície terrestre.

2. Em que continente estão as maiores altitudes do relevo continental?

3. A variação de altitude do relevo submarino também pode ser observada. O que a gradação da cor azul indica?

4. Localize no mapa acima a linha A-B. Se você partisse do ponto A e fosse em direção ao ponto B, seguindo pela linha, as altitudes sempre seriam as mesmas? Explique.

5. Escolha um continente e responda:
   a) Quais formas de relevo se destacam?
   b) De que forma foram representados os rios?

103

Principais formas do relevo

Formas de relevo

Fonte: *Atlas geográfico escolar*. 7. ed. Rio de Janeiro: IBGE, 2016. p. 98.

As **montanhas** são as maiores elevações encontradas no relevo terrestre. O conjunto dessas elevações é chamado de cordilheira ou cadeia de montanhas. O relevo montanhoso é mais irregular e abrupto. Por ter sido formado recentemente, sofreu pouco a **erosão**.

Os **planaltos** correspondem a superfícies irregulares que podem ser compostas de diversas formas, como morros, serras e chapadas. Nos planaltos, a ação da erosão, provocada pelas chuvas e pelos ventos, entre outros agentes, é maior do que o acúmulo de **sedimentos** provenientes de outras áreas.

> **Glossário**
>
> **Erosão:** desgaste, remoção e transporte de sedimentos de rochas.
> **Sedimento:** material originado da erosão em rochas e solos. Ao ser transportado pela água ou pelo ar, acumula-se em partes baixas do relevo.

Relevo montanhoso nos Alpes Suíços em Montreux, Suíça, 2017.

Vista aérea do Parque Nacional da Chapada dos Veadeiros, em Cavalcante (GO), 2018.

As **planícies** são superfícies mais ou menos planas. Diferentemente dos planaltos, nelas predomina o processo de acumulação de sedimentos, ou seja, processo de sedimentação. Existem vários tipos de planícies, como as fluviais, cortadas por grandes rios, e as litorâneas, próximas ao litoral.

Áreas agrícolas na planície do Rio Mississippi, no estado de Wisconsin, Estados Unidos, 2016.

As **depressões** são terrenos mais baixos que as unidades de relevo vizinhas, ou seja, uma depressão relativa, ou se encontram abaixo do nível do mar, o que chamamos de depressão absoluta. São superfícies mais planas, geralmente com inclinação suave, resultante de prolongado processo erosivo.

Lago Yonchevo em área de depressão em meio às Montanhas de Rila, na Bulgária, 2016.

Embora seja difícil perceber isso em nosso cotidiano, o relevo é continuamente modelado pela ação da natureza. É nele que os seres humanos organizam seus espaços.

Dependendo do tipo de relevo em que nos encontramos, as atividades humanas são facilitadas ou dificultadas. Entretanto, o processo de obtenção de conhecimento e o aprimoramento da tecnologia possibilitam que as pessoas transponham as limitações do relevo. O conhecimento do relevo é condição fundamental para o planejamento, tanto em área urbana ou rural quanto em áreas de vegetação.

Investigar e compreender a dinâmica do relevo é necessário para uma ocupação sustentável do espaço, propiciando, por exemplo, evitar grandes danos ambientais.

Conviver

Em grupos, com a supervisão e orientação do seu professor, elaborem uma maquete que represente as diferentes formas do relevo continental. Para isso, utilizem argila, massa de modelar ou façam uma massa com os seguintes ingredientes: 1 xícara de sal, 1 xícara de farinha de trigo e 2/3 de xícara de água. Em uma superfície dura e plana, apliquem a massa e a modelem em diferentes formas que representem as variações do relevo terrestre. Em papel, confeccionem bandeirinhas com os nomes dessas formas de relevo, colem-nas em palitos e fixem-nas nos respectivos lugares.

O relevo oceânico

Assim como o relevo continental, o relevo dos oceanos também apresenta diversidade de formas. No assoalho do oceano podem ser encontradas tanto cordilheiras quanto fossas profundas.

Para você ter uma ideia, a maior montanha do relevo oceânico está no arquipélago do Havaí. Ela mede 10 203 metros, dos quais 6 033 metros ficam submersos e 4 170 metros estão acima do nível do mar. Na imagem ao lado, podemos observar a cordilheira que se estende no relevo central do Oceano Atlântico, a chamada Dorsal Mesoatlântica.

De acordo com a profundidade e as formas, o relevo oceânico pode ser classificado em três principais regiões. Observe-as no esquema a seguir e leia os textos referentes às características de cada uma delas.

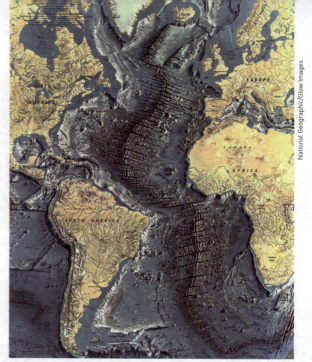

Primeiro mapa do assoalho oceânico já produzido, elaborado pela geóloga e cartógrafa oceanográfica Marie Tharp e publicado em 1965.

Formas do relevo oceânico

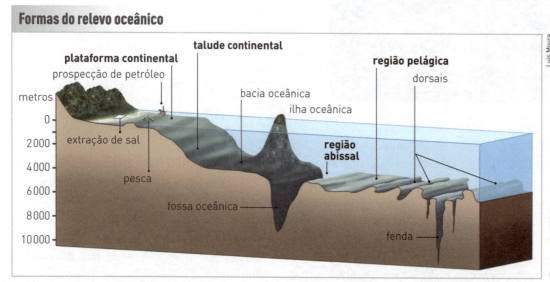

Fonte: *Planeta Terra*. Rio de Janeiro: Abril Livros, 1996. p. 114--115 (Coleção Ciência & Natureza).

A **plataforma continental** estende-se pela orla marítima, chegando a 200 metros de profundidade. É recoberta por sedimentos originados do continente, que são levados por rios, ventos, enxurradas e geleiras, o que propicia grandes concentrações de recursos minerais, como o petróleo e o gás natural. Esses combustíveis fósseis foram formados há milhões de anos pelo acúmulo de organismos marinhos.

A **região pelágica** corresponde ao fundo dos oceanos, atingindo até 5 mil metros de profundidade. Entre a plataforma continental e a região pelágica existe o talude continental, área com grande declividade que pode chegar a 3 mil metros de profundidade.

A **região abissal** é a mais profunda dos oceanos, em geral situada perto dos continentes. É formada pelas fossas submarinas, com mais de 5 mil metros de profundidade. Nelas vivem poucos seres vivos, em razão da pequena quantidade de nutrientes e da baixa temperatura – os seres vivos que habitam essas áreas apresentam adaptações especiais ao ambiente. A maior das fossas oceânicas conhecidas é a Depressão Challenger, com 11 033 metros de profundidade, localizada na Fossa das Marianas, a leste das Filipinas (Ásia).

Atividades

1) O esquema a seguir é um perfil topográfico, uma representação de um corte vertical do relevo de determinado lugar. Nele é possível identificar as variações de altitude do espaço representado. Retome o mapa da página 103 e perceba que ele representa o relevo da linha A-B, que atravessa a América do Sul, do Oceano Pacífico ao Oceano Atlântico.

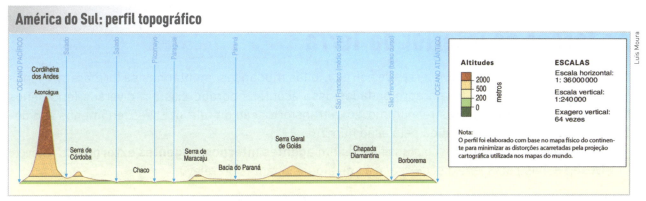

Fonte: Gisele Girardi e Jussara Vaz Rosa. *Atlas geográfico do estudante*. São Paulo: FTD, 2011.

a) Identifique duas formas de relevo no sentido oeste-leste.

b) A região do Chaco, na Argentina, está indicada pela cor verde. O que se pode concluir quanto ao tipo de relevo?

c) Que tipo de relevo predomina no Brasil na região representada?

d) O monte Aconcágua é o ponto culminante da América do Sul, com 6 959 m de altitude. O que explica seu relevo elevado?

2) Quanto às formas de relevo, escreva a diferença entre:

a) planície e planalto;

b) depressão relativa e depressão absoluta.

3) Com base nas paisagens a seguir, explique a relação entre o relevo e as atividades humanas.

Área agrícola nas Planícies Orientais no estado do Colorado, Estados Unidos, 2017.

Plantação de arroz em terraços nas montanhas da Região Autônoma de Guangxi, China, 2016.

CAPÍTULO 13 Agentes internos do relevo

As forças do interior da Terra

Ao longo do tempo, o relevo terrestre sofreu muitas mudanças: montanhas se formaram, rochas foram desgastadas, vales foram aprofundados. Isso acontece porque existem diversos fenômenos que atuam na superfície terrestre e promovem a transformação do relevo. Esses fenômenos são desencadeados de forma natural ou pela ação humana.

De acordo com a origem, são classificados em **agentes internos** e **agentes externos** do relevo. Observe, nas paisagens a seguir, a ação de alguns agentes do relevo.

Erupção no Vulcão Kilauea. Havaí, Estados Unidos, 2018.

Extração de minério de ferro. Congonhas (MG), 2016.

Neste capítulo você compreenderá como as forças provenientes do interior do planeta são capazes de formar e alterar o relevo terrestre.

Os agentes internos do relevo são o **tectonismo**, o **vulcanismo** e os **abalos sísmicos**.

Tectonismo

Os movimentos lentos e prolongados que atuam no interior da crosta terrestre compõem o **tectonismo**.

Um exemplo são as forças tectônicas predominantemente horizontais que levam à colisão entre placas; elas são a origem de grandes cordilheiras, como os Andes, na América do Sul, os Alpes, na Europa, o Himalaia, na Ásia, e as Montanhas Rochosas, na América do Norte.

Observe os esquemas ilustrados e as fotografias a seguir.

A placa mais densa (oceânica) mergulha sob a placa continental. Na fotografia, a Cordilheira dos Andes, que se formou por meio desse tipo de colisão. Chile, 2013.

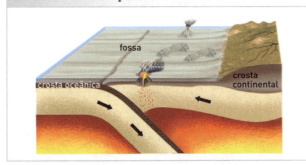

Se as duas placas que colidem são oceânicas, podem formar ilhas de origem vulcânica. É o caso da Ilha Sakurajima. Kyushu, Japão, 2014.

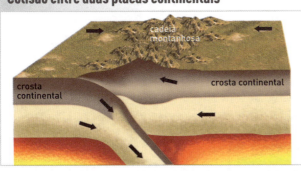

Se duas placas continentais colidem, podem formar-se cadeias de montanhas e fenômenos vulcânicos. Essa é a origem do Monte Everest, Nepal, 2013.

Fonte: Frank Press et al. *Para entender a Terra*. 4. ed. Porto Alegre: Bookman, 2006. p. 57.

Quando as forças são principalmente verticais, ocorrem levantamentos ou rebaixamentos da crosta. Tal movimento pode influenciar as orlas marítimas por transgressões e regressões marinhas, como também, aumentar ou diminuir a vazão dos rios, influenciando na velocidade de desgaste do relevo.

Vulcanismo

O **vulcanismo** ocorre principalmente nas zonas de limite entre as placas tectônicas. A atividade acontece quando o magma, isto é, o material pastoso e de temperatura elevada presente no interior da Terra, atinge a superfície, atravessando fendas e aberturas na crosta terrestre.

Observe as imagens seguir.

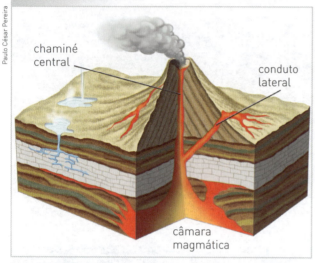

Fonte: Tom Mariner. *Mountains*. Reino Unido: Cherrytree Books, 1989. p. 8. (Earth in Action).

Erupção do Vulcão Etna, um dos mais ativos do mundo. Sicília, Itália, 2013.

O vulcanismo modifica o relevo, pois a acumulação e a solidificação do magma podem formar montanhas, planaltos vulcânicos e ilhas. O solo resultante da atividade vulcânica, originário da rocha basáltica, é muito fértil, favorecendo a prática da agricultura. Isso explica por que áreas próximas a vulcões são muito ocupadas pelas atividades agrícolas. Mesmo no Brasil, onde não existem mais vulcões, há o solo conhecido como terra roxa – principalmente no centro-sul do país. Esse tipo de solo, proveniente das alterações de rochas vulcânicas, originou-se de um derramamento vulcânico que ocorreu na Era Mesozoica.

A atividade vulcânica já foi bem maior no planeta. Atualmente, a maior parte dos vulcões ativos no mundo se localiza no **Círculo de Fogo do Pacífico** – faixa que contorna esse oceano –, como podemos observar neste mapa.

Fonte: Vera Caldini e Leda Ísola. *Atlas geográfico Saraiva*. 4. ed. São Paulo: Saraiva, 2013. p. 169.

Abalos sísmicos

Quando se deslocam, as placas tectônicas geram um acúmulo de pressão e descargas de energia que chegam à superfície provocando vibrações. Grandes abalos sísmicos são conhecidos também por **terremotos**. O lugar onde se origina o terremoto é chamado **hipocentro**. Partindo dele, as vibrações – ou ondas sísmicas – irradiam-se em todas as direções até chegar à superfície. O **epicentro** é o primeiro ponto da superfície atingido pelo abalo sísmico.

Observe essas informações na ilustração ao lado.

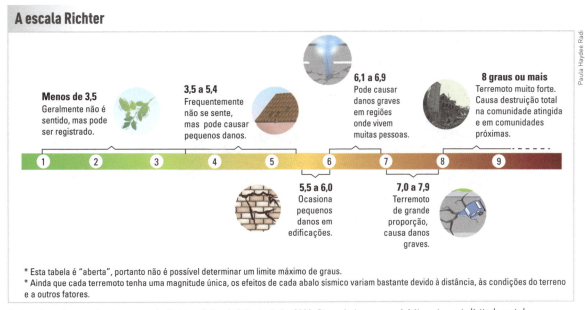

Fonte: Wilson Teixeira et. al. *Decifrando a Terra*. 2. ed. São Paulo: Companhia Editora Nacional, 2009. p. 54.

Sismógrafos são aparelhos que registram as ondas sísmicas que chegam à superfície durante um tremor de terra. A **escala Richter** é a mais utilizada para indicar a força, ou magnitude, de um terremoto. Observe na escala os efeitos típicos de terremotos de diferentes magnitudes:

A escala Richter

Menos de 3,5 – Geralmente não é sentido, mas pode ser registrado.

3,5 a 5,4 – Frequentemente não se sente, mas pode causar pequenos danos.

5,5 a 6,0 – Ocasiona pequenos danos em edificações.

6,1 a 6,9 – Pode causar danos graves em regiões onde vivem muitas pessoas.

7,0 a 7,9 – Terremoto de grande proporção, causa danos graves.

8 graus ou mais – Terremoto muito forte. Causa destruição total na comunidade atingida e em comunidades próximas.

* Esta tabela é "aberta", portanto não é possível determinar um limite máximo de graus.
* Ainda que cada terremoto tenha uma magnitude única, os efeitos de cada abalo sísmico variam bastante devido à distância, às condições do terreno e a outros fatores.

Fontes: Entenda como funciona a escala Richter. *Folha de S.Paulo*, 6 abr. 2009. Disponível em: <www1.folha.uol.com.br/folha/mundo/ult94u546560.shtml>. Acesso em: jul. 2018; *Science Encyclopedia*. Londres: Kingfisher, 1995. p. 597.

Estrada danificada por um terremoto. Província de Sichuan, China, 2017.

Cartografia em foco

Observe os mapas e faça o que se pede.

Mapa-múndi: placas tectônicas e vulcões ativos

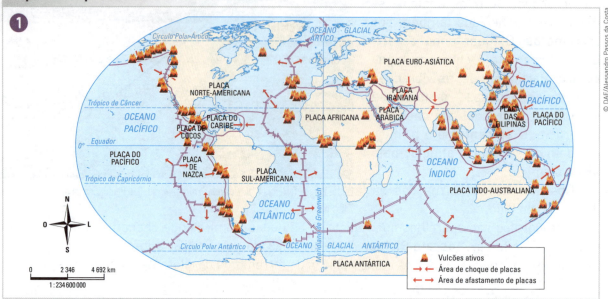

Fonte: *Atlas geográfico escolar*. 7. ed. Rio de Janeiro: IBGE, 2016. p. 12.

Mapa-múndi: placas tectônicas e abalos sísmicos

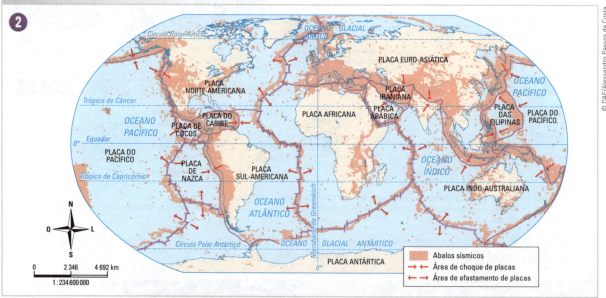

Fonte: *Atlas geográfico escolar*. 7. ed. Rio de Janeiro: IBGE, 2016. p. 12.

1. Qual é a relação entre os temas dos mapas 1 e 2?

2. Observe o mapa da página 186 e compare a localização do Chile e do Brasil no mapa 2 e responda: O Brasil é um país que apresenta abalos sísmicos de grande intensidade? Justifique sua resposta utilizando as informações dos dois mapas.

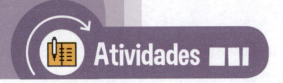

1. As formas da superfície terrestre estão em constante transformação sob a ação de agentes modeladores do relevo. Observe as figuras-esquema a seguir e identifique o tipo de agente interno modificador do relevo a que cada uma delas se refere.

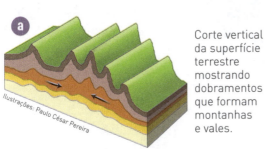

Corte vertical da superfície terrestre mostrando dobramentos que formam montanhas e vales.

Fonte: *Atlas geográfico escolar*. 7. ed. Rio de Janeiro: IBGE, 2016. p. 57.

Chaminé – fenda por onde o magma e outros materiais são expelidos.

Cratera – parte da chaminé formada pela explosão.

Cone – elevação externa formada pelo acúmulo de materiais magmáticos provenientes do interior da Terra.

Câmara magmática – bolsões abarrotados de magma no interior da Terra.

Fonte: Tom Mariner. *Mountains*. Reino Unido: Cherrytree Books, 1989. p. 8. (Earth in Action).

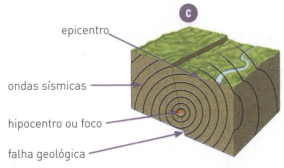

epicentro
ondas sísmicas
hipocentro ou foco
falha geológica

Fonte: Stanley Chernicoff et al. *Essentials of Geology*. Nova York: Worth Publishers, 1997. p. 183.

2. Relacione o mapa a seguir com a ação dos agentes internos do relevo, consulte o mapa anterior das placas tectônicas e registre suas conclusões.

Fonte: Vera Caldini e Leda Ísola. *Atlas geográfico Saraiva*. 4. ed. São Paulo: Saraiva, 2013. p. 169.

113

3 Qual é a relação entre a fertilidade do solo de terra roxa e o vulcanismo no Brasil?

4 Leia o infográfico a seguir, sobre o abalo sísmico que ocorreu no Chile em 2015. Depois, faça o que se pede.

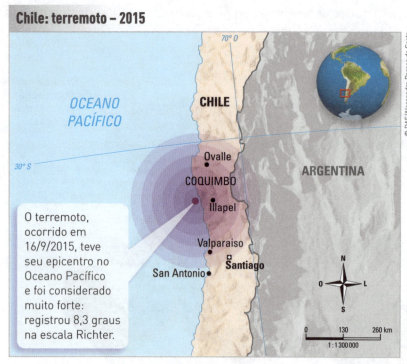

a) Relacione os acontecimentos retratados pelo infográfico com os agentes internos do relevo. Registre suas conclusões.

b) Explique o que é o epicentro de um terremoto.

5 Qual é a finalidade da escala Richter? Como ela é aplicada nos estudos de abalos sísmicos?

6 Observe as fotografias a seguir. Identifique e escreva a que tipo de agente interno modificador do relevo cada uma delas se refere e explique-o.

Himalaia, Nepal, 2017.

Amatrice, Itália, 2016.

114

CAPÍTULO 14
Agentes externos naturais e ação humana

As forças externas modificadoras do relevo

O trabalho do processo erosivo, realizado ao longo de milhões de anos, também é responsável pela formação e pela transformação do relevo terrestre. Os **agentes externos** – ou erosivos – atuam na superfície modificando suas formas. É o caso da ação dos rios, dos mares, das geleiras, das chuvas e do vento, que atuam de forma lenta e contínua no relevo. Os seres vivos – em especial, os seres humanos – também são agentes externos modificadores do relevo.

Erosão pluvial

As águas pluviais, originárias de **chuva** ou **neve**, constituem um importante agente erosivo. Em áreas desprovidas de vegetação, onde o solo é mais facilmente erodido, é comum a ocorrência de deslizamentos, formação de crateras e perda dos nutrientes do solo, tornando-o impróprio para a agricultura e a pecuária. Portanto, é fundamental preservar áreas com vegetação nativa.

As chuvas fortes ocasionam a formação de torrentes – cursos de água rápidos e temporários com grande poder erosivo que transportam, em pouco tempo, muitos sedimentos.

Vossoroca produzida pela degradação do solo arenítico em Manoel Viana (RS), 2017.

Erosão fluvial

A erosão causada pelos **rios** é chamada de erosão fluvial. A força das águas atua no desgaste das rochas e dos solos, no transporte do material desgastado e na deposição desses materiais em regiões mais próximas ao local em que o rio deságua.

O desgaste feito pelos rios, por exemplo, resulta na formação de vales. Em razão da deposição de sedimentos, que foram transportados pelas águas, ocorre a formação de **planícies fluviais**. Muitas dessas planícies são aproveitadas para a agricultura, tornando-se importantes áreas de ocupação humana.

O Grand Canyon é um vale fluvial resultado da ação do Rio Colorado. Arizona, Estados Unidos, 2018.

Erosão marinha

O **mar** é um importante agente transformador das paisagens costeiras, modificando o relevo do litoral. Os sedimentos transportados e depositados pelas águas marinhas acumulam-se e formam praias, **restingas** e **tômbolos**. Quando as ondas se chocam contra as paredes rochosas, desgastando-as, ocorre o fenômeno chamado de **abrasão**. Esse desgaste provocado pelo atrito dá origem a falésias ou costões, paredões escarpados e altos que acompanham as linhas costeiras.

Falésia na Praia da Viçosa, em Prado (BA), 2017.

Erosão glacial

A erosão ou acumulação **glaciária** ocorre nas regiões polares e nas áreas montanhosas mais elevadas. A água retida nas fendas das rochas congela e exerce forte pressão. Com o tempo, os sucessivos congelamentos e degelos vão fragmentando as rochas.

A erosão glacial pode formar vales como os **fiordes** na Escandinávia e em outras áreas de alta latitude.

Erosão glacial em rocha do Monte Rosa, em Zermatt, Suíça, 2016.

Erosão eólica

Os **ventos** transportam sedimentos que, ao atingir outras rochas, podem desgastá-las, alterando suas formas originais. Soprando seguidamente na mesma direção, os ventos também transportam areia fina solta, formando depósitos chamados de **dunas**.

Fiorde: golfo profundo, estreito e sinuoso, formado por braço de mar que penetra no continente.
Restinga: faixa de areia depositada de forma paralela ao litoral.
Tômbolo: formação arenosa que une uma ilha a um continente.

Rochas moldadas pela ação do vento no Parque Timna, Israel, 2017.

Toneladas de areia fina são transportadas pelos ventos do Deserto do Saara, na costa noroeste da África, em direção às Ilhas Canárias, 2004.

A ação humana no relevo

O **ser humano** age como transformador do relevo de forma ampla e rápida, se comparado a alguns processos da natureza, como o deslocamento das placas tectônicas. As modificações ocorrem de maneira mais veloz à medida que são desenvolvidas técnicas, tanto no ramo das construções, quanto na extração de minérios, por exemplo.

A ação humana já retirou morros, alterou as encostas das montanhas e aterrou planícies. Na construção de túneis, por exemplo, dinamites e máquinas são utilizadas para destruir os paredões rochosos e escavar o interior das montanhas.

O túnel na Rodovia Governador Carvalho Pinto foi construído preservando a mata nativa. Jacareí (SP), 2017.

Curvas sinuosas na Rodovia SC-390 na Serra do Rio do Rastro em Bom Jardim da Serra (SC), 2015.

A interferência humana no relevo nem sempre é benéfica. Pode ocorrer de uma alteração da natureza não planejada ter consequências desastrosas. O desmatamento, por exemplo, pode acelerar os processos erosivos. Por isso, as enxurradas escavam vários buracos que aumentam e ameaçam as edificações em muitas cidades. No campo, o desmatamento pode ocasionar a erosão do solo e o **assoreamento** de rios. Denomina-se **erosão acelerada** aquela que é provocada pelos seres humanos.

Glossário

Assoreamento: obstrução parcial de rios ou canais por sedimentos como areia ou outros detritos.

A erosão causada pelas chuvas provocou deslizamento de terra no Córrego Guaixaia gerando uma cratera, em Santo André (SP), 2013.

Assoreamento das águas do Rio Paraguaçu, em Andaraí (BA), 2014.

# Viver

Quando acompanhamos notícias a respeito do desabamento de encostas com desmoronamentos de moradias e ocorrência de feridos e mortes por **movimento de massa**, percebemos de forma bastante trágica as consequências do uso de um espaço geográfico em áreas de difícil ocupação. Por essa razão, as características internas e externas do relevo, assim como a composição dos solos e ocorrência de chuvas, por exemplo, precisam ser devidamente compreendidas para que possamos evitar situações de perigo para as pessoas.

Historicamente, as erosões são um dos principais motivos quanto à ocorrência de acidentes em morros e encostas, sobretudo nos ambientes urbanos. Isso acontece porque as pessoas removem a vegetação em áreas de acentuada declividade, como as regiões serranas. Assim, a força da água das chuvas e a ação da gravidade aceleram os processos erosivos, causando mortes, ferindo pessoas e destruindo moradias.

Esse tipo de desmoronamento com vítimas, na maior parte dos casos, está vinculado à desigualdade social, principalmente nas áreas urbanas. Um exemplo bastante claro é a construção de habitações irregulares em regiões de morros e encostas, um problema recorrente em várias grandes cidades do país.

Glossário

Movimento de massa: também denominado deslizamento ou escorregamento, refere-se aos movimentos de descida de solos e rochas sob o efeito da gravidade, geralmente potencializado pela ação da água.

Deslizamento de terra provocado pela chuva. Mairiporã (SP), 2016.

Observe a fotografia acima e responda.

① A fotografia mostra uma situação de risco para os moradores locais? Justifique sua resposta.

② Em sua opinião, por que as pessoas optam por morar nessas condições, mesmo sendo uma situação de risco?

③ Discuta com os colegas e, juntos, apontem sugestões para que possam ser evitadas tragédias que envolvem deslizamentos de terra.

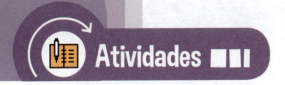

1. Explique o que é erosão.

2. Identifique os agentes externos do relevo nas afirmativas a seguir. Utilize o banco de palavras.

   CHUVAS   RIOS   MARES   GELEIRAS   VENTOS

   a) A ação pode ser intensa nos desertos. Pequenos grãos de areia se chocam contra as rochas, acelerando seu desgaste e alterando suas formas.
   b) O impacto das águas desgasta as rochas litorâneas lentamente. As partículas desprendidas das rochas misturam-se com a areia ou são depositadas no fundo dos oceanos.
   c) Parte da água de origem pluvial que escorre pela superfície causa impacto sobre as rochas, provocando seu desgaste. A água carrega grande quantidade de sedimentos das regiões mais altas para as mais baixas.
   d) A força das águas provoca erosão em suas margens e escava seu leito.
   e) Na primavera, o gelo começa a derreter e a descer pelas encostas, transportando grande quantidade de sedimentos.

3. Observe as figuras a seguir e faça o que se pede:

   a) Mencione o agente de erosão retratado.
   b) Explique como ocorre esse processo erosivo.

4. A ação humana sobre a superfície terrestre também é responsável pela modificação em suas paisagens, podendo alterar as formas de relevo. Observe o esquema ilustrado abaixo.

   Fonte: Instituto de Geociências e Ciências Exatas (IGCE). Unesp. Disponível em: <www.rc.unesp.br/igce/aplicada/ead/interacao/inter09b.html>. Acesso em: jul. 2018.

   a) Que ações humanas provocaram a erosão representada na figura?
   b) Mencione dois problemas decorrentes dessa erosão acelerada.

119

Retomar

1. A Terra é formada por diferentes camadas internas. Identifique a qual camada cada uma das frases faz referência.

   a) Parte mais interna da Terra, constituída de níquel e ferro.

   b) Camada de fina espessura que envolve a Terra, composta principalmente de basalto e granito.

   c) Camada intermediária da Terra sobre a qual deslizam as placas litosféricas.

2. Leia o texto a seguir.

   O calor interno da Terra é uma das principais fontes de energia ao alcance da sociedade moderna. Um dos objetivos dos estudos geotérmicos é a avaliação de potencial de aproveitamento deste calor geotérmico. As formas de utilização desse recurso energético dependem principalmente da temperatura e da capacidade dos reservatórios subterrâneos, que armazenam fluidos geotérmicos. Prevê-se que, com novos avanços na tecnologia de perfuração, essa fonte energética estaria disponível, nas próximas décadas, em qualquer lugar na Terra. Na extração de energia geotérmica, elimina-se quase totalmente a emissão de gases poluentes e o despejo de resíduos químicos no meio ambiente. [...]

   Valiya Mannathal Hamza et al. Os mapas geotermais do Brasil. *Território e meio ambiente*.
   Disponível em: <https://biblioteca.ibge.gov.br/visualizacao/livros/liv47603_cap4_pt6.pdf>. Acesso em: maio 2018.

   Usina de energia geotérmica

   Sistemas geotérmicos estendem-se sob grandes áreas de terreno, o que encarece o processo de encontrar, desenvolver e extrair esse tipo de energia.

   1- A água da chuva se junta à água do solo.
   2- A água do solo move-se ainda mais para baixo.
   3- A temperatura da água aumenta devido ao contato com rochas quentes.
   4- A água quente é extraída de um poço subterrâneo.
   5- A água quente passa pelo poço de produção.
   6- Uma turbina produz energia.
   7- O excesso de calor é liberado.
   8- O excesso de água é devolvido ao subsolo pelos poços de injeção.

   Gêiser.
   Água superaquecida emergindo à superfície.
   Calor do interior da Terra.

   Fonte: Olly Phillipson. *Atlas geográfico mundial*. São Paulo: Fundamento Educacional, 2014. p. 117.

   a) A que tipo de energia o texto e a imagem fazem referência?

   b) Como é possível obter essa energia?

   c) Por que esse tipo de energia é considerado mais limpo?

3. Diferencie agentes externos de agentes internos na constituição do relevo. Cite exemplos.

4 Observe a imagem e leia a poesia a seguir. Realize uma pesquisa e relacione a descrição que a autora faz desse morro com o tipo de erosão que sofreu.

As praias recortam as margens do oceano.
Os rios penetram as terras.
E, em meio a essa geografia e águas, surge a visão
de um monte,
docemente arredondado como um pão de açúcar.

Katia Canton. *Brasil, olhar de artista*. São Paulo: DCL, 2001.

Vista do Pão de Açúcar e da Praia de Botafogo, Rio de Janeiro (RJ), 2017.

5 Explique como os ventos podem atuar na modelagem do relevo.

6 Quais são as principais formas do relevo terrestre?

7 Descreva como ocorre a erosão fluvial.

8 Leia o texto e, depois, faça o que se pede.

A confirmação da teoria

Depois de apresentar os resultados de seus estudos, em 1957, a comunidade científica duvidou dos achados de Tharp e Bruce. O alvoroço foi tamanho que um famoso oceanógrafo, Jacques Cousteau, fez outra expedição ao fundo do mar para provar que a dupla estava errada. Ele usou seu submarino para buscar provas, porém, o que encontrou apenas serviu para reforçar a teoria das Placas Tectônicas. Tharp e Bruce estavam certos. "<u>Eu estava tão ocupada fazendo os mapas que apenas deixava eles [os cientistas] brigando</u>", escreveu ela posteriormente. <u>Tharp acreditava que seus mapas falariam por si só, já que os cientistas duvidavam de sua palavra</u>. Durante os anos 60 a teoria das Placas Tectônicas passou a ser aceita, porém, só depois de ser formulada por outros cientistas. Tharp morreu em 2006. Antes disso, teve a oportunidade de ver seu trabalho tardiamente reconhecido. Ela recebeu no ano de 1997 uma honraria da Biblioteca de pesquisa do Congresso dos Estados Unidos. Além de ter sido nomeada uma entre os quatro maiores cartógrafos do século 20. A Universidade de Columbia, onde Tharp realizou seu trabalho, concede uma bolsa de estudos para outras mulheres cientistas que leva o seu nome, "The Marie Tharp Fellowship". E em 2009, três anos após a morte de Tharp, o Google Earth incorporou o mapa de Tharp e Bruce em sua ferramenta para as pessoas vasculharem o fundo do oceano.

A geóloga e cartógrafa oceanográfica Marie Tharp na elaboração do mapa do fundo do Oceano Atlântico, no início dos anos 1950.

Naiara Albuquerque. A primeira geóloga a mapear o fundo do oceano ouviu que sua teoria era "papo de garota". *Nexo*, 20 fev. 2017, grifo nosso. Disponível em: <www.nexojornal.com.br/expresso/2017/02/20/A-primeira-ge%C3%B3loga-a-mapear-o-fundo-do-oceano-ouviu-que-sua-teoria-era-%E2%80%98papo-de-garota%E2%80%99>. Acesso em: maio 2018.

a) Quem foi Marie Tharp?
b) Que teoria ela criou? Explique-a.
c) Explique o trecho sublinhado no texto.
d) Pesquise o *site* do Google Earth para conhecer o mapa elaborado por Marie Tharp. Conte aos colegas aquilo de que mais gostou.

Visualização

A seguir, apresentamos um mapa conceitual sobre o tema estudado nesta unidade. Trata-se de uma representação gráfica do conhecimento organizado, composto de uma estrutura que relaciona os principais conceitos e as palavras de ligação do conteúdo. Essa ferramenta serve como resumo e instrumento de compreensão dos textos, além de possibilitar consultas futuras.

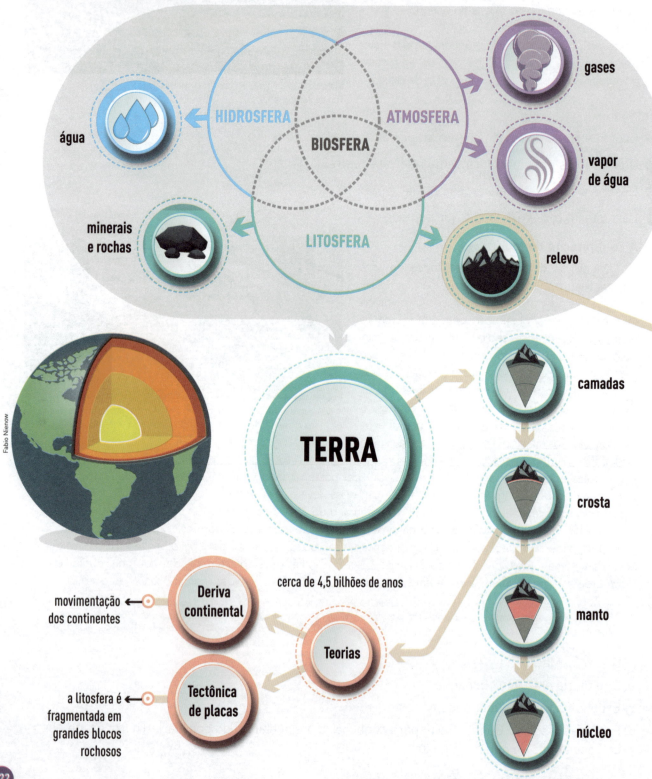

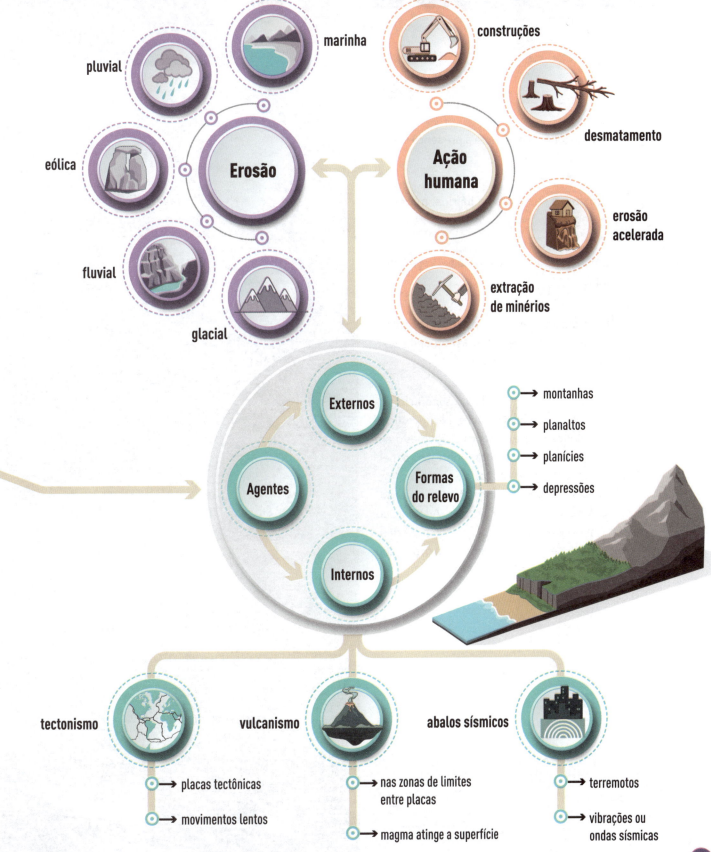

UNIDADE 5

Antever

1. De que formas você nota a presença de água em sua vida?

2. Próximo à sua moradia há rios, mares ou lagos?

3. Em que situações ou atividades você usa água?

4. Considerando os aspectos ambientais da paisagem, cite exemplos de atitudes adequadas em relação ao rio.

A água do planeta circula na superfície terrestre e na atmosfera infinitamente. Na superfície, nos mares, lagos, rios e córregos a água está em constante movimento, alterando paisagens e moldando os espaços geográficos.

A água sempre foi fundamental para a organização dos espaços das sociedades. A fotografia mostra um rio em meio a uma paisagem urbana. É um exemplo de como a sociedade se organizou ao redor de um elemento da natureza.

Rio Capibaribe. Recife (PE), 2018.

Hidrosfera: natureza e sociedade

CAPÍTULO 15

Água e cidadania

O ciclo da água

O rio que você observou anteriormente é apenas um dos componentes da hidrosfera. Damos o nome de **hidrosfera** à totalidade das águas do planeta. A água em estado líquido está nos oceanos, mares, rios, lagos e águas subterrâneas. Esse recurso natural também é encontrado no estado sólido nas geleiras das regiões polares e das altas montanhas; e no estado gasoso (vapor de água), especialmente na atmosfera.

Observe no infográfico a distribuição da água na superfície terrestre.

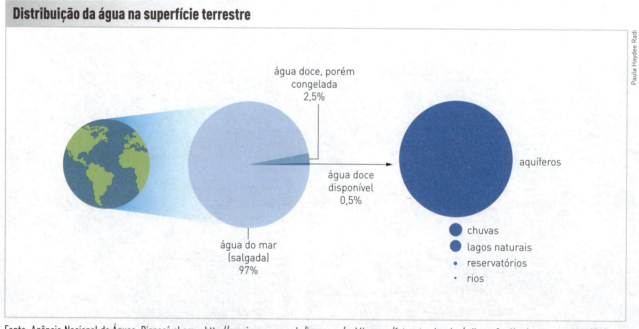

Distribuição da água na superfície terrestre

Fonte: Agência Nacional de Águas. Disponível em: <http://arquivos.ana.gov.br/imprensa/publicacoes/fatosetendencias/edicao_2.pdf>. Acesso em: jun. 2018.

Ao analisar o infográfico, vemos que a água doce (águas continentais) representa uma pequena parcela de toda a água do planeta. A água salgada dos oceanos e mares constitui 97% do total de água do planeta e recobre cerca de dois terços da superfície terrestre.

A água é importante em razão de sua disponibilidade – se é doce ou salgada – e também por causa do ritmo em que ela se renova em seu ciclo, o movimento contínuo que faz na natureza. Ela é constantemente renovada por meio do **ciclo da água** ou **ciclo hidrológico**, que é o processo de transformação da água doce na atmosfera. Nesse processo, o calor solar aquece a superfície terrestre, causando a **evaporação** de partes líquidas do planeta, como oceanos, mares, rios e lagos. Ocorre também a **transpiração**, que é a evaporação da água das plantas. O vapor de água que se acumula em elevadas altitudes forma as nuvens, processo denominado **condensação**. Quando as nuvens acumulam grande quantidade de água, ela retorna para a superfície por meio da **precipitação**, principalmente na forma de chuva. Observe esse ciclo no esquema a seguir.

A água é um elemento essencial à manutenção da vida. Encontrada sob diversas formas e em diferentes lugares do planeta, é um recurso natural básico utilizado pelos seres humanos para inúmeras finalidades. Não existe vida sem água; todos os animais e plantas necessitam dela, em maior ou menor quantidade, para se desenvolver.

Desde os tempos da Antiguidade, muitos agrupamentos humanos estabeleceram-se em locais próximos a rios, que serviam de fonte de alimento e via de transporte. Além disso, as terras férteis das margens possibilitavam a prática agrícola. A água é essencial às atividades humanas, indispensável para o consumo e utilizada intensamente em muitos processos produtivos do que a sociedade fabrica. Observe no infográfico a quantidade de água que é usada para fazer essa variedade de produtos.

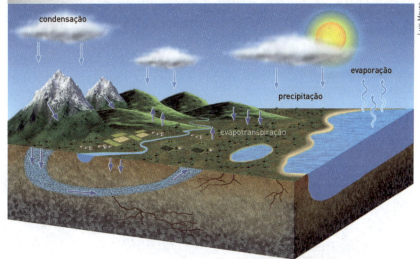

Fonte: Christine Laure Marie Bourotte. *O ciclo da água*. Disponível em: <https://midia.atp.usp.br/plc/plc0011/impressos/plc0011_top06.pdf>. Acesso em: jul. 2018.

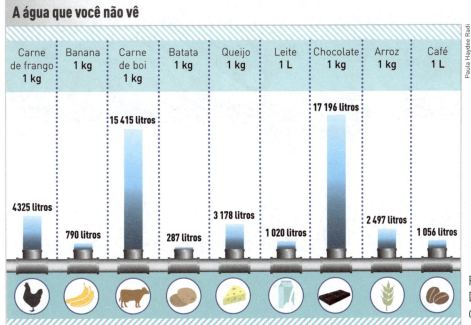

Fonte: Waterfootprint. Disponível em: <http://waterfootprint.org/en/resources/interactive-tools/product-gallery>. Acesso em: jun. 2018.

zoom

① Dos dados do infográfico, o que mais o impressionou? Por quê?

② Além do uso na indústria e na agropecuária, como mostra o infográfico, em quais outras atividades do cotidiano você considera a água indispensável?

③ Quantos litros de água você imagina que consome por dia com banho, higiene pessoal e alimentação?

Glossário

Agrotóxico: produto utilizado na agricultura para controlar insetos, doenças ou plantas que causam danos às plantações.

Os seres humanos podem interferir de forma prejudicial no ciclo da água. Isso ocorre, por exemplo, nos espaços urbanos quando se impermeabiliza o solo com asfalto e calçamento para fazer ruas, estradas e calçadas para pedestres, e quando ocorre canalização de rios. A remoção da vegetação acelera os processos erosivos e causa o acúmulo de sedimentos no leito dos rios. Nas áreas rurais, o ciclo da água também pode ser prejudicado pelo desmatamento das margens e nascentes dos rios e por diversas formas de poluição, como a causada por **agrotóxicos**.

Alterações ambientais e impactos no ciclo da água

1. Poluição por agrotóxico.
2. Diminuição de áreas verdes.
3. Desmatamento das margens e nascentes de rios.
4. Impermeabilização do solo.
5. Canalização dos rios.
6. Diminuição de áreas verdes.
7. Ocupação das margens do rio.

Fonte: Secretaria da Educação do Paraná. Disponível em: <www.quimica.seed.pr.gov.br/modules/galeria/detalhe.php?foto=1114&evento=2>. Acesso em: jun. 2018.

1. Observe a ilustração. Há alguma situação semelhante no lugar onde você mora? Se sim, qual(is)?

2. Você já observou alterações e problemas ambientais decorrentes da interferência das pessoas no ciclo da água? Quais?

Água: crise hídrica e consumo consciente

Há algumas décadas, as sociedades começaram a preocupar-se com os problemas da falta de água própria para consumo, abastecimento e uso inadequado e passaram a discuti-los. Embora haja regiões e continentes com maior disponibilidade de água doce, esse recurso já se tornou escasso em muitos lugares do planeta, e nesses locais ocorrem conflitos por causa do acesso a ela. O gráfico ao lado representa a desigual distribuição da água nos continentes.

O fato de haver grande volume de água em uma região ou em um continente não significa que ela esteja disponível para consumo. A maior parte da água doce do planeta está retida em geleiras ou em **aquíferos** subterrâneos, áreas de difícil acesso humano. Somente cerca de 0,04% da água doce está disponível na superfície, em rios e lagos.

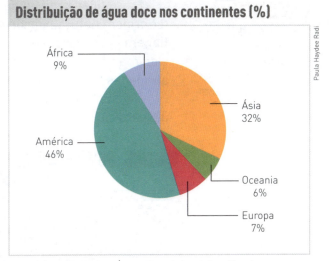

Fonte: Agência Nacional de Águas. Disponível em: <http://arquivos.ana.gov.br/wfa/sa/GEO%20Brasil%20Recursos%20Hídricos%20-%20Resumo%20Executivo.pdf>. Acesso em: jul. 2018.

Embora o acesso à água potável (própria para consumo humano) seja um direito dos seres humanos, isso não ocorre em alguns lugares do mundo, nos quais a população de baixa renda, principalmente, não tem acesso à água potável. É o que chamamos de **escassez econômica da água**, decorrente de investimentos insuficientes que ocasionam problemas de infraestrutura e a distribuição desigual desse recurso. A falta de **saneamento básico** – que é a coleta e o tratamento da água, do lixo e do esgoto – também compromete a disponibilidade de água para consumo. A água imprópria para consumo causa doenças infectocontagiosas como diarreia, por exemplo.

Glossário

Aquífero: formação geológica do subsolo, constituída por rochas permeáveis, que contém e libera água em seus poros ou fraturas.

Em alguns países onde a água é escassa, com chuvas raras ou concentradas em apenas alguns meses do ano, são utilizadas alternativas para obtê-la. Alguns exemplos são a técnica de retirar o sal da água do mar, conhecida como dessalinização; a extração de água do subsolo; a captação da água da chuva nos períodos em que ocorrem; e o tratamento e reaproveitamento do esgoto, técnica denominada reúso.

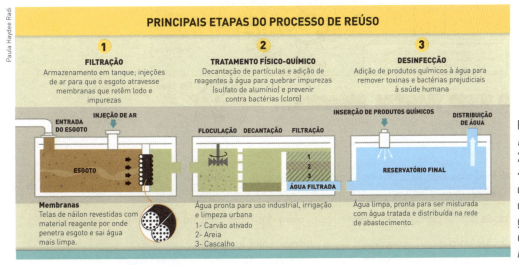

Fonte: Heloisa Brenha. *Folha de S.Paulo*, 21 set. 2014. Disponível em: <www1.folha.uol.com.br/cotidiano/2014/09/1519477-com-agua-de-reuso-grande-sp-teria-mais-2-cantareiras.shtml>. Acesso em: maio 2018.

Viver

Glossário

Antrópico: relativo à ação humana.
Estiagem: fenômeno climático que tem como consequência a falta de chuvas.

Em muitas regiões do planeta há escassez hídrica, uma crise que pode ter origem natural, decorrente do tipo de clima ou de longos períodos de **estiagem**. As causas também podem ser **antrópicas**, resultantes do desperdício e do maior consumo devido ao aumento da população e da intensificação das atividades humanas que utilizam água nos processos produtivos.

De que forma podemos usar adequadamente a água e evitar situações de desperdício? Leia a história em quadrinhos e faça o que se pede.

1. Em sua moradia há cuidados estabelecidos para evitar situações de desperdício de água como os representados na história em quadrinhos?

2. Que atitudes você pode adotar para evitar o desperdício, além das mostradas na história em quadrinhos?

3. Que práticas contribuem para a conservação da água nos diferentes lugares?

Atividades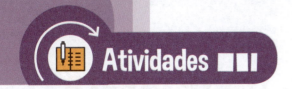

1. Cite situações que exemplifiquem a importância da água para a manutenção da vida e a sobrevivência humana no planeta.

2. Explique o ciclo da água.

3. Dê exemplos da interferência dos seres humanos no ciclo da água.

4. Justifique a afirmativa: Por ser indispensável para a manutenção da vida no planeta, a água é de todos, porém encontra-se distribuída de forma desigual nos continentes.

5. Qual é o alerta representado no infográfico ao lado relacionado à questão da distribuição da água?

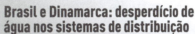

Fonte: Giselle Garcia. Agência Brasil. *EBC*, 20 mar. 2015. Disponível em: <http://agenciabrasil.ebc.com.br/geral/noticia/2015-03/dinamarca-reduziu-consumo-capita-de-agua-em-35-nos-ultimos-20-anos>. Acesso em: jun. 2018.

6. Leia este trecho de texto e responda às perguntas.

Projeto incentiva reúso da água e agricultura familiar no interior do Ceará

Famílias da zona rural do Ceará receberão um projeto inovador para aproveitar ao máximo o potencial da água em épocas de seca. Serão implantados em 17 municípios Projetos-Pilotos de Reúso de Água Cinza, com o objetivo de tratar a água utilizada no banho, na lavagem de louça e roupa, para servir à produção de alimentos.

[...] O agricultor Francisco Antônio Rodrigues, presidente da Associação dos Agricultores do Riacho Verde – distrito de Quixadá, a 169 quilômetros de Fortaleza –, diz que a água, antes desperdiçada, será usada em canteiros de hortaliças, em vez de contaminar o solo e prejudicar os animais domésticos. Segundo ele, "com o reúso da água, isso não vai mais acontecer".

Edwirges Nogueira. Projeto incentiva reúso da água e agricultura familiar no interior do Ceará. *EBC - Agência Brasil*, 14 jul. 2015. Disponível em: <www.ebc.com.br/tecnologia/2015/07/projeto-incentiva-reuso-da-agua-e-agricultura-familiar-no-interior-do-ceara>. Acesso em: jul. 2018.

a) O que você entende por "água de reúso"?
b) Que vantagens a "água de reúso" oferece às pessoas?
c) Por que sistemas como esse têm boa aceitação na Região Nordeste do Brasil?

CAPÍTULO 16 — Águas do planeta

A água na Terra

Já vimos que a maior parte da água de nosso planeta é salgada, está nos oceanos e mares, e apenas 3% dela é doce, encontrada nos rios, lagos, nas calotas polares, geleiras e abaixo do solo – água subterrânea. Agora vamos conhecer as características e a importância da água, de acordo com o local onde é encontrada.

Oceanos e mares

Arquipélago de Abrolhos. Caravelas (BA), 2017.

Geleiras de montanhas e calotas polares

Vista de campo congelado na Groenlândia (território da Dinamarca), 2017.

Lagos, rios e pântanos

Rio Tatuamunha. Porto de Pedras (AL), 2018.

Água subterrânea

Abismo Anhumas. Bonito (MS), 2017.

As águas oceânicas

Como você observou, a água dos **oceanos** e **mares** forma a maior parte da hidrosfera. Segundo estudos, os primeiros vestígios de vida no planeta surgiram nas águas oceânicas. Os oceanos formam o ambiente adequado para a produção de cerca de 90% do oxigênio, além de serem hábitat de aproximadamente 30% da biodiversidade do planeta.

Os oceanos absorvem a energia proveniente da radiação solar que atinge a superfície da Terra e liberam o calor por meio da evaporação de grandes quantidades de água. Na atmosfera, a condensação do vapor de água origina as nuvens e essas, por sua vez, as precipitações. Além disso, nas águas salgadas há milhares de organismos que capturam o carbono e lançam oxigênio na atmosfera por meio da **fotossíntese**. Esse fenômeno influencia diretamente a temperatura da atmosfera e exerce papel fundamental na manutenção do clima do planeta.

> **Glossário**
>
> **Fotossíntese:** processo de nutrição pelo qual plantas e algumas bactérias absorvem gás carbônico e água do ambiente e, na presença de luz, produzem a glicose.

Há muito tempo os oceanos são utilizados pelos seres humanos para navegação, comércio, comunicação, fornecimento de alimentos e lazer, além de extração de recursos minerais, como sal e petróleo. Observe as fotografias que registram a importância das águas oceânicas para os seres humanos.

Pescadores arrumando a rede de pesca. Arraial do Cabo (RJ), 2018.

Navio transportando contêineres. Califórnia, Estados Unidos, 2018.

Pessoas praticando mergulho. Fernando de Noronha (PE), 2016.

Extração de sal marinho. Galinhos (RN), 2017.

As áreas oceânicas constituem a imensa massa de água que circunda os continentes e recebem denominações diferentes, de acordo com sua localização. São os oceanos Atlântico, Pacífico, Índico, Glacial Ártico e Glacial Antártico. Eles cobrem a maior parte da superfície terrestre e fazem da Terra um planeta verdadeiramente azul.

Fonte: *Atlas geográfico escolar*. 7. ed. Rio de Janeiro: IBGE, 2016. p. 32, 34, 36, 37, 42, 44 e 46.

Assim como os oceanos, os mares são formados por água salgada. Entretanto, são menores em extensão e profundidade e situam-se próximo aos continentes ou no interior deles. São classificados de acordo com sua ligação com o oceano.

Os **mares abertos** ou costeiros localizam-se ao longo da costa e comunicam-se diretamente com o oceano. Exemplos: Mar do Caribe e Mar da China.

Os **mares interiores** estão no interior dos continentes e comunicam-se com os oceanos por intermédio de passagens chamadas estreitos ou canais. Exemplos: Mar Mediterrâneo e Mar Vermelho.

Há **mares fechados** ou isolados dentro dos continentes que foram formados por forças tectônicas que os separaram dos oceanos aos quais pertenciam e com os quais não têm mais comunicação. Exemplos: Mar Cáspio e Mar Morto.

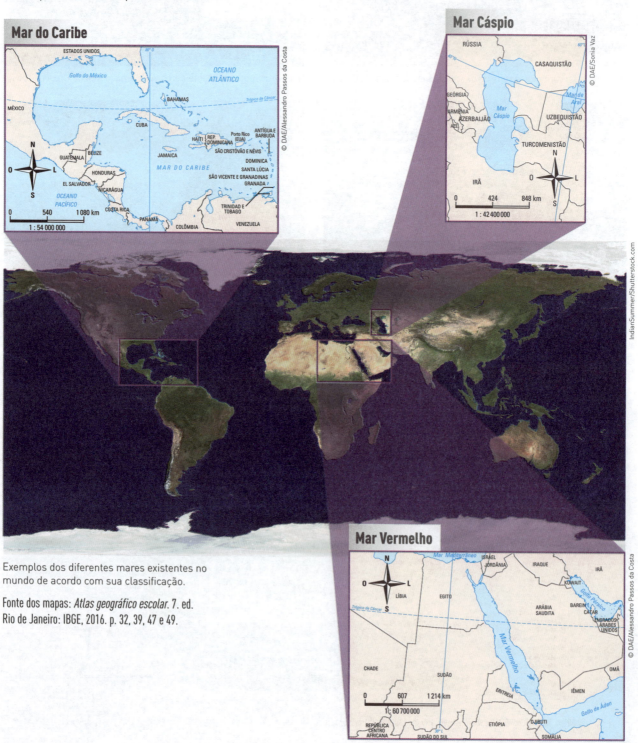

Exemplos dos diferentes mares existentes no mundo de acordo com sua classificação.

Fonte dos mapas: *Atlas geográfico escolar*. 7. ed. Rio de Janeiro: IBGE, 2016. p. 32, 39, 47 e 49.

Movimentos do mar

Toda a água do planeta está em constante movimentação, o que pode ser visto nas ondas, nas marés e na circulação de correntes oceânicas. A maioria das **ondas** são produzidas pela ação dos ventos na superfície do oceano e pela movimentação do assoalho oceânico. A arrebentação das ondas nas praias ocorre devido à diminuição da profundidade do mar, que interrompe o movimento oscilatório da água.

Outro movimento que podemos observar nas águas oceânicas é a oscilação periódica do nível do mar. Em determinados períodos está mais alto ou mais baixo. A esse movimento dá-se o nome de **maré**.

As marés ocorrem por causa da força de atração que a Lua e o Sol (este em menor escala) exercem na superfície líquida do planeta. Elas ocorrem duas vezes durante o dia, com dois movimentos de elevação do nível da água e dois de rebaixamento, em um período aproximado de seis horas.

O movimento de elevação do nível das águas é chamado de fluxo. Quando esse nível atinge o ponto máximo, ocorre a maré alta ou preamar. Por sua vez, o movimento de rebaixamento do nível das águas do mar é chamado de refluxo e origina a maré baixa ou baixa-mar. Observe a seguir o esquema que representa as marés e as fotografias dos diferentes níveis de água.

Marés

Quando a Lua está mais próxima da Terra, as águas sobem. Pouco a pouco, devido ao movimento de rotação do planeta, a Lua fica mais distante, e a maré baixa.

Fonte: *Science Encyclopedia*. Londres: Kingfisher, 1995. p. 701.

Maré alta em Praia de Jericoacoara. Jijoca de Jericoacoara (CE), 2016.

Maré baixa em Praia de Jericoacoara. Jijoca de Jericoacoara (CE), 2016.

As **correntes marítimas** ou marinhas são porções de água oceânica que se deslocam continuamente, na mesma direção e com igual velocidade. Elas originam-se da ação constante dos ventos e do movimento de rotação do planeta. Essas correntes apresentam temperatura e salinidade diferentes das águas que estão à sua volta e nelas há grande concentração de **plânctons**, o que atrai grandes cardumes e, consequentemente, intensa atividade pesqueira.

Dependendo da origem, as correntes marítimas podem ser quentes ou frias. Por exemplo, as correntes marítimas quentes originam-se nas regiões equatoriais, em baixas latitudes, e ao se deslocarem para latitudes mais altas aquecem as águas e amenizam os rigores climáticos de algumas áreas do planeta.

Glossário

Plâncton: conjunto de minúsculos organismos marinhos que flutuam nas águas e são levados pelas correntes.

Cartografia em foco

Observe o mapa de fluxos a seguir. Nele, temos dados relativos à circulação marítima. Depois faça as atividades a seguir.

Mapa-múndi: correntes marítimas

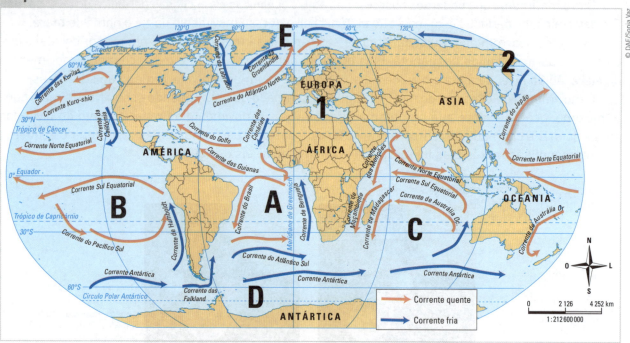

Fonte: *Atlante Geografico Metodico De Agostini*. Novara: Istituto Geografico De Agostini, 2007.

1. Observe as letras no mapa e elabore uma legenda indicando a localização dos oceanos.

2. Os números 1 e 2 indicam mares. Diferencie-os de acordo com sua ligação com os oceanos.

3. Que símbolo utilizado no mapa indica a ideia de movimento dos oceanos? Explique.

4. Por que as cores das setas são diferentes?

5. Diferencie as correntes quentes das frias quanto à região de origem. Dê exemplos.

6. Em relação à Corrente do Brasil:

   a) Qual é a área de origem?

   b) Qual é a direção?

   c) E o percurso?

   d) Ela é uma corrente quente ou fria? Cite implicações desta característica.

7. Em relação à Corrente do Labrador:

   a) Qual é a área de origem?

   b) Qual é a direção?

   c) E o percurso?

   d) Ela é uma corrente quente ou fria? Cite implicações desta característica.

As águas continentais

Não são apenas os oceanos e mares que compõem a superfície líquida do planeta. Os lagos, rios e as águas subterrâneas também formam a hidrosfera, compondo as águas continentais. E há também a água sólida das geleiras.

Lagos

Os **lagos** são porções de água que ocupam depressões de terrenos. Eles se formam pelo acúmulo de água das chuvas, escoamento de rios ou degelo da neve. As margens dos lagos, frequentemente férteis, são muito utilizadas para a agricultura desde as primeiras civilizações. Os lagos de grandes dimensões são importantes vias de transporte de mercadorias e também são utilizados para o fornecimento de água em diversas cidades.

Existem também lagos artificiais, originários da ação humana ao transformar a natureza. Esses lagos se formam com o represamento das águas de um rio para a construção de uma usina hidrelétrica, para reter águas evitando enchentes e/ou para irrigar plantações.

Lago Titicaca. Puno, Peru, 2016.

Geleira na Cordilheira dos Andes. Monte Fitz Roy, na Patagônia, fronteira entre Argentina e Chile, 2017.

Geleiras

Em altas montanhas, como cordilheiras, ou em regiões polares, **massas de gelo**, compactadas em camadas, são formadas onde o acúmulo de neve é superior ao degelo. Representam a maior parte da água doce da superfície terrestre.

Rios

Os **rios** são correntes de água que escoam sobre os continentes modelando o relevo. Nascem nas regiões mais elevadas, como montanhas ou planaltos, e seguem seu curso até lançar as águas em outros rios, em um lago ou no mar. Os rios podem originar-se da água da chuva, de águas subterrâneas, do transbordamento de lagos ou do derretimento de neves e geleiras.

Águas subterrâneas

Parte da água que cai no solo resultante das chuvas infiltra-se na terra até alcançar a camada de rocha impermeável e forma, assim, os aquíferos. Dependendo da profundidade e do volume, eles podem ser aproveitados economicamente.

Fonte: Boscardin Borghetti et al. (2004). Disponível em: <www.abas.org/educacao.php>. Acesso em: jun. 2018.

Poluição das águas

Diariamente, em muitos locais do litoral brasileiro, as águas oceânicas e continentais recebem esgotos domésticos e industriais, dejetos de garimpo, agrotóxicos, restos de plástico e outros materiais. O aumento da produção industrial e agrícola gera maior quantidade de resíduos e acelera a deterioração da qualidade da água.

A água potável e de boa qualidade é fundamental para a saúde dos seres humanos, tanto para o consumo direto quanto para produção de alimentos. Apesar disso, ela é um dos meios mais comuns de transmissão de doenças. Se a água utilizada no cultivo de alimentos não tiver a qualidade necessária, eles serão infectados, e as pessoas que os ingirirem poderão ser afetadas por várias doenças.

Leia a definição de poluição da Política Nacional do Meio Ambiente:

> [...] degradação da qualidade ambiental, resultante de atividades que direta ou indiretamente:
> a) prejudiquem a saúde, a segurança e o bem-estar da população;
> b) criem condições adversas às atividades sociais e econômicas;
> c) afetem desfavoravelmente a biota;
> d) afetem as condições estéticas ou sanitárias do meio ambiente;
> e) lancem matérias ou energia em desacordo com os padrões ambientais estabelecidos. [...]
>
> BRASIL. Ministério do Meio Ambiente. Lei nº 6.938/81. Política Nacional do Meio Ambiente. Disponível em: <www.mma.gov.br/estruturas/sqa_pnla/_arquivos/46_10112008050406.pdf>. Acesso em: maio 2018.

Os poluentes contribuem para a degradação ambiental das águas oceânicas e continentais e interferem no uso consciente, equilibrado e socialmente aceitável desse recurso. A poluição das águas tem grande impacto sobre as espécies porque diminui a biodiversidade, ou leva à sua destruição, e acelera a escassez hídrica. Afeta milhares de pessoas que dependem da qualidade da água para garantir o próprio sustento, como as comunidades de pescadores.

O Rio Pinheiros é um dos rios atingidos com a poluição causada pela grande metrópole. São Paulo (SP), 2017.

Esgoto sem tratamento sendo despejado na Lagoa da Conceição. Florianópolis (SC), 2016.

Atividades

1 Leia a frase abaixo e faça o que se pede.

[...] Duas de cada cinco pessoas vivem perto do mar e três entre cada sete dependem de recursos marinhos ou costeiros para sobreviver [...].

Em Dia Mundial, ONU lembra importância dos oceanos para proteger o planeta. *ONUBr*, 8 abr. 2016. Disponível em: <https://nacoesunidas.org/em-dia-mundial-onu-lembra-importancia-dos-oceanos-para-proteger-o-planeta>. Acesso em: maio 2018.

a) Justifique a frase com base em seus conhecimentos.

b) Os oceanos atuam no ciclo da água. Apresente dois argumentos que justifiquem essa afirmativa.

2 Observe a imagem da campanha da ONU para mantermos os mares limpos e faça o que se pede.

No AquaRIO, ONU Meio Ambiente lança campanha mares limpos para combater poluição dos oceanos por plástico. ONU Meio Ambiente.

a) Qual é o alerta apresentado pela campanha?

b) Pesquise outras formas de agressão ao ambiente marinho e registre suas conclusões.

3 Leia o trecho da notícia e faça o que se pede.

Bastam três ações: coletar, afastar e tratar os esgotos antes de lançá-los no rio. A receita é simples, mas a maioria dos países não consegue aplicá-la. Um relatório da Comissão Mundial de Águas, entidade internacional ligada à ONU, aponta que entre os 500 maiores rios do mundo, mais da metade enfrenta sérios problemas de poluição. No Brasil, o triste exemplo é o Tietê, seguramente um dos rios mais poluídos do planeta. [...] Uma das soluções para controlar essa sujeira seria instalar estações de tratamento dentro do próprio rio. Outra ação essencial é aumentar a quantidade de esgoto tratado [...].

Rodrigo Ratier. Como é possível recuperar um rio poluído? *Mundo Estranho*, 23 abr. 2018. Disponível em: <https://mundoestranho.abril.com.br/ambiente/como-e-possivel-recuperar-um-rio-poluido/>. Acesso em: jun. 2018.

a) Você observa a poluição nas águas dos lugares em que vive? Que elementos evidenciam essa poluição?

b) De acordo com o texto, o que pode ser feito para a redução de poluentes nas águas de um rio?

4) O Rio Cheonggyecheon (República da Coreia) passou por restauração e despoluição. Observe a fotografia e escreva:

a) as condições ambientais, de saúde ou atividades beneficiadas por esse projeto;

b) as transformações no ambiente urbano relacionadas à presença do rio.

Rio Cheonggyecheon, Seul, República da Coreia, 2017.

5) Observe o mapa e faça o que se pede.

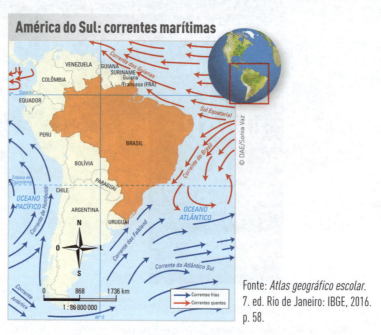

Fonte: *Atlas geográfico escolar*. 7. ed. Rio de Janeiro: IBGE, 2016. p. 58.

a) Quais das correntes marítimas mostradas no mapa são consideradas quentes? Explique.

6) Com base no que você estudou, organize um quadro comparativo, como o modelo abaixo, caracterizando os principais elementos da hidrosfera.

	Características
Oceanos	Grandes massas de água que circundam os continentes e cobrem a maior parte da superfície terrestre.
Mares	
Lagos	
Rios	
Água subterrânea	

CAPÍTULO 17
Bacias hidrográficas

Rios e bacias hidrográficas

As **bacias hidrográficas** são formadas por um conjunto de terras drenadas por um rio principal e seus afluentes.

Vamos conhecer as partes de um rio e os elementos que formam uma bacia hidrográfica?

Elementos de uma bacia hidrográfica

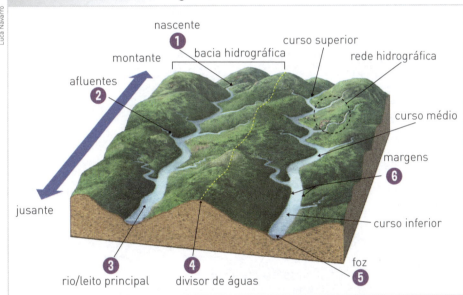

1. A origem de um rio, onde ele começa.
2. Rios menores que deságuam no rio principal.
3. Canal pelo qual a água e os sedimentos se deslocam em períodos normais e para o qual fluem os demais rios da mesma bacia hidrográfica.
4. Linha que indica a separação das águas que fluem para bacias vizinhas; geralmente são montanhas ou outras áreas elevadas.
5. Trecho final do rio; onde ele deságua, no oceano, mar, lago ou outro rio.
6. Faixas de terras que ladeiam o rio.

Fonte: Stanley Chernicoff et al. *Essentials of Geology*. Nova York: Worth Publishers, 1997. p. A-6.

Ao longo do caminho que o rio percorre da nascente até a foz, podemos indicar porções de seu curso. Voltada para o sentido da nascente do rio ao longo do curso superior, há a área denominada **montante**. Voltada em direção à foz, ao longo do curso inferior, encontra-se a **jusante**.

Ao lançar suas águas no oceano, o rio traz consigo sedimentos que vão se acumulando e podem se espalhar formando várias ilhas, canais e braços – a essa forma construída pelo rio damos o nome de **delta**. Por ser rico em sedimentos, esse tipo de foz é muito aproveitado pela agricultura. Outro tipo de foz mais comum, denominada **estuário**, ocorre quando o mar inunda a foz e as águas do rio se lançam para o oceano por uma única saída ou canal.

Foz em estuário do Rio Itapicuru na Praia de Siribinha. Conde (BA), 2018.

141

O mapa a seguir representa uma das bacias hidrográficas brasileiras. Observe seus elementos.

Fonte: *Atlas geográfico escolar: Ensino Fundamental do 6º ao 9º ano*. Rio de Janeiro: IBGE, 2010. p. 16.

zoom
1. Qual é o rio principal?
2. Em que estado está localizada a nascente? E a foz?
3. Cite dois rios afluentes do curso superior.

Um elemento importante para a dinâmica de um rio e, consequentemente, de toda bacia hidrográfica, é a **mata ciliar** ou **mata galeria**. São formações vegetais que servem de abrigo para os animais, que podem se alimentar das plantas e dos frutos delas.

Essa vegetação sustenta as margens dos rios por meio de uma complexa rede de raízes, atribuindo maior estabilidade ao solo. Assim, as matas ciliares são importantes para evitar o processo de assoreamento dos rios. Elas protegem os cursos de água do desgaste causado pelo transporte de diversos materiais naturais erodidos, como fragmentos de solo, pedras, vegetais, entre outros, assim como materiais produzidos pela sociedade e descartados em local inadequado.

A ausência de matas ciliares favorece o escoamento da água e dificulta sua infiltração e seu armazenamento no lençol freático, prejudicando o ciclo da água. Isso contribui para o desaparecimento de parte da fauna, porque compromete a qualidade da água e reduz a quantidade de alimentos.

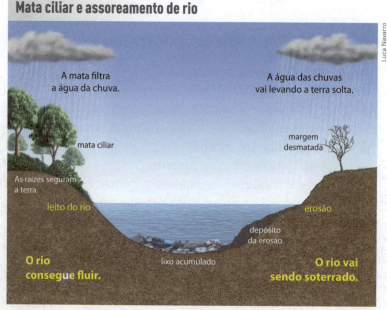

Fonte: *Sistema Integrado de Gestão Ambiental*. Disponível em: <www.sigam.ambiente.sp.gov.br/sigam3/Default.aspx?idPagina=6563>. Acesso em: jul. 2018.

Rio: regime e relevo

No decorrer do ano, o volume de água de um rio se altera entre períodos de cheia e de vazante. Chamamos essa variação de **regime fluvial**. A variação no volume de água depende do clima da área percorrida pelo rio e por seus afluentes. Para manter o mesmo volume, os rios têm de ser constantemente abastecidos.

Rios alimentados pelo derretimento das geleiras têm **regime nival**. Os que são alimentados por água de chuvas têm **regime pluvial**. Se forem alimentados das duas formas, como o Rio Amazonas, o regime é chamado de **pluvionival**.

Em algumas regiões do planeta, onde as chuvas são escassas ou insuficientes, os rios são temporários ou intermitentes, eles secam por um período do ano e o leito fica sem água.

Todo rio escoa sobre o relevo terrestre. Quando o curso do rio atravessa uma planície, ele pode ser utilizado para navegação fluvial, se for volumoso. Em muitos países nos quais há rios de planície, os governos investem no transporte fluvial que, por ser uma via natural, tem custo menor e é menos poluente do que os transportes ferroviário e rodoviário. Já em locais onde há grandes rios de planalto, é possível gerar energia aproveitando a força das águas por meio da construção de usinas hidrelétricas.

Rios de planalto também podem ter trechos navegáveis, mas em alguns trechos é necessário construir eclusas, canais que minimizam os desníveis do relevo elevando e rebaixando a água para a travessia das embarcações.

Observe a representação da produção de energia em uma hidrelétrica.

Barragem Pedra do Cavalo no Rio Paraguaçu. Salvador (BA), 2016.

Usina hidrelétrica

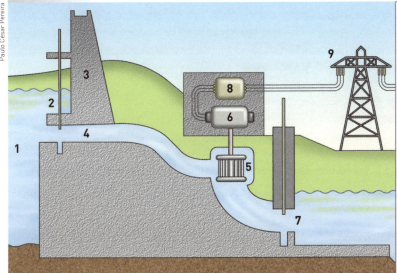

1. Reservatório: onde a água que será utilizada fica armazenada.
2. Comporta: deixará a água do reservatório fluir pelos dutos.
3. Barragem: serve para armazenar a água no reservatório.
4. Conduto: no qual a água fluirá para poder girar a turbina.
5. Turbina: iniciará uma energia mecânica provinda da força das águas que fará com que o gerador gere a energia elétrica.
6. Gerador: é uma máquina que produzirá a energia elétrica.
7. Canal de fuga: é o local de saída da água após movimentar as turbinas.
8. Transformador: irá captar a energia elétrica.
9. Linha de transmissão: é onde será feito o transporte da energia elétrica produzida pela usina hidrelétrica.

Fonte: *Atlas de energia elétrica do Brasil*. 3. ed. Brasília: Aneel, 2008. Disponível em: <www2.aneel.gov.br/arquivos/pdf/atlas3ed.pdf>. Acesso em: jul. 2018.

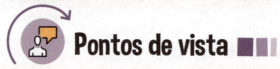

Pontos de vista

Quem é
Marcelo Salazar

O que faz
É engenheiro de produção formado pela Universidade Federal de São Carlos (UFSCAR) e coordenador adjunto do Programa Xingu, do Instituto Socioambiental (ISA).

1. Quais foram os impactos da construção da Usina Hidrelétrica de Belo Monte no ecossistema da Floresta Amazônica?

A Amazônia passa hoje, talvez, pelo momento de maior ameaça à floresta, aos rios, animais e povos tradicionais. Os impactos de Belo Monte são muitos e precisaríamos de um livro todo para listá-los, mas destaco que foram destruídos pelo menos 35 000 hectares de floresta apenas para instalação da hidrelétrica, sendo que o desmatamento total na região pode chegar a 531 600 hectares.

2. Milhares de famílias de ribeirinhos e indígenas foram obrigadas a deixar suas casas para a construção de Belo Monte e acabaram reassentadas pela empresa Norte Energia. Como vivem, atualmente, essas famílias?

Pelo menos 40 mil pessoas foram removidas das regiões em que viviam, muitas delas ribeirinhos que moravam na beira do Rio Xingu e dependiam dele para sua subsistência. Muitas famílias foram levadas para Reassentamentos Urbanos Coletivos (os RUCs) nas regiões periféricas de Altamira, longe do rio e de seus vizinhos. Muitas dessas famílias perderam seu ganha-pão, que era principalmente a pesca, e estão passando por diversas dificuldades, como fome, depressão, péssimas condições de moradia e exposição à violência.

Outra parte dos ribeirinhos que não foram para os RUCs e preferiram receber uma indenização da empresa em dinheiro não conseguiram comprar um novo local para morar próximo do centro da cidade e do rio e tiveram de ir para novos bairros bem precários ou outros municípios.

Um terceiro grupo de ribeirinhos luta por seu direito de voltar a morar no rio. Eles formaram um conselho ribeirinho para reivindicar seu reconhecimento como população tradicional impactada por Belo Monte e conseguiram o direito a retornar para áreas na beira do Rio Xingu, com o suporte do Ministério Público Federal e de pesquisadores de várias universidades e organizações não governamentais.

3. Tendo em vista os impactos causados pela construção de Belo Monte, é possível considerar a energia hidrelétrica uma fonte de energia limpa? Quais são as alternativas para geração de energia elétrica no Brasil?

Não é possível considerar a energia hidrelétrica implantada na Amazônia como energia limpa. Além de todos os impactos sociais e ambientais, uma hidrelétrica pode produzir mais gases do efeito estufa que uma termelétrica. Isso porque quando se alaga uma área que era floresta é necessário cortar as árvores, mas as raízes continuam no solo apodrecendo e emitindo gases nesse processo. Além disso, os sedimentos que ficam nas camadas mais profundas do rio passam pelas turbinas da usina e liberam gás metano (CH_4), que é cerca de 25 vezes mais danoso para a camada de ozônio do que o gás carbônico.

A destruição de florestas e de culturas de povos tradicionais é irreversível, na maioria das vezes. As alternativas às hidrelétricas são investimentos pesados em energia solar e eólica e melhor distribuição e uso dessa energia.

❶ O que motivou o governo brasileiro a construir a Usina de Belo Monte no Rio Xingu?

❷ Qual é a importância do Rio Xingu para os povos tradicionais que habitam a Floresta Amazônica?

❸ Cite três impactos socioambientais ocasionados pela construção da Usina de Belo Monte mencionados pelo entrevistado.

❹ Quais argumentos são mencionados por Marcelo Salazar ao não considerar a energia hidrelétrica como uma fonte de energia limpa?

Bacias hidrográficas brasileiras

O Brasil tem uma rede hidrográfica volumosa. Cerca de 12% da água doce mundial está no território brasileiro. Esse volume de água é distribuído por várias bacias hidrográficas divididas em 12 regiões hidrográficas. Observe essas regiões no mapa a seguir.

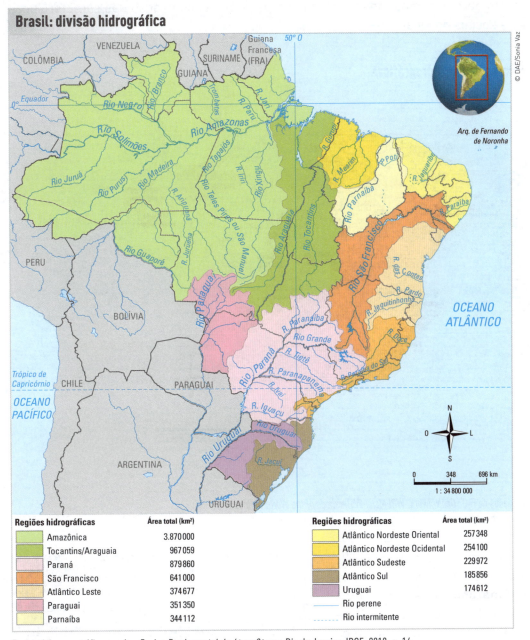

Fonte: *Atlas geográfico escolar: Ensino Fundamental do 6º ao 9º ano*. Rio de Janeiro: IBGE, 2010. p. 16.

zoom

❶ Quais são as maiores bacias hidrográficas do Brasil?

❷ De acordo com o mapa, qual(is) bacia(s) hidrográfica(s) drena(m) o estado em que você mora?

❸ Para onde a maior parte das bacias hidrográficas brasileiras escoa?

Principais bacias hidrográficas do mundo

Vamos conhecer algumas características das maiores bacias hidrográficas brasileiras e também de outros países? Elas representam extensas áreas que cobrem milhares de quilômetros quadrados e têm grande rede de drenagem, que são todos os canais que recebem a água da chuva e estão conectados formando os rios de uma bacia hidrográfica. As bacias são consideradas unidades territoriais que possibilitam gerenciamento de recursos hídricos com a conservação das características físicas, econômicas e sociais do local.

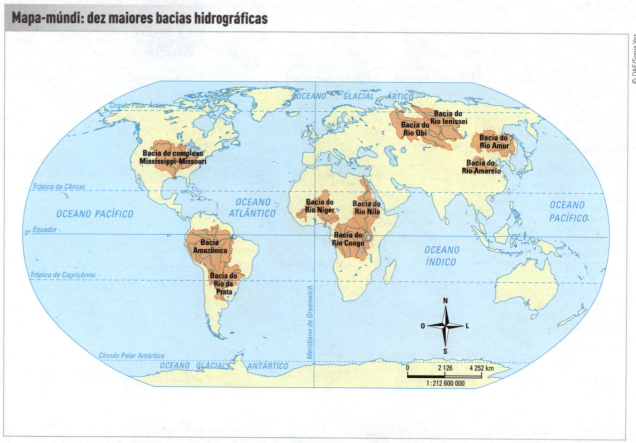

Fonte: Elaborado com base em dados de FAO. *GeoNetwork. WRI Major Watersheds of the World Delineation*. Disponível em: <www.fao.org/geonetwork/srv/en/metadata.show?id=30914>. Acesso em: jun. 2018.

Cerca de um quinto da água doce, superficial e líquida do planeta é constituída pela bacia hidrográfica do Rio **Amazonas**, que ocupa cerca de 7 milhões de km² no Brasil e em países vizinhos. O Rio Amazonas é o maior e mais volumoso rio do mundo. Ele nasce na Cordilheira dos Andes, no Peru, onde recebe os nomes Vilcanota, Ucaiali e Marañón no decorrer de seu curso até chegar ao território brasileiro. A maioria dos rios dessa bacia são navegáveis e utilizados pela população nos deslocamentos cotidianos, por isso ela desempenha importante papel no transporte de pessoas e mercadorias.

Rio Amazonas, próximo à Itacoatiara (AM), 2017.

Rio Congo. Bombala, República Democrática do Congo, 2014.

Localizada na região central da África, a bacia do Rio **Congo** ocupa áreas de floresta tropical com grande biodiversidade e muitas de suas espécies são consideradas endêmicas, ou seja, que ocorre somente em determinada área ou região geográfica. A maior parte desse rio é navegável, o que facilita o transporte de mercadorias. Com grande volume de águas, o Rio Congo também tem grande potencial para a produção de energia elétrica.

Rio Mississipi. Iowa, Estados Unidos, 2016.

A bacia do Rio **Mississipi** é considerada a terceira maior do mundo e cruza o território dos Estados Unidos no sentido norte-sul. Considerado uma das maiores vias de comércio e navegação do planeta, o Rio Mississipi destaca-se como importante hidrovia, com áreas agrícolas ao longo de seu curso.

Barragem da Usina Hidrelétrica Engenheiro Sérgio Motta, no Rio Paraná. Rosana (SP), 2018.

Por estarem localizados, predominantemente, em uma região de planalto e com presença de climas úmidos, os rios da bacia do Rio **Paraná**, na América do Sul, têm relevo acidentado e grande volume de água, adequados para a construção de barragens e hidrelétricas.

Praia Nautilus, na margem esquerda do Rio Obi. Novosibirsk, Rússia, 2014.

Cruzando o território da Rússia, a bacia do Rio **Obi** é a mais extensa do continente asiático. Apesar do rigor climático que congela suas águas, o rio é importante via de transporte.

147

Atividades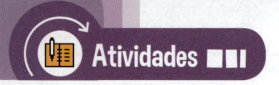

1. O que é uma bacia hidrográfica?
2. Mencione exemplos de uso das principais bacias hidrográficas no Brasil e no mundo.
3. Qual é o nome do rio ou córrego mais próximo do lugar onde você mora? Qual é a importância dele?
4. Elabore uma legenda para indicar os elementos de um rio adequando-a aos números indicados no mapa.

Fonte: *Atlas geográfico escolar*. 7. ed. Rio de Janeiro: IBGE, 2016. p. 40.

5. Diferencie em dois aspectos os rios de regime pluvial dos de regime nival.
6. Desde o começo das civilizações, os rios tiveram papel fundamental para a formação de comunidades, cidades e para a sobrevivência dos seres humanos. Leia os versos de um poema em homenagem ao Rio São Francisco.

[...] Por onde minhas águas passam
Vou percorrendo o sertão
Molhando toda essa massa.
Uns me chamam velho Chico
Outros me chamam chicão [...]
Pois, venho aqui, meu amigo,
Fazer o meu desabafo
Aqueles que me polui
Que tira de mim pedaço,
E pra aqueles que me preservam

Já deixo um forte abraço. [...]
Tenho direito a viver
Sem haver poluição
Levar água pra beber
A toda população
E pra isso é preciso
Sua colaboração. [...]

Raimundo Nascimento. *O desabafo do Rio São Francisco*.
Disponível em: <www.recantodasletras.com.br/cordel/2203645>.
Acesso em: jun. 2018.

148

a) Quais estados do Brasil esse rio percorre? Observe novamente o mapa da página 142.

b) Os versos destacam aproveitamentos do Rio São Francisco. Cite exemplos.

c) Que apelo é feito à população que utiliza o rio?

7 Leia o texto e depois escreva um parágrafo sobre a importância do rio citado no depoimento.

> O pessoal não tinha nem muito dinheiro nem muitas opções de lazer, a não ser o rio, é claro, e os clubes, que eram bastante baratos porque se sabia que o pessoal dali só podia pagar pouco. Então todo mundo que morava ali frequentava os clubes e as margens dos rios, fazia piqueniques, pescarias. [...] Quando o Rio Tietê baixava depois das enchentes, formavam-se grandes poças que ficavam cheias de peixes. A gente enchia latas de óleo de vinte litros com peixes: traíras, mandis, lambaris, bagres. E a presença da traíra é sinal de água limpa: traíra não dá em água poluída.
>
> Depoimento de Victório Filellini para Vicente Adorno. *Tietê: uma promessa de futuro para as águas do passado.* São Paulo: Art Gráfica e Editora, 1999. p. 91.

8 Quais elementos referentes às bacias hidrográficas estão indicados na imagem?

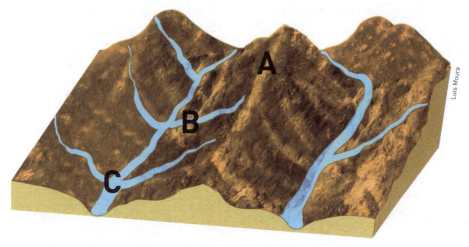

Fonte: Instituto de Geociências e Ciências Exatas da Unesp. Disponível em: <www.rc.unesp.br/igce/planejamento/download/isabel/cartografia_geog_isabel/Aula8_aluno/bacia_hidrografica.pdf>. Acesso em: jul. 2018.

9 Que problema ambiental está retratado na charge? Pesquise e apresente duas sugestões para a melhoria das condições ambientais representadas.

Retomar

1 Leia o trecho do texto a seguir e responda às questões.

> [...] De acordo com a ONU, o controle do uso da água, nos dias de hoje e no futuro do planeta, significa poder aos seus detentores. [...] O estudo aponta que em países do continente africano a média do consumo de água por pessoa é de 19 m³ por dia, o que equivale a até 15 litros por pessoa; em cidades norte-americanas, como Nova Iorque, a média do consumo de água potável por pessoa pode chegar a 2 mil litros por dia. [...]
>
> Água potável no mundo: qual será o futuro do planeta? *Pensamento Verde*, 2 set. 2013. Disponível em: <www.pensamentoverde.com.br/meio-ambiente/agua-potavel-mundo-sera-futuro-planeta/>. Acesso em: maio 2018.

a) Que título você daria a esse trecho do texto?

b) Por que há uma diferença tão grande entre o consumo de água por pessoa de determinados países do continente africano e de Nova York?

2 Com base na observação do mapa e em seus conhecimentos, responda às perguntas.

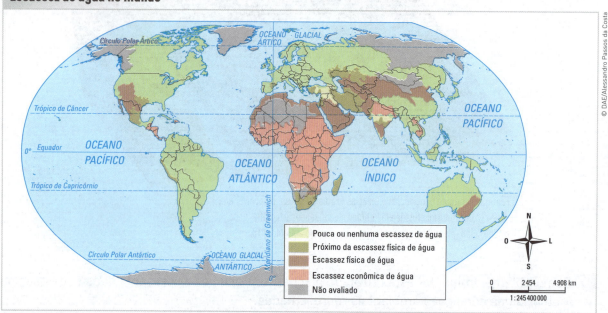

Fonte: *Atlas geográfico escolar*. 7. ed. Rio de Janeiro: IBGE, 2016. p. 34; Instituto Internacional de Gerenciamento de Água. Disponível em: <www.bbc.com/portuguese/reporterbbc/story/2006/08/060821_faltaaguarelatoriofn.shtml>. Acesso em: jul. 2018.

a) Como a água doce está distribuída pelos continentes?

b) Que característica natural justifica a classificação do Brasil?

3 Leia os artigos da Declaração Universal dos Direitos da Água, publicada pela ONU em 1992 e faça o que se pede.

> [...]
> Art. 4º – O equilíbrio e o futuro do nosso planeta dependem da preservação da água e de seus ciclos. Estes devem permanecer intactos e funcionando normalmente para garantir a continuidade da vida sobre a Terra. Este equilíbrio depende, em particular, da preservação dos mares e oceanos, por onde os ciclos começam.
>
> Art. 5º – A água não é somente uma herança dos nossos predecessores; ela é, sobretudo, um empréstimo aos nossos sucessores. Sua proteção constitui uma necessidade vital, assim como uma obrigação moral do homem para com as gerações presentes e futuras.

Art. 6º – A água não é uma doação gratuita da natureza; ela tem um valor econômico: <u>precisa-se saber que ela é, algumas vezes, rara e dispendiosa e que pode muito bem escassear em qualquer região do mundo</u>.

Art. 7º – A água não deve ser desperdiçada, nem poluída, nem envenenada. De maneira geral, <u>sua utilização deve ser feita com consciência</u> e discernimento para que não se chegue a uma situação de esgotamento ou de deterioração da qualidade das reservas atualmente disponíveis. [...]

Declaração Universal dos Direitos da Água – 1992. *Biblioteca Virtual de Direitos Humanos – USP*, 22 mar. 1992, grifo nosso.
Disponível em: <www.direitoshumanos.usp.br/index.php/Meio-Ambiente/declaracao-universal-dos-direitos-da-agua.html>.
Acesso em: maio 2018.

a) Explique os trechos sublinhados no texto.

4 Observe os gráficos que representam os usos da água no Brasil e no mundo. Escreva suas conclusões sobre a importância da água para uso industrial e agrícola.

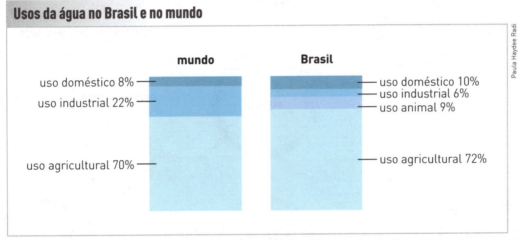

Fontes: Mundo: Unesco. *Water for people, water for life*. United Nations World Water Development Report, 2003;
Brasil: Agência Nacional de Águas, 2016.

5 Justifique por que calçadas e asfaltos dos espaços urbanos podem interferir no ciclo da água.

6 O que é saneamento básico? Qual é sua relação com a água?

7 A tira a seguir apresenta uma atitude ou prática consciente para a conservação da água? Justifique.

Visualização

A seguir, apresentamos um mapa conceitual sobre o tema estudado nesta unidade. Trata-se de uma representação gráfica do conhecimento organizado, composto de uma estrutura que relaciona os principais conceitos e as palavras de ligação do conteúdo. Essa ferramenta serve como resumo e instrumento de compreensão dos textos, além de possibilitar consultas futuras.

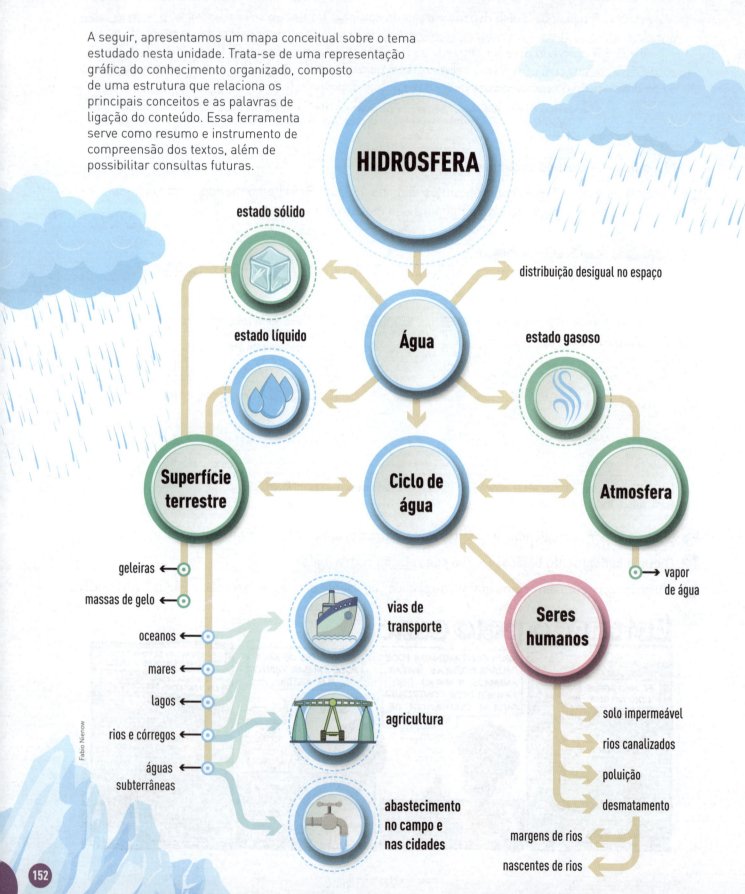

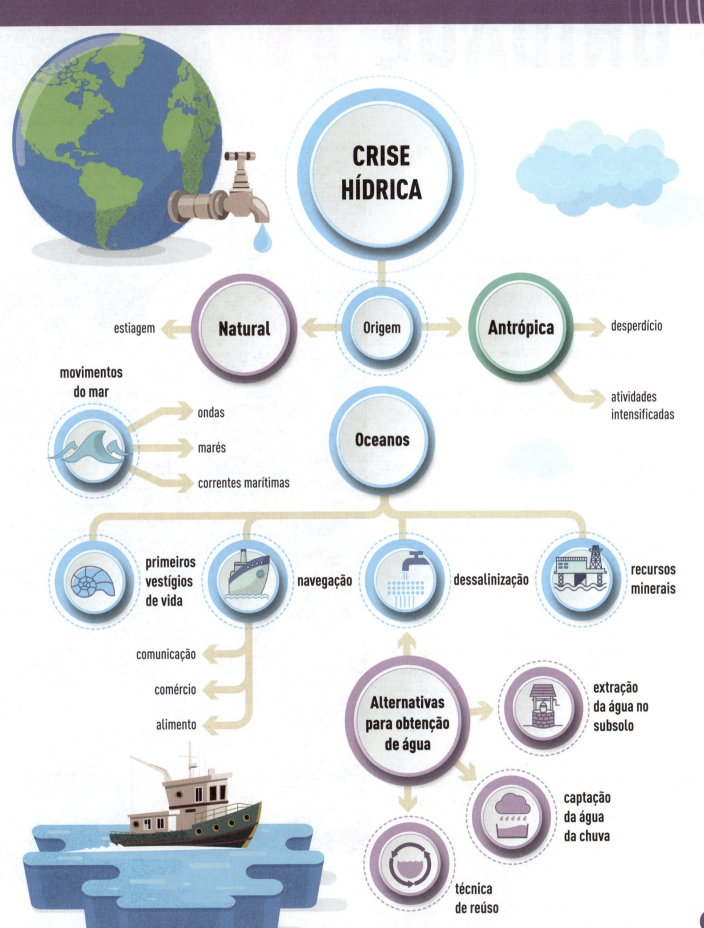

UNIDADE 6

Antever

1 Que fenômenos da atmosfera você conhece?

2 Descreva como se apresentam as condições atmosféricas neste momento no lugar em que você vive.

3 Essas condições são iguais ao longo de todo o ano? Justifique sua resposta.

4 Você se preocupa com a qualidade do ar que respira? Conte aos colegas.

Tudo na superfície e no interior da Terra está em constante movimento. Podemos dizer que nada é estático no planeta, desde a camada de ar que o envolve até seu interior, o núcleo terrestre.

As terras e as águas da superfície estão sempre em movimento, bem como a fina camada de gases sobre ela. Observe na imagem as manchas em branco sobre a superfície, que indicam a ação das massas de ar. As massas de ar e muitos outros elementos da natureza influenciam as condições de vida na Terra, produzindo paisagens naturais diversas.

Diversas ocorrências climáticas extremas – por exemplo, chuvas intensas e secas prolongadas – podem estar relacionadas a consequências de atividades humanas, como o desmatamento, a poluição das fontes hídricas e da atmosfera, a erosão dos solos e vários outros fenômenos, que vêm provocando mudanças no meio ambiente. Essas mudanças afetam o comportamento e a possibilidade de existência e sobrevivência de muitas formas de vida.

Montagem da superfície terrestre a partir de imagens de satélite.

Atmosfera: natureza e sociedade

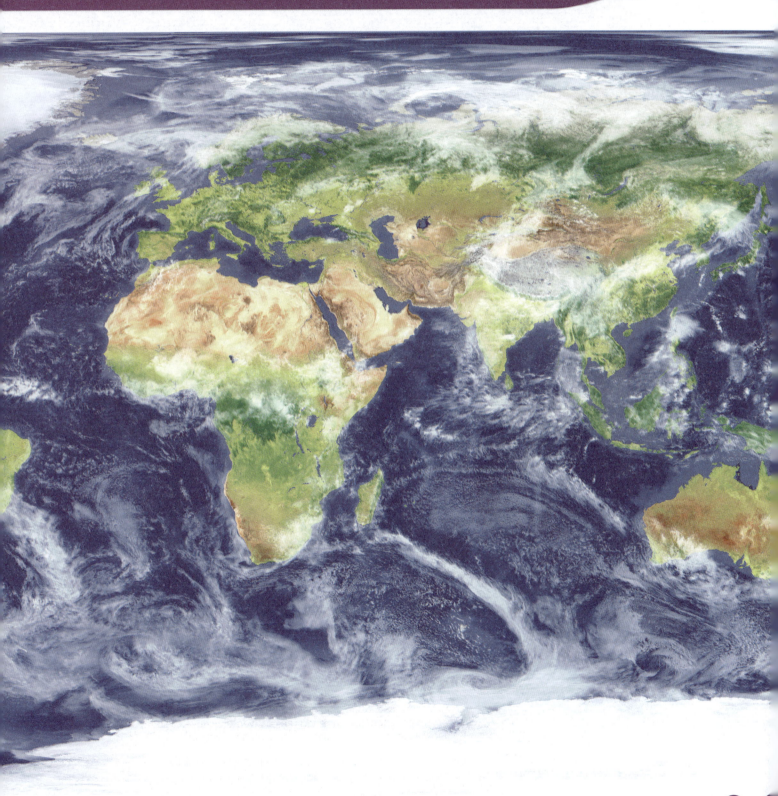

CAPÍTULO 18 — A atmosfera terrestre

Composição, camadas e importância

Atmosfera é a camada de ar que envolve a Terra. Interligada à litosfera e à hidrosfera, compõe a esfera da vida – a biosfera.

Essa camada de ar é composta de vários gases, concentrados principalmente próximos à superfície terrestre (baixa atmosfera). Os gases de maior volume são o **nitrogênio** (78%) e o **oxigênio** (21%), mas também há outros, como **vapor de água**, além de poeira e outras partículas sólidas.

A atmosfera é fundamental para a vida na Terra, pois as funções vitais da imensa maioria dos organismos dependem dos gases nela contidos. Além disso, protege o planeta de pequenos meteoros, filtra e absorve as radiações solares nocivas à vida e mantém o equilíbrio térmico da Terra.

Com pouco mais de 800 km de espessura, a atmosfera apresenta diferenças em sua composição e estrutura, o que possibilita dividi-la em camadas. As principais são: **troposfera**, **estratosfera**, **mesosfera**, **ionosfera** e **exosfera**. Observe o esquema a seguir e leia as características de cada uma dessas camadas.

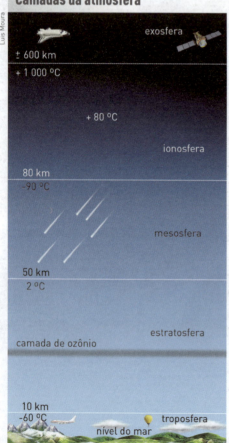

Camadas da atmosfera

Exosfera: camada externa da atmosfera, onde os satélites artificiais orbitam a Terra.

Ionosfera ou **termosfera:** camada mais extensa da atmosfera, composta de íons, partículas que recebem e transmitem as frequências de rádio.

Mesosfera: camada na qual ocorre o início da **combustão** dos meteoros. É a camada mais fria da atmosfera, pois a inexistência de muitos gases impede a absorção da energia solar.

Estratosfera: camada na qual se concentra a maior quantidade de ozônio (O_3), gás que filtra parte dos **raios ultravioleta** emitidos pelo Sol. Sem a presença do ozônio nessa camada, a radiação solar seria letal aos seres vivos. A emissão de gases poluentes vem destruindo parte dela, fenômeno conhecido como buraco na camada de ozônio.

Troposfera: camada próxima à superfície terrestre, na qual vivemos. Concentra a maior quantidade de gases indispensáveis aos seres vivos, como nitrogênio, oxigênio e dióxido de carbono (CO_2). Nessa camada ocorrem os fenômenos meteorológicos (ventos, chuvas, relâmpagos etc.) e por ela se deslocam balões e a maioria dos aviões.

Fonte: Departamento de Física da UFPR. Disponível em: <http://fisica.ufpr.br/grimm/aposmeteo/cap1/cap1-2.html>. Acesso em: jul. 2018.

> **Glossário**
> **Combustão:** queima; reação química que libera calor para o ambiente.
> **Raio ultravioleta:** tipo de radiação eletromagnética emitida pelo Sol.

O equilíbrio atmosférico

A composição atual dos gases da atmosfera nem sempre foi a mesma. Há aproximadamente 2 bilhões de anos não existia oxigênio na atmosfera, que era composta de grande quantidade de dióxido de carbono (CO_2), proveniente das atividades vulcânicas. O **oxigênio** só foi formado no início da atividade de fotossíntese realizada pelos primeiros microrganismos vegetais que surgiram na Terra.

Lentamente, ocorreu um processo de equilíbrio entre os gases na atmosfera, criando as condições ideais para o desenvolvimento da vida no planeta.

O Sol é essencial nesse processo: grande parte da radiação solar que atravessa a atmosfera e atinge a superfície terrestre é absorvida por ela; em seguida, uma parte é reemitida em forma de calor para a atmosfera, aquecendo-a; o restante retorna ao espaço.

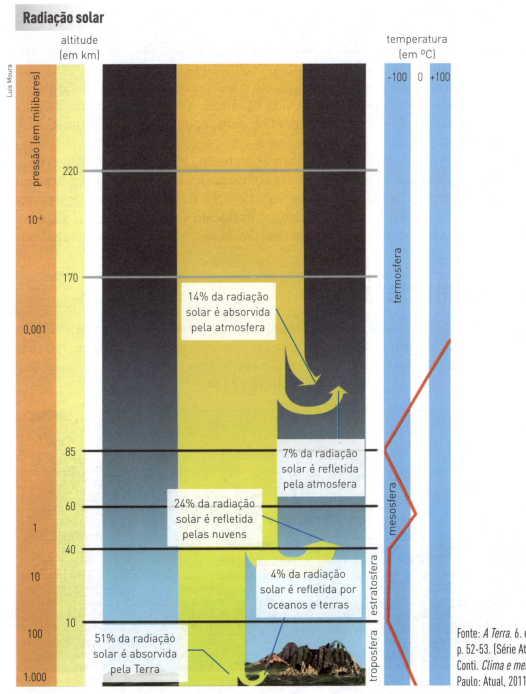

Fonte: *A Terra*. 6. ed. São Paulo: Ática, 2010. p. 52-53. (Série Atlas visuais); José Bueno Conti. *Clima e meio ambiente*. 7. ed. São Paulo: Atual, 2011. p. 10.

O **dióxido de carbono** é o principal gás responsável pelo equilíbrio térmico da atmosfera, mantendo a temperatura média global em torno de 15 °C. Isso é possível porque esse gás, associado a outros, funciona como uma redoma, impedindo que todo o calor escape da troposfera e retorne ao espaço. Esse é um fenômeno natural denominado **efeito estufa**.

Outro gás de importância vital é o **ozônio**. Embora seja pequena a quantidade desse gás na composição da troposfera, ele está altamente concentrado na estratosfera, entre 10 km e 50 km de altitude.

Fonte: *Almanaque Abril 2011*. São Paulo: Abril, 2011. p. 188-189.

No final da década de 1970, alguns cientistas descobriram que ocorrera uma redução na camada de ozônio. Essa redução estava associada ao uso de produtos químicos conhecidos como clorofluorcarbonos (CFCs), utilizados em aerossóis, geladeiras, aparelhos de ar-condicionado e na fabricação do isopor. O clorofluorcarbono interage com o ozônio, quebrando suas moléculas e diminuindo sua concentração na atmosfera terrestre.

Sem a proteção da camada de ozônio, os raios ultravioleta que atingem diretamente a superfície terrestre prejudicam o desenvolvimento de formas de vida aquática, reduzem a produção de fitoplânctons e comprometem a cadeia alimentar. Nos seres humanos, podem provocar queimaduras, câncer de pele e cegueira.

Muitos estudos apontaram que o buraco na camada de ozônio cresceu até a década de 1980, principalmente sobre a Antártica. Além desse, foram encontrados outros pontos com baixa concentração do gás. Algumas medidas para proteger a camada de ozônio foram tomadas no período, como a assinatura do Tratado Internacional de Redução de Clorofluorcarbono, no **Protocolo de Montreal** (1987). Estudos recentes têm demonstrado que ocorreu uma significativa redução da destruição da camada de ozônio.

Alterações na atmosfera

Toda a vida na Terra está condicionada, entre outros fatores, à composição da atmosfera. Nos últimos séculos, a emissão de grandes quantidades de gases proveniente de atividades humanas tem alterado o equilíbrio da atmosfera, causando danos à nossa saúde e comprometendo as condições ambientais do planeta. A essa alteração chamamos de **poluição do ar**.

Pelas chaminés das fábricas é liberada grande quantidade de dióxido e monóxido de carbono, entre outros gases. Moscou, Rússia, 2018.

Entre as principais fontes de poluição do ar destaca-se a queima de combustíveis fósseis (especialmente carvão mineral e derivados de petróleo) para a geração de calor e outras formas de energia. Quando queimados, esses combustíveis liberam grande quantidade de dióxido de carbono na atmosfera, além de outros gases poluentes tóxicos, como o dióxido de enxofre (SO_2).

As queimadas e o desmatamento também são responsáveis pela emissão de grande quantidade de dióxido de carbono.

Diferentes tipos de indústrias também produzem os mais variados poluentes atmosféricos.

Para reduzir a poluição atmosférica é importante utilizar combustíveis alternativos em vez dos derivados de petróleo e reflorestar áreas desmatadas.

Além de as atividades humanas comprometerem a qualidade do ar, alguns cientistas afirmam que também há evidências da interferência humana nas temperaturas médias atuais do planeta. Muitos atribuem a elevação da temperatura global registrada nas últimas décadas a essa excessiva liberação de dióxido de carbono na atmosfera. Os fatores mencionados anteriormente, como queima de combustíveis fósseis, queimadas e desmatamento, entre outros, provocaram alteração no nível de gases-estufa na atmosfera, acarretando um desequilíbrio entre a quantidade natural de calor absorvida pela Terra e aquela refletida de volta para o espaço – ou seja, mais calor fica aprisionado junto à superfície. Esse desequilíbrio aumentou a temperatura da atmosfera e provocou um **aquecimento global**.

Ampliar

Mudanças ambientais globais

http://videos educacionais.cptec. inpe.br/swf/mud_ clima/02_o_efeito_ estufa/02_o_ efeito_estufa.shtml

Animação sobre o aquecimento global.

Efeito estufa

https:// novaescola.org. br/conteudo/2317/ entenda-o-que- e-o-efeito-estufa- e-a-camada-de- ozonio

A importância da atmosfera: o efeito estufa e a camada de ozônio.

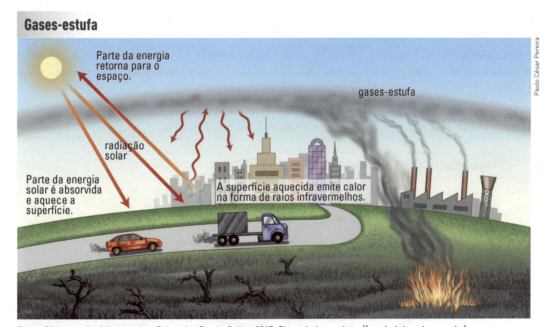

Fonte: Efeito estufa. 1 ilust., color. *Britannica Escola Online*, 2015. Disponível em: <http://escola.britannica.com.br/assembly/134410/A-energia-solar-aquece-asuperficie-e-a-atmosfera-terrestres>. Acesso em: jul. 2018.

Outros estudiosos consideram que o aumento gradual da temperatura da Terra é um fenômeno natural que se repete de tempos em tempos ao longo de sua evolução. Segundo essa linha de pesquisa, os seres humanos não seriam capazes, sozinhos, de provocar uma alteração tão grandiosa na atmosfera. De qualquer forma, a elevação das temperaturas médias do planeta verificada nas últimas décadas tem provocado alterações climáticas, como o derretimento de geleiras, inundações em alguns lugares e episódios mais frequentes de secas em outros, comprometendo a produção de alimentos e a sobrevivência de muitas formas de vida.

Tempo

Podemos sentir ou perceber as condições do ar atmosférico em dado momento – por exemplo, se está frio ou calor, se chove ou não, se há ou não ventos intensos. Ao conjunto dessas condições da atmosfera chamamos de tempo atmosférico.

Tempo atmosférico é o estado momentâneo da atmosfera em determinado local. Ele é variável, podendo mudar conforme a atuação de certos elementos climáticos.

Em geral, a temperatura e a umidade do ar são os principais elementos climáticos notados nas condições do tempo atmosférico. A temperatura, que corresponde ao estado térmico do ar, é mais comumente medida em graus Celsius (°C). A umidade corresponde à quantidade de vapor de água da atmosfera. Quando esse vapor passa para o estado líquido e precipita, ocorre a chuva, que pode ser medida em mm (milímetros).

A diferença entre a maior e a menor temperatura registrada em um dia é chamada de **amplitude térmica** diária. Por exemplo, se em um dia a temperatura mínima for de 18 °C e a máxima de 27 °C, a amplitude térmica será de 9 °C. Pode-se também verificar a amplitude térmica mensal ou a anual pela diferença entre as médias de temperatura no decorrer do mês ou do ano, respectivamente.

Previsão do tempo

Prever as mudanças que podem vir a ocorrer nas condições atmosféricas de um local é extremamente importante, pois muitas atividades humanas dependem diretamente dessas condições do tempo.

A previsão do tempo é feita pelos **meteorologistas**, profissionais que estudam a atmosfera e seus fenômenos. Para registrar as condições e prever as variações do tempo, eles se baseiam na análise de imagens de satélites e em dados obtidos em estações meteorológicas, como velocidade e direção do vento, temperaturas mínimas e máximas diárias, umidade do ar e volume de chuva. O uso de radares meteorológicos que monitoram os deslocamentos das precipitações atmosféricas garante grande precisão na previsão do tempo.

No jornal, na televisão ou em *sites* da internet estão disponíveis diariamente dados meteorológicos que podem estar representados de diferentes maneiras. Observe os exemplos a seguir.

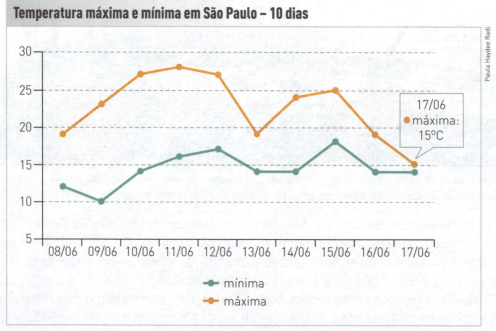

Fonte: Climatempo. Disponível em: <www.climatempo.com.br/graficos/cidade/558/saopaulo-sp>. Acesso em: jun. 2018.

Previsão de chuva em São Paulo – 10 dias

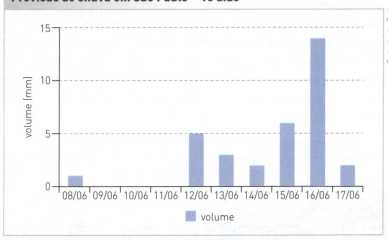

Fonte: Climatempo. Disponível em: <www.climatempo.com.br/graficos/cidade/558/saopaulo-sp>. Acesso em: jun. 2018.

As principais informações da previsão do tempo dizem respeito às possibilidades de variações de chuva e temperatura num período.

Brasil: previsão do tempo para as capitais estaduais e Brasília (02/08/2018)

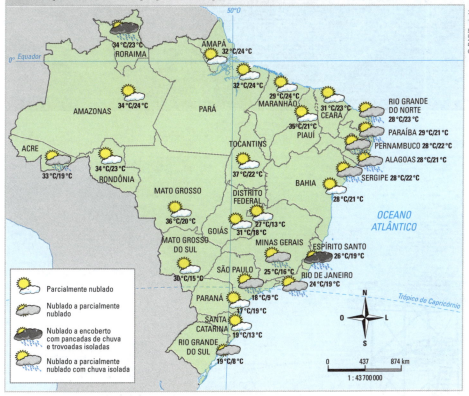

Fonte: Centro de Previsão de Tempo e Estudos Climáticos (Cptec/Inpe). Disponível em: <www.cptec.inpe.br/>. Acesso em: ago. 2018.

zoom

① Observe os símbolos utilizados no mapa e responda:
   a) Naquele dia, qual era a previsão do tempo para o estado em que você mora?
   b) Em quais estados havia previsão de chuva?

② No gráfico da página anterior, em relação à cidade de São Paulo, em que dias estavam previstas as maiores temperaturas médias? E as mínimas?

③ No gráfico acima, em que dia estava previsto o maior volume de chuvas?

161

Ampliar

Rede Meteorológica do Comando da Aeronáutica
www.redemet.aer.mil.br

No subitem Imagens de Satélites do menu Produtos, veja imagens de satélites meteorológicos com informações separadas por hora e local.

Saber se estão previstas chuvas intensas ou quedas de temperatura, por exemplo, é fundamental para o setor agrícola, pois possibilita tomar as medidas necessárias para evitar ou diminuir perdas de colheita.

Outros setores, como os de transporte aéreo e marítimo, de energia, de abastecimento de águas, de monitoramento de queimadas, também se beneficiam dessas informações. Do mesmo modo, as condições meteorológicas da atmosfera e sua previsão são de grande importância em nossas atividades diárias, pois podem alterar uma viagem ou passeio, por exemplo.

Estações de observação meteorológica de superfície manual e automática. Brasília (DF), 2018.

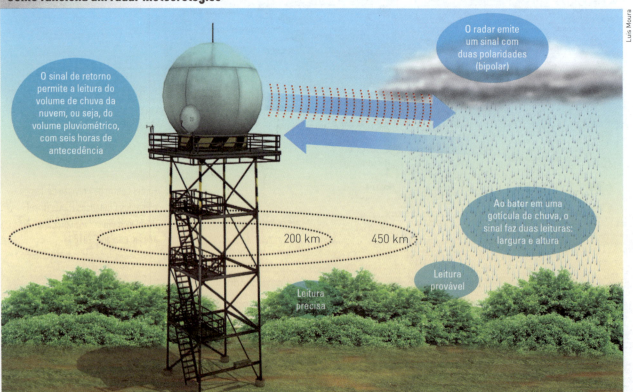

Fonte: Marcelo Fraga. Radar meteorológico ajuda na prevenção de desastres causados pelas chuvas. *Encontro*, Belo Horizonte, 25 out. 2013. Disponível em: <www.revistaencontro.com.br/canal/atualidades/2013/10/radar-meteorologico-ajuda-na-prevencao-de-desastres-causados-pelas-chu.html>. Acesso em: jul. 2018.

Clima

Uma vez entendido o que é tempo atmosférico, vamos agora estudar o que é clima.

Observando e analisando as variações do tempo em uma localidade por um longo período, pode-se reconhecer as características do clima desse lugar. Ele pode ser, por exemplo, quente e chuvoso durante todo o ano, o que indica que apresenta elevadas temperaturas e umidade ao longo dos meses. Pode apresentar baixas temperaturas no período do inverno e ser muito quente no verão.

Clima é a sucessão regular de estados do tempo atmosférico em determinada porção da superfície terrestre, definido após a análise de registros feitos por longos períodos. Observe as imagens a seguir. Elas correspondem à mesma localidade em diferentes períodos do ano. Que mudanças relativas à atmosfera ocorreram?

Estrada de acesso ao Morro da Igreja. Urubici (SC), 2014.

Estrada de acesso ao Morro da Igreja. Urubici (SC), 2017.

Você percebeu que a paisagem dessa localidade se alterou ao longo do ano; isso acontece ano após ano. Essa variação é uma característica própria do tipo de clima dessa localidade, denominado clima subtropical. Mas essa variação não é comum em todos os lugares da superfície terrestre porque existem diferentes tipos de clima no planeta, que dependem de vários fatores e da atuação de muitos elementos atmosféricos. Estudaremos isso adiante.

Pontos de vista

Quem é
Luiz Carlos Baldicero Molion

O que faz
É professor e pesquisador da Universidade Federal de Alagoas (UFAL), PhD em Meteorologia e pós-doutor em Hidrologia de Florestas.

1. A ação humana é capaz de alterar o clima na Terra? Por quê?

Globalmente o ser humano não tem condições de alterar o clima porque seus controladores não podem ser modificados pela ação humana. O principal deles é o Sol, seguido pela cobertura de nuvens, ambos controlam a entrada de radiação no planeta. Quando há menos nuvens, a radiação solar entra com mais facilidade e aquece a superfície e os oceanos, que são o terceiro grande controlador do clima. Os oceanos ocupam 71% da superfície terrestre e têm uma capacidade muito maior de armazenar calor do que o ar. Por isso filtram possíveis variações de temperatura.

Você pode perguntar: "Mas e o gás carbônico?". A **mecânica quântica** mostra que, quando uma molécula de CO_2 absorve radiação, ela vibra, roda e se choca com as outras moléculas que constituem a atmosfera. Para cada molécula de CO_2 existem pelo menos 2 600 moléculas de outros gases para as quais ela transfere essa energia que absorveu. Então o efeito do CO_2 no clima é irrisório.

2. É possível afirmar que a temperatura média do planeta está subindo desde o último século? Por quê?

Eu não nego que houve um aquecimento. Do final do século XIX até agora, ocorreu um aumento da temperatura em dois estágios: o primeiro, entre 1925 e 1945 – quando a emissão de gás carbônico era pequena –, e o segundo, entre 1976 e 2000. O que o IPCC (Painel Intergovernamental sobre Mudanças Climáticas, na sigla em inglês) fala é que esse segundo período de aquecimento foi causado pelo ser humano, e nós dizemos que foi ocasionado por causas naturais, como a atividade solar intensa e a redução de 5% na cobertura de nuvens.

3. A Terra já passou por outros períodos de aquecimento nos últimos 100 mil anos? Quais foram esses períodos?

Dados de testemunhos de cilindros de gelo da Groelândia mostram que as temperaturas mais elevadas do planeta ocorreram há 8 mil anos. Depois tivemos um período de aquecimento chamado Minoano, quando a civilização egípcia se desenvolveu. Então houve o período Romano Quente, entre 500 a.C. e 300 d.C., em que o clima estava quente e a agricultura ia bem. Recentemente, entre 900 d.C. a 1200 d.C., houve também um período quente, com muita riqueza, concomitante ao Renascimento. De 1300 a 1850, o planeta passou por período um pouco mais frio e, a partir daí, a temperatura começou a se recuperar, com ciclos de ligeiros resfriamentos.

4. Quais foram os principais efeitos dos períodos de aquecimento da Terra na espécie humana?

Se eu pudesse escolher entre resfriamento e aquecimento global, eu escolheria o aquecimento, porque a História nos mostra que foi nesses períodos que humanidade mais se desenvolveu, já nos de resfriamento houve, inclusive, o desaparecimento de civilizações.

Glossário

Mecânica quântica: área do conhecimento científico que estuda o movimento de partículas muito pequenas.

1. A ação do ser humano interfere na temperatura do planeta? Como?

A ação do ser humano interfere na temperatura do planeta por meio de quatro processos principais: o primeiro deles é a alteração na cobertura do solo, por exemplo, a urbanização em substituição à vegetação natural; o segundo é a utilização de motores elétricos ou de combustão que geram calor e aquecem a temperatura; o terceiro é o uso de ar condicionado, que esfria o interior das construções e esquenta o ambiente externo; o quarto processo é a emissão dos chamados gases de efeito estufa, principalmente do gás carbônico e do metano. Esses gases atuam como uma espécie de "cobertor" em nossa atmosfera, impedindo que o calor da superfície seja transferido para as partes mais altas dela para ser dissipado para o espaço. É esse efeito que chamamos de aquecimento global.

Uma das principais ações emissoras de gás carbônico é a queima de combustíveis fósseis, como o petróleo. Esse óleo foi gerado pela decomposição de vegetais há dezenas de milhões de anos e está armazenado debaixo da superfície. Ao se explorá-lo, o carbono estocado há milhões de anos é liberado na atmosfera em pouco tempo, causando o aumento da concentração de gases.

2. Quais são as atividades humanas com maior impacto nas variações de temperatura? Por quê?

Até a primeira metade do século XX, as principais atividades que causavam variações de temperatura eram as mudanças de uso do solo, por meio do desmatamento e da urbanização. Entretanto, desde o início do uso de combustíveis fósseis, principalmente do petróleo, houve o aumento da concentração de gases de efeito estufa, sobretudo gás carbônico. O "cobertor" está ficando mais grosso e, portanto, a temperatura de nosso planeta vem aquecendo.

3. Quais são os principais efeitos do aquecimento global? Como podemos percebê-los em nosso dia a dia?

É possível observar um aumento da variabilidade climática, com extremos de calor, frio, seca e enchentes em diferentes regiões do planeta. Observa-se também o aumento do nível do mar, devido ao derretimento do gelo continental. Esse aumento, ainda da ordem de poucos centímetros, já é perceptível e gera problemas em cidades costeiras, principalmente quando associado à ocorrência de tempestades que causam ventos e empurram as águas do oceano em direção à costa.

4. Que ações são necessárias para reduzir os efeitos das mudanças climáticas de origem humana no clima?

A preocupação com os cenários climáticos futuros levou a Organização das Nações Unidas a propor medidas que visam reduzir as emissões de gases de efeito estufa, principalmente através da denominada "descarbonização" de nossa economia, ou seja, por meio da substituição do uso de combustíveis fósseis pela energia renovável, como a energia eólica e solar.

Quem é

Pedro Leite da Silva Dias

O que faz

É especialista em Clima e Mudanças Climáticas e professor do Departamento de Ciências Atmosféricas do Instituto de Astronomia, Geofísica e Ciências Atmosféricas da Universidade de São Paulo (IAG/USP).

---

1. De acordo com as entrevistas, qual é a principal divergência entre os dois pesquisadores?

2. Quais argumentos são mencionados pelo pesquisador Luiz Carlos Baldicero Molion ao explicar as causas das mudanças climáticas?

3. Para o especialista Pedro Leite da Silva Dias, qual é a relação entre as atividades humanas e o aquecimento global?

4. Converse com os colegas e o professor sobre esses diferentes posicionamentos e registre suas conclusões no caderno.

Atividades

1. Explique o que é a atmosfera e qual é sua importância.

2. A qual camada da atmosfera se referem as informações a seguir?
   a) Meteoro entra em combustão ao entrar na atmosfera terrestre.
   b) Passeios de balão destacam-se como atração turística na Capadócia, Turquia.
   c) Novo satélite de comunicação brasileiro é lançado.
   d) Céu nublado cobre a capital paranaense.
   e) A emissão de clorofluorcarbonos na atmosfera rompe a camada de ozônio.
   f) A estação do rádio está bem sintonizada.

3. Descreva como ocorre o efeito estufa e faça uma ilustração que represente esse processo.

4. Diferencie tempo de clima.

5. Leia o trecho de notícia a seguir e depois responda às questões.

   > Minas Gerais terá uma semana com céu parcialmente nublado, pancadas de chuva e calor. As informações são do Instituto PUC Minas TempoClima. A temperatura deve variar entre 18 e 29 graus em boa parte do estado, com umidade relativa do ar a 50%.
   > Segundo os meteorologistas, nesta segunda-feira há previsão de pancadas de chuva à tarde e à noite em Belo Horizonte na região metropolitana.
   > A partir de quinta-feira, as chuvas se concentram no sul de Minas Gerais. Nas outras áreas, tempo parcialmente nublado. [...]
   >
   > Cristiane Silva. Semana será de tempo instável e temperaturas altas em Minas Gerais. Em.com.br, 15 jan. 2018. Disponível em: <www.em.com.br/app/noticia/gerais/2018/01/15/interna_gerais,930935/semana-sera-de-tempo-instavel-e-tempe raturas-altas-em-minas-gerais.shtml>. Acesso em: abr. 2018.

   a) A que se refere essa notícia?
   b) Que profissional realizou estudos para essas informações?
   c) Que elementos climáticos foram considerados nessa previsão?
   d) Segundo a notícia, qual era a amplitude térmica prevista para a semana nesse estado?

6. Com base na imagem a seguir, responda às questões.

   a) No Brasil, em 22 de setembro, é comemorado o Dia Mundial Sem Carro. Por que a poluição é uma das questões ambientais diretamente envolvidas nessa data?
   b) O que sugerem os três desenhos da imagem?
   c) Em sua opinião, que resultados essa campanha promove?

7. Considerando a campanha criada pelos franceses "Na Cidade, Sem Meu Carro!", em grupo escolham outra temática ambiental relacionada a poluição do ar e elaborem um *slogan*. Este gênero textual caracteriza-se por apresentar uma palavra ou frase curta e de fácil memorização, como as que vemos com frequência em propagandas.

8. O dia 16 de setembro foi designado como Dia Internacional do Ozônio. Redija um texto sobre a importância da camada de ozônio na atmosfera e sobre o gás responsável pela sua destruição.

CAPÍTULO 19

Elementos do clima

Umidade do ar

Existe uma grande diversidade de climas no mundo. As características que os diferenciam estão relacionadas principalmente à **temperatura** e à **umidade**. Entretanto, além desses, há outros elementos que compõem o clima, como a pressão atmosférica e os ventos.

Antes de conhecer estes dois últimos elementos e o modo como atuam na atmosfera, vamos retomar o estudo da umidade do ar e avançar nele. Primeiro, devemos considerar que o vapor de água é o mais importante gás na geração das condições do tempo e, por isso, na determinação e diferenciação dos climas.

Como você já estudou, a evaporação da água e a transpiração dos vegetais são fenômenos constantes na dinâmica da atmosfera. Nas áreas próximas aos oceanos, aos cursos de água e à vegetação densa, a umidade do ar tende a ser mais elevada. Já em áreas continentais em que esses fatores não interferem diretamente, ela tende a ser menor.

O vapor de água, ao alcançar altitudes elevadas, condensa-se, formando as nuvens. O resfriamento da água contida nas nuvens provoca a precipitação, que pode acontecer em forma de chuva, granizo ou neve.

De acordo com os fatores que originam a precipitação pluviométrica, podem-se distinguir três **tipos de chuva**: convectiva, frontal e orográfica.

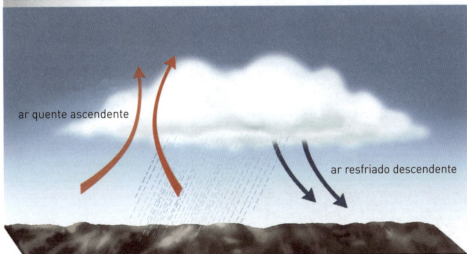

Chuvas convectivas

Fonte: A. G. Forsdyke. *Previsão do tempo e clima*. São Paulo: Melhoramentos; Edusp, 1978. p. 62.

As **chuvas convectivas** ocorrem quando as temperaturas estão muito elevadas e a evaporação da água é intensa. Então, o ar quente saturado de vapor desloca-se verticalmente; ao entrar em contato com baixas temperaturas em altitude maior, o vapor de água condensa-se, originando a precipitação em forma de chuva. Esse tipo de chuva é comum sobretudo no verão, embora ocorra o ano todo no norte do Brasil.

Chuvas frontais

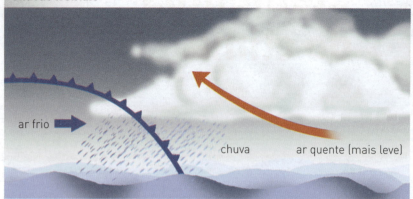

Fonte: A. G. Forsdyke. *Previsão do tempo e clima*. São Paulo: Melhoramentos; Edusp, 1978. p. 63.

As **chuvas frontais** são provocadas pelo encontro de massas de ar com temperaturas diferentes. No contato entre o ar frio e o ar quente, o segundo, por ser mais leve, ascende e resfria por causa da altitude. Desse modo, ocorre um processo de condensação do vapor de água, formação de nuvens e precipitação de chuva.

As **chuvas orográficas** – ou de relevo – acontecem nas vertentes de grandes elevações, como as serras próximas ao litoral. Ao encontrar uma barreira natural, o ar carregado de umidade eleva-se, encontrando temperaturas mais baixas. Ocorrem, então, a condensação e, em seguida, a precipitação.

Chuvas orográficas

Fonte: A. G. Forsdyke. *Previsão do tempo e clima*. São Paulo: Melhoramentos; Edusp, 1978. p. 63.

Chuva na Serra da Mantiqueira. Camanducaia (MG), 2018.

zoom

1. Que tipo de chuva ocorre na região apresentada?
2. Explique a influência do relevo na formação desse tipo de chuva.

168

Além das chuvas, podem ocorrer outros tipos de precipitação. Quando correntes de ar conduzem o vapor para áreas elevadas com temperaturas muito baixas, o vapor congela, podendo originar a precipitação de partículas de gelo ou **granizo**, conhecida como "chuva de pedra".

A **neve** é a precipitação de minúsculos cristais de gelo que ocorre quando a temperatura do ar está abaixo de 0 °C e a umidade está elevada. No sul do Brasil, durante o inverno, há possibilidade de nevar em alguns lugares.

Chuva de granizo em São Paulo (SP), 2016.

Neve em São José dos Ausentes (RS), 2013.

Diferentemente das precipitações que ocorrem oriundas de porções elevadas da atmosfera, o orvalho e a geada são fenômenos que se formam na superfície. O **orvalho** origina-se devido ao contato do ar um pouco mais quente com uma superfície fria. Nesse processo, o vapor do ar passa para o estado líquido e as gotículas de água ficam no solo. A **geada** consiste no congelamento do orvalho, ocorrendo nas madrugadas frias, quando a temperatura da superfície está abaixo de zero.

A geada, a neve e o granizo podem causar danos à agricultura, que também pode ser comprometida pelo excesso ou escassez de chuva. Portanto, a atividade agrícola depende diretamente das condições do clima.

Gotas de orvalho sobre vegetação rasteira. Santa Maria (RS), 2018.

Geada em São Joaquim (SC), 2018.

Pressão atmosférica

O ar atmosférico tem peso e exerce pressão sobre a superfície da Terra e tudo o que está nela. Esse peso do ar é chamado de **pressão atmosférica**. Ela não é igual em todos os lugares do planeta, pois varia de acordo com a altitude e a temperatura do ar.

Em **altitudes** elevadas, a quantidade de gases da atmosfera é menor, o que contribui para diminuir o peso da coluna de ar; consequentemente, a pressão atmosférica também é menor. Já em áreas de baixa altitude, a pressão atmosférica é maior. Observe a ilustração.

Pressão atmosférica segundo a altitude

Em altitudes elevadas, o ar é mais rarefeito; consequentemente, a pressão atmosférica é menor, já em áreas de baixa altitude a pressão atmosférica é maior.

Fonte: Francisco Mendonça e Inês Danni-Oliveira. *Climatologia: noções básicas e climas do Brasil*. São Paulo: Oficina de Textos, 2007.

Em relação à **temperatura**, quando esta é elevada, o ar dilata-se, torna-se mais leve e ocorre diminuição da pressão atmosférica. Já quando as temperaturas são mais baixas, o ar fica mais comprimido e pesado. Nesse caso, a pressão atmosférica é maior.

Ventos

O **vento** é o ar em movimento. Formado pelas diferenças de pressão e temperatura entre porções do ar, ele se origina nas áreas de alta pressão e sopra em direção às de baixa pressão atmosférica. Isso ocorre porque nas áreas de baixa pressão o ar é mais leve; assim, ele é empurrado para cima, e seu espaço é ocupado pelo ar frio e mais pesado, que provém das áreas de alta pressão. Os ventos formam-se quando essas porções de ar mais pesadas se deslocam para ocupar espaços. Eles carregam consigo as características de temperatura e umidade dos locais de onde provêm, por isso também são responsáveis pela variação do tempo atmosférico na superfície da Terra.

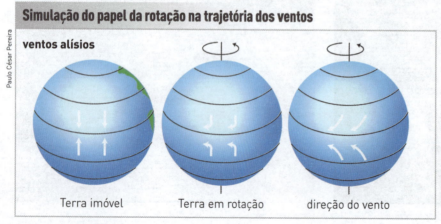

Simulação do papel da rotação na trajetória dos ventos

ventos alísios

Terra imóvel | Terra em rotação | direção do vento

Os ventos alísios são ventos regulares que partem dos trópicos em direção à linha do Equador.

Fonte: *Tempo & Clima*. Rio de Janeiro: Abril Livros, 1995. p. 36. (Coleção Ciência & Natureza).

Quanto maior a diferença de pressão atmosférica entre dois locais, maior será a velocidade dos ventos. A trajetória dos ventos está relacionada não apenas à diferença de pressão entre porções de ar do planeta mas também ao movimento de rotação, que modifica seu itinerário.

Os ventos podem ser classificados em regulares (ou constantes), cujas direções não variam, e periódicos, que ora sopram numa direção, ora em outra.

As **brisas** são um exemplo de ventos periódicos. Confira nas imagens a seguir.

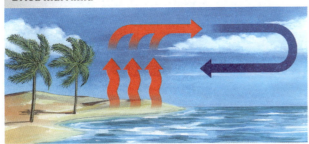

Fonte: IAG-USP. Disponível em: <http://master.iag.usp.br/pr/ensino/sinotica/aula17/>. Acesso em: jun. 2018.

Durante o dia a temperatura da água é menor do que a da terra. Dessa maneira, como o vento sopra da área de alta pressão para a de baixa pressão, ele vai do mar para o continente. É a **brisa marítima**.

O aquecimento desigual da água e da superfície sólida faz com que, durante a noite, a terra registre temperaturas mais baixas do que as das águas oceânicas. Então os ventos sopram do continente, onde a atmosfera apresenta maior pressão, para o oceano, de menor pressão. É a **brisa continental**.

A energia que provém do vento

Há milhares de anos, os seres humanos utilizam o vento como fonte de energia. Na agricultura, por exemplo, antigos moinhos usavam o vento para mover as pás e produzir a força que tirava água do subsolo ou moía grãos. Mais recentemente, a força do vento movimenta turbinas conectadas a geradores, que produzem energia elétrica. É um tipo de energia renovável, ou seja, cuja fonte não se esgota; além disso, é considerada limpa, já que não polui a atmosfera.

Parque eólico de São Miguel do Gostoso (RN), 2017.

171

Atividades

1. Explique o que é umidade do ar.

2. A umidade do ar não é igual em todos os lugares da superfície terrestre, e o limite máximo que ela pode atingir é 100%. Por exemplo, se em determinado lugar a umidade está em 40%, significa que o vapor de água está ocupando 40% da massa gasosa daquele ambiente. Sabendo disso, leia o infográfico e faça o que se pede.

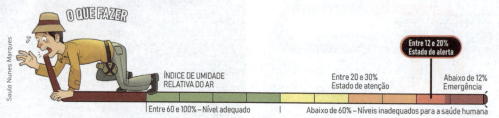

Fonte: Baixa umidade do ar faz São Paulo entrar em estado de atenção. *Folha de S.Paulo*, 1 out. 2012. Disponível em: <www1.folha.uol.com.br/cotidiano/1162045-baixa-umidade-do-ar-faz-sao-paulo-entrar-em-estado-de-atencao.shtml>. Acesso em: jun. 2018.

a) Acima de que índice a umidade do ar é ideal para a saúde humana?

b) Cite exemplos de lugares na superfície terrestre em que a umidade do ar aproxima-se dos índices da faixa verde do gráfico. Justifique.

c) A umidade do ar pode alterar-se nos diferentes períodos do dia ou manter-se baixa, por exemplo, por um longo período. Essa variação interfere na saúde das pessoas? Pesquise quais são os problemas para a saúde e o que pode ser feito quando se atinge o estado de alerta.

3. Leia a notícia a seguir e responda às perguntas.

> O verão começa oficialmente no dia 21 de dezembro, às 14h28, e vai até 13h15 do dia 20 de março de 2018, pelo horário de Brasília. A expectativa sobre o comportamento da chuva e da temperatura é maior em relação ao verão do que nas outras estações. É a chuva do verão que vai garantir o abastecimento de água para o consumo, para a produção agrícola, industrial e de energia hidrelétrica. […]

Aline Merladete. Chuvas de verão de 2018 deverão garantir a produção agrícola. *Agrolink*, 28 dez. 2017. Disponível em: <www.agrolink.com.br/noticias/chuvas-do-verao-de-2018-deverao-garantir-a-producao-agricola_401830.html>. Acesso em: jun. 2018.

a) Quais são os dois elementos climáticos citados na notícia?

b) A que tipo de chuva a notícia faz referência?

c) Por que esse tipo de chuva é favorável à sociedade nesse período do ano?

4. Observe o esquema a seguir e indique as cidades de maior pressão atmosférica e as de menor. Depois explique a razão dessa diferença.

Fonte: Francisco Mendonça e Inês Danni-Oliveira. *Climatologia*: noções básicas e climas do Brasil. São Paulo: Oficina de Textos, 2007.

CAPÍTULO 20
Fatores climáticos

As variações da temperatura

Em algumas regiões da superfície terrestre, como aquelas em que as estações do ano são bem definidas, os invernos são frios, podendo ocorrer temperaturas negativas e precipitação em forma de neve. Em outras, especialmente as que estão localizadas na zona tropical, o clima apresenta-se sempre quente, com temperaturas médias elevadas ao longo do ano.

Mas o que faz com que as temperaturas sejam diferentes de uma localidade para outra? Existem fatores que são determinantes nessa variação: latitude, altitude, maritimidade/continentalidade, cobertura vegetal, massas de ar e correntes marítimas.

Latitude

Devido à forma esférica da Terra, os raios solares não atingem toda a sua superfície com a mesma intensidade. Nas zonas polares, onde as latitudes são altas, os raios solares atingem a superfície do planeta de maneira inclinada, e por isso essas áreas registram temperaturas mais baixas. Já nas zonas tropicais, os raios solares atingem a superfície diretamente, de forma perpendicular e concentrada. Assim, a temperatura varia conforme a latitude: quanto maior a latitude, menor a temperatura do ar atmosférico. Observe a ilustração e a tabela a seguir.

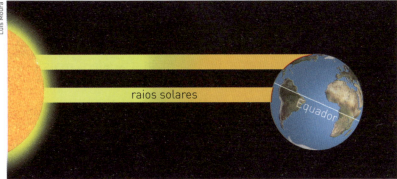

Fonte: Prepare o protetor solar: É verão no hemisfério Sul! *Apollo11.com*. Disponível em: <www.apolo11.com/curiosidades.php?titulo=Prepare_o_protetor_solar_E_verao_no_hemisferio_Sul!&posic=dat_20081221-183826.inc>. Acesso em: jun. 2018.

Influência da latitude na temperatura

Cidade	Latitude	Média térmica anual
Belém	1°28'S	26°C
Salvador	12°55'S	24°C
Vitória	20°19'S	20°C
Porto Alegre	31°01'S	15°C

Fonte: Graça M. L. Ferreira. *Atlas geográfico: espaço mundial*. 4. ed. São Paulo: Moderna, 2013. p. 122.

173

Altitude

A **altitude** também é um fator climático determinante na variação da temperatura. Nas elevadas altitudes – por exemplo, nas regiões montanhosas –, as temperaturas do ar são mais baixas do que nas áreas de menor altitude. Isso acontece porque o calor proveniente da radiação solar é absorvido pela superfície terrestre e posteriormente irradiado para a atmosfera: em grande altitude o ar é mais rarefeito e o calor se dissipa, ou seja, à medida que aumenta a altitude há menor retenção de calor. De modo geral, a temperatura diminui 1 °C a cada 200 metros de altitude.

Fonte: Francisco Mendonça e Inês Danni-Oliveira. *Climatologia: noções básicas e climas do Brasil.* São Paulo: Oficina de Textos, 2007.

Continentalidade e maritimidade

A terra e a água são aquecidas de maneira desigual. A terra se aquece e libera o calor absorvido mais rapidamente do que a água. Como a água retém calor por mais tempo do que o solo, a temperatura das regiões litorâneas pouco varia entre o dia e a noite.

As áreas próximas aos oceanos apresentam menor amplitude térmica, enquanto as mais distantes registram maior amplitude térmica. Outra influência no clima está relacionada com a umidade: as áreas mais próximas ao litoral têm maior umidade atmosférica e são mais chuvosas.

Cobertura vegetal

A ocorrência de cobertura vegetal em determinada área contribui para maior umidade, em razão da evapotranspiração das plantas e da menor irradiação de calor, justamente por causa da retenção de umidade por parte da vegetação. Uma área de floresta, por exemplo, transfere mais umidade e irradia menos calor para a atmosfera do que uma superfície desértica ou impermeabilizada com asfalto e cimento.

Massas de ar

As mudanças bruscas de temperatura podem ser causadas pela atuação das massas de ar – porções de ar que estão em constante deslocamento na atmosfera. Ao se deslocarem, essas massas carregam as características de temperatura e umidade do local de origem; por isso, também são responsáveis pelas variações do tempo.

As massas de ar que têm origem perto das regiões polares são frias, provocando queda da temperatura nos locais por onde passam. As que provêm de áreas quentes (tropicais e equatoriais), ao contrário, desencadeiam aumento de temperatura.

Além de influenciar a temperatura, as massas de ar transportam umidade. Quando têm origem em áreas oceânicas e se dirigem ao continente, normalmente provocam chuvas, enquanto as que se originam de áreas continentais, em geral, apresentam baixa umidade.

Observe, no mapa ao lado, a origem e a direção das massas de ar que atuam no Brasil no período do inverno.

O encontro de duas massas de ar com características diferentes origina uma frente. As frentes podem ser quentes ou frias, e onde elas ocorrem o tempo torna-se instável. Se a massa de ar frio provoca recuo da massa de ar quente, forma-se uma frente fria, que ocasiona queda de temperatura no local onde atua e aumenta a possibilidade de chuvas. Se, ao contrário, a massa de ar tropical provoca o recuo da massa de ar polar, forma-se a frente quente, que desencadeia elevação de temperatura.

Fonte: Gisele Girardi e Jussara Vaz Rosa. *Atlas geográfico do estudante*. São Paulo: FTD, 2011. p. 25.

Correntes marítimas

As correntes marítimas influenciam a dinâmica do clima: provocam chuvas ou seca, assim como quedas de temperatura ou aquecimento, principalmente nas regiões litorâneas. Um exemplo dessa interferência é a Corrente do Golfo, que, por ser quente, impede o congelamento do Mar do Norte e ameniza o rigor do inverno nessa região. O Brasil sofre influência de duas correntes marítimas quentes: a Corrente do Brasil, que toma a direção sul, e a Corrente das Guianas, no sentido norte. Elas contribuem para manter a temperatura elevada no litoral do país.

Correntes marítimas frias podem formar desertos nas áreas próximas de onde circulam. Como exemplo, a Corrente de Humboldt, no Oceano Pacífico, provoca o resfriamento da massa de ar e forte precipitação sobre o oceano, deixando-a sem umidade ao entrar no continente. Isso influenciou a formação do Deserto de Atacama, que abrange o Chile e trechos da Argentina, da Bolívia e do Peru.

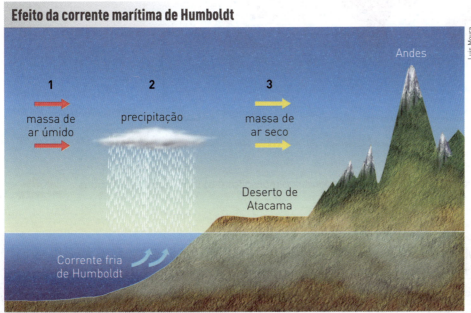

Fonte: Eustáquio de Sene e João Carlos Moreira. *Geografia geral e do Brasil: espaço geográfico e globalização*. 2. ed. São Paulo: Scipione, 2013. p. 144.

Cartografia em foco

Observe as informações apresentadas nos mapas. Em seguida, responda às questões.

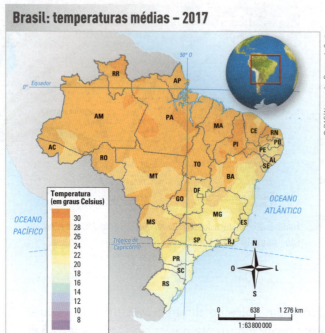

Fonte: Instituto Nacional de Meteorologia. Temperatura média anual. Disponível em: <www.inmet.gov.br/portal/index.php?r=clima/page&page=anomaliaTempMediaAnual>. Acesso em: jun. 2018.

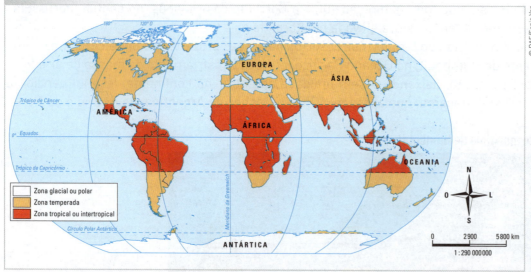

Fonte: *Atlas geográfico escolar*. 7. ed. Rio de Janeiro: IBGE, 2016. p. 58.

❶ Que cores foram utilizadas para representar as temperaturas mais altas e as mais baixas verificadas no Brasil no período?

❷ Em que zona climática localiza-se a maior parte do país?

❸ Em que região do Brasil predominam as temperaturas mais elevadas? Justifique com base no fator climático determinante dos climas brasileiros.

❹ Em relação ao estado onde você mora, qual foi a variação da temperatura média no período?

Atividades

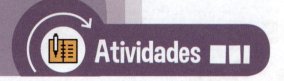

1 Observe a imagem a seguir.

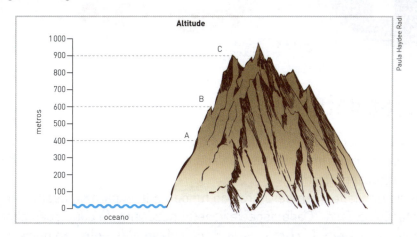

a) Com base em que ponto da superfície terrestre determina-se a altitude dos lugares?

b) Em qual localidade, A, B ou C, a temperatura será menor? Justifique com base no fator climático determinante nesse caso.

2 Explique como a continentalidade e a maritimidade interferem na determinação das temperaturas e do clima.

3 Leia a notícia a seguir e relacione as informações dela com a importância do estudo da atmosfera.

Tempo muda no domingo

No domingo o tempo muda em SC, devido ao avanço de uma **frente fria**. A chuva começa pela manhã no **Oeste e Sul do Estado** e se estende até a noite, com acumulado de 40 a 60 mm em média e pontuais em torno de 100 mm no **Oeste**.

A Defesa Civil alerta para o risco de **temporal isolado** com raios, vendaval e granizo, especialmente na região Oeste do Estado. Nas demais regiões, a chuva começa entre a tarde e noite, acompanhada de raios, com valores de 10 a 30 mm em média. [...]

Sábado será de Sol e temperaturas elevadas durante a tarde em SC. *Diário Catarinense*, 2 maio 2015. Disponível em: <http://dc.clicrbs.com.br/sc/noticias/noticia/2015/05/sabado-sera-de-sol-e-temperaturas-elevadas-durante-a-tarde-em-sc-4752493.html>. Acesso em: jun. 2018. Grifo do autor.

4 Observe a representação do globo e responda às questões.

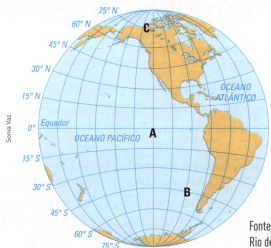

a) Considerando apenas a latitude, onde as temperaturas médias são maiores? E menores?

b) Que nome recebe a zona climática onde está o ponto B?

c) Que nome recebe a zona climática onde está o ponto C?

Fonte: *Atlas geográfico escolar*. 7. ed. Rio de Janeiro: IBGE, 2016. p. 18.

CAPÍTULO 21
Climas e formações vegetais

As condições naturais

Neste capítulo conheceremos os principais climas da Terra. Estudaremos os locais em que ocorrem e as características mais importantes de cada um deles. Também verificaremos as formações vegetais que neles se desenvolvem.

As condições de umidade e temperatura são fundamentais para o desenvolvimento dos diferentes tipos de vegetação na Terra. Cada espécie vegetal necessita de condições climáticas adequadas para germinar e crescer. Além do **clima**, os tipos de **relevo** e de **solo** são decisivos na formação da vegetação. Todos são elementos que formam diferentes paisagens terrestres e interagem com elas. Observe a seguir algumas paisagens.

No clima frio, no qual os invernos são rigorosos e longos, desenvolvem-se as coníferas, árvores altas, com frutos em forma de cone, ramos curtos e folhas finas. Alasca, Estados Unidos, 2018.

O clima temperado, com estações bem definidas, propicia o desenvolvimento das pradarias, onde gramíneas contínuas recobrem o solo. Condado de Wheatland, Estados Unidos, 2017.

Chamamos de **bioma** o conjunto de vida vegetal e animal de determinada área. Existem diferentes biomas terrestres. Os exemplos anteriores são apenas dois deles. A primeira fotografia refere-se ao bioma Taiga, e a segunda, ao bioma Pradaria. No Brasil os biomas são: Floresta Amazônica, Cerrado, Caatinga, Mata Atlântica, Pampa e Pantanal.

O bioma é um ecossistema com características regionais, com determinado tipo de clima, de solo e outros fatores abióticos (elementos não vivos no ambiente), que influenciam os seres vivos. Há uma infinidade de ecossistemas na Terra e, por não estarem isolados na superfície, mas inseridos em ambientes naturais, a alteração em um afeta também os outros. A preservação deles é fundamental para a manutenção da "esfera da vida" no planeta.

Principais climas e vegetações das zonas térmicas da Terra

Considerando principalmente a atuação das massas de ar e as variações de temperatura e umidade, foram feitas diferentes classificações climáticas da Terra. Observe no mapa a seguir uma dessas classificações.

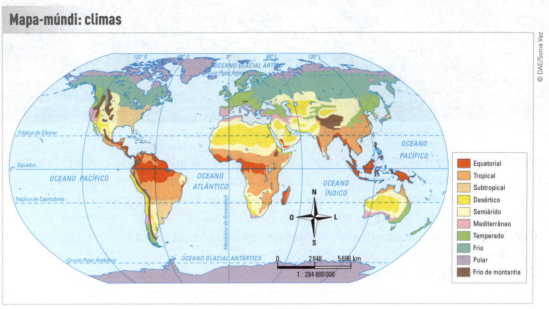

Fonte: *Atlas geográfico escolar*. 7. ed. Rio de Janeiro: IBGE, 2016. p. 58.

Os diferentes climas propiciam o desenvolvimento de diferentes formações vegetais. Observe a seguir a distribuição das formações vegetais na superfície terrestre.

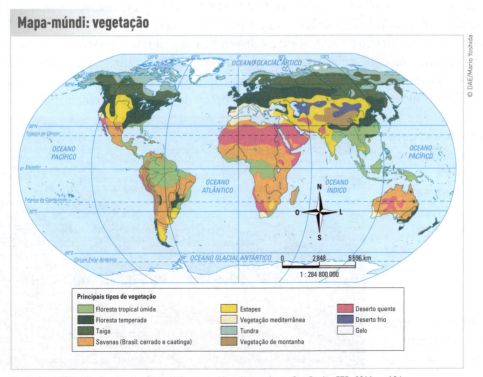

Fonte: Gisele Girardi e Jussara Vaz Rosa. *Atlas geográfico do estudante*. São Paulo: FTD, 2011. p. 124.

Floresta tropical. Vista aérea da Floresta Nacional do Tapirape-aquiri e o Rio Itacuruçu. Parauapebas (PA), 2017.

A **zona tropical** é a que recebe os raios solares com mais intensidade por localizar-se na faixa atravessada pela Linha do Equador. Essas áreas, de baixas latitudes, apresentam algumas características comuns de vegetação e solo, independentemente do continente onde estão situadas. Nessa zona climática há o predomínio dos seguintes tipos de clima.

- **Clima equatorial:** caracteriza-se por temperaturas elevadas e alto índice de chuvas durante todo o ano, com pequena amplitude térmica.
- **Clima tropical:** apresenta temperaturas elevadas durante o ano, com uma estação chuvosa (verão) e outra seca (inverno). Ocorre nas áreas entre os trópicos, onde atuam predominantemente as massas de ar tropicais, com temperaturas quentes. O índice de chuvas também é elevado, e a temperatura média é de cerca de 20 °C.
- **Clima semiárido:** apresenta precipitação média de chuvas de 300 mm a 800 mm anuais, com prolongados períodos de seca.

As temperaturas elevadas e a alta umidade, em boa parte da zona tropical, favorecem a presença de **florestas** com grande diversidade de espécies vegetais e animais.

A vegetação da floresta é latifoliada (folhas largas) diversificada e densa. Desenvolve-se em climas quentes e úmidos das zonas tropical e equatorial. Os solos quase não têm nutrientes minerais devido à grande quantidade de chuvas. Os solos mais ricos resultam da decomposição de materiais orgânicos. No Brasil, a Floresta Amazônica e a Mata Atlântica são exemplos de florestas tropicais.

Nessas áreas também se desenvolvem as **savanas** – vegetação composta de gramíneas com dispersão de arbustos e árvores baixas –, onde as chuvas se concentram no verão e o inverno se apresenta mais seco.

Ocorre nas áreas de clima tropical que apresentam estação seca bem definida. Os solos da savana são mais secos; por serem porosos, absorvem a água mais rapidamente. No Brasil, o Cerrado e a Caatinga são variações da savana.

Savana de eucaliptos ao longo da Gibb River Road. Kimberley, Austrália, 2018.

A **zona temperada** distribui-se em duas regiões: uma localizada no Hemisfério Norte, entre o Trópico de Câncer e o Círculo Polar Ártico, e outra no Hemisfério Sul, entre o Trópico de Capricórnio e o Círculo Polar Antártico. Os principais tipos climáticos dessa zona são:

- **Clima frio:** apresenta invernos rigorosos e verões curtos.
- **Clima temperado:** característico das latitudes médias, onde as estações do ano são bem definidas, e as temperaturas médias ficam entre 8 °C e 15 °C.
- **Clima subtropical:** apresenta chuvas bem distribuídas durante o ano, com temperatura média de 18 °C e grande amplitude térmica anual.
- **Clima frio de montanha:** caracteriza-se por temperaturas mais baixas devido à altitude.

Destacam-se nessas regiões as seguintes formações vegetais: florestas temperadas, taigas e pradarias ou estepes temperadas. A **floresta temperada** também é conhecida como floresta decídua ou caducifólia, em decorrência da queda das folhas das árvores durante os períodos mais frios do outono ou do inverno.

Floresta temperada. Mülheim an der Ruhr, Alemanha, 2017.

Como observada na página 178, a **taiga**, também conhecida por floresta boreal ou floresta de coníferas, tem árvores com frutos em forma de cone, como o pinheiro, e folhas finas e resistentes aos invernos rigorosos.

As **pradarias** são constituídas por gramíneas, vegetação rasteira contínua. O solo é bem menos poroso do que o da savana, de coloração escura, profundo e muito fértil.

Pradaria. Condado de Choueau, Estados Unidos, 2018.

181

Os **desertos** quentes podem estar presentes em zonas tropicais ou temperadas. A escassez de chuvas e a grande amplitude térmica registrada durante o dia são características das paisagens áridas, nas quais encontramos vegetação **xerófita**, adaptada para viver em ambientes onde há bem pouca água.

Dunas de areia do deserto do Saara, próximo à Merzougha, Marrocos, 2016.

As **zonas polares**, localizadas em elevadas latitudes – ao norte e ao sul do planeta –, apresentam as mais baixas temperaturas atmosféricas da Terra. Existem a zona polar ártica, no Hemisfério Norte, e a zona polar antártica, no Hemisfério Sul.

O **clima polar** ocorre nas áreas de latitudes elevadas, com atuação predominante das massas polares. Apresenta temperaturas baixas durante todo o ano e precipitações em forma de neve.

Os rigores climáticos dessas áreas, que registram temperaturas médias muito abaixo de zero grau, dificultam a fixação humana. Algumas áreas permanecem cobertas de gelo por todo o ano, enquanto em outras o solo mantém-se congelado durante dez meses por ano; nos outros dois meses do curto verão, quando a camada de gelo da superfície derrete, floresce a **tundra**, vegetação rasteira composta de musgos e liquens.

Tundra. Soroya, Noruega, 2017.

Conviver

Organizem-se em grupos. Cada grupo fará a representação de um dos seguintes biomas terrestres: tundra, taiga, floresta tropical, savana, floresta temperada, pradaria e deserto. Pesquisem a biodiversidade do bioma a ser representado. Redijam um texto explicativo das características do bioma, relacionando as espécies animais e vegetais que nele habitam. Em seguida, elaborem uma maquete dentro de uma caixa de sapato para mostrar que o bioma tem limites bem definidos. Utilizem materiais diversos a fim de representar o ambiente, como massa de modelar, areia, ervas, serragem, tinta guache etc. Para representar as árvores usem papel crepom verde ou esponjas e palitos (de dente, de picolé ou de churrasco). Na parte interna da tampa da caixa colem o texto. É importante estar atento à estética e à organização dos elementos representados, pois a maquete deve possibilitar aos colegas que conheçam esse espaço. Apresentem as maquetes à turma e exponham-nas na escola.

Ação humana nas paisagens naturais

Especialmente nos últimos cem anos, a ação humana nas paisagens terrestres intensificou-se, provocando diversas alterações ambientais. Algumas dessas alterações constituem grandes impactos. O desmatamento, por exemplo, está entre os mais significativos impactos ambientais, pois provoca inúmeros desequilíbrios na natureza, como a redução ou perda da biodiversidade, a destruição ou extinção de espécies vegetais e animais, o empobrecimento do solo e a liberação excessiva de carbono para a atmosfera.

A biodiversidade é essencial para a manutenção da estabilidade climática do planeta, bem como dos biomas e ecossistemas, além de apresentar grande potencial de recursos que podem ser aproveitados pelos seres humanos.

A maior parte da vegetação natural do planeta foi destruída pelo desmatamento – retirada com o intuito de explorar a madeira, implantar atividades agropecuárias, assentamentos rurais ou para expansão urbana. Hoje a vegetação nativa ocupa poucos espaços em relação à cobertura original.

O Brasil abriga uma das maiores biodiversidades do mundo. Nos últimos anos, o país passou a implementar políticas públicas de práticas sustentáveis em escala com a criação de Unidades de Conservação (UCs), que protegem 16% das áreas continentais e 0,5% da área marinha.

Desmatamento em Sinop (MT), 2016.

Viver

Depois de estudar a biodiversidade, pode ocorrer de você se perguntar: Como ela está relacionada à sua vida? Os seres humanos fazem parte da biodiversidade do planeta? De que maneira a diminuição da biodiversidade impacta em meu cotidiano? Leia o texto a seguir.

É só olhar em volta e para dentro para perceber que muito do que nos é necessário e desfrutamos provêm da natureza: a madeira da mesa onde estamos trabalhando; o papel onde escrevemos; o alimento; a roupa que vestimos; a diversão nos parques, cachoeiras, praias e muitas outras. Da mesma forma, há outros processos que também são essenciais para nossa sobrevivência, são proporcionados pela natureza e não percebemos com tanta facilidade: regulação atmosférica, ciclagem de nutrientes, conservação dos solos, qualidade da água, fotossíntese, decomposição etc. São processos que proporcionam condições para a manutenção da nossa espécie e são conhecidos como serviços ambientais ou ecológicos. Esses serviços não possuem etiquetas de preço, mas são extremamente valiosos e caros. [...]

A natureza como farmácia e biblioteca

Há milhares de anos, os povos indígenas vêm utilizando plantas e animais de forma medicinal, na cura de muitas doenças com bastante êxito. Hipócrates prescrevia infusões de casca de chorão como analgésico. Atualmente, uma porção significativa dos remédios e outros produtos afins provêm direta ou indiretamente de fontes biológicas. Na indústria farmacêutica, esses produtos correspondem a algo em torno de 25 a 50% do total de vendas. Na medicina natural, plantas ornamentais e vendas de sementes para agricultura, esses produtos equivalem a 100% das vendas globais. Produtos cosméticos naturais equivalem a 10% do mercado global de cosméticos. E, por fim, em todos os produtos e serviços da biotecnologia há envolvimento de derivados da biodiversidade.

[...]

Unidades de conservação no Brasil. ...e o que eu tenho com isso?. Disponível em: <https://uc.socioambiental.org/para-entender/e-o-que-eu-tenho-com-isso>. Acesso em: jun. 2018.

Diversas plantas são utilizadas de forma medicinal.

Discuta com os colegas as questões a seguir.

1. Que produtos utilizados e consumidos por vocês poderiam deixar de ser comprados sem acarretar prejuízos à sua qualidade de vida?
2. Quais atitudes que demonstram consciência socioambiental vocês costumam praticar?
3. Que ações conjuntas vocês podem tomar para cuidar do ambiente em que vivem?

1. Cite fatores naturais essenciais ao desenvolvimento das formações vegetais da Terra.

2. No que se refere às zonas climáticas, podemos identificar características semelhantes em algumas regiões do mundo pelo fato de estarem situadas no mesmo domínio climático. Sabemos, por exemplo, que o Brasil é um país tropical, embora uma parte do território brasileiro esteja localizada na zona temperada sul do planeta.

    a) Que outros países da América são tropicais?

    b) Que características comuns podem diferenciá-los dos países de outras zonas climáticas?

3. Copie o modelo do quadro a seguir. Preencha-o estabelecendo uma comparação entre os tipos climáticos e as formações vegetais predominantes em cada uma das zonas térmicas da Terra.

	Zona climática		
	Tropical	Temperada	Polar
Climas			
Vegetação			

4. Nas fotografias abaixo estão representadas três florestas da Terra. Identifique-as, cite o clima correspondente a cada uma delas e as principais características da vegetação.

Rússia, 2017.

Reino Unido, 2017.

Costa Rica, 2017.

5. Qual é a relação entre a mensagem expressa no cartum a seguir e as alterações no equilíbrio da atmosfera?

185

Retomar

1) A atmosfera envolve toda a Terra e é de importância vital para todos os seres vivos. Dê três exemplos que evidenciem essa importância.

2) Leia o texto e identifique o fenômeno a que ele se refere.

> [...] Gases como o gás carbônico (CO_2), o metano (CH_4) e o vapor d'água (H_2O) funcionam como uma cortina de gás que vai da superfície da Terra em direção ao espaço, impedindo que a energia do Sol absorvida pela Terra durante o dia seja emitida de volta para o espaço. Sendo assim, parte do calor fica "aprisionado" próximo da Terra (onde o ar é mais denso), o que faz com que a temperatura média do nosso planeta seja em torno de 15 °C. [...]
>
> Laboratório de Química Ambiental. *Efeito estufa*. Disponível em: <www.usp.br/qambiental/tefeitoestufa.htm>. Acesso em: jun. 2018.

3) Com base na tabela abaixo, calcule o que se pede a seguir.

Data	24/8	25/8	26/8	27/8
Temperatura média	16 °C	18 °C	14 °C	20 °C

a) temperatura máxima
b) temperatura mínima
c) amplitude térmica no período

4) Quais são os principais elementos e fatores climáticos?

5) Descreva como ocorre a formação da chuva orográfica ou de relevo. Faça uma ilustração.

6) Observe no mapa a localização de Quito e de Macapá. Depois responda às questões.

América do Sul: político

Fonte: *Atlas geográfico escolar*. 7. ed. Rio de Janeiro: IBGE, 2016. p. 41.

a) Essas cidades estão próximas a qual paralelo?

b) Apesar de se situarem em latitudes muito semelhantes, esses locais têm temperaturas diferentes no inverno. No mês de julho as temperaturas em Quito oscilam entre 8 °C e 19 °C; em Macapá, entre 24 °C e 32 °C. Qual fator é responsável pela diferença climática entre essas cidades? Justifique sua resposta.

7 A temperatura atmosférica recebe a influência de fatores como a altitude e a latitude. Analise a posição geográfica dos pontos A e B nos esquemas ilustrados a seguir. Copie o quadro e complete-o com os dados solicitados.

Fonte: *Atlas geográfico escolar*. 7. ed. Rio de Janeiro: IBGE, 2016. p. 18.

Imagem	Fator da temperatura representado	Local que apresenta maior temperatura (A ou B)	Justificativa para a resposta quanto à ocorrência de temperaturas mais elevadas em A ou B
1			
2			

8 Explique como as massas de ar interferem na temperatura atmosférica de uma região.

9 Em relação às temperaturas e à umidade do ar, como se apresenta o clima, no decorrer do ano, no lugar onde você vive?

10 Observe o mapa ao lado. Nele estão representadas a extensão da vegetação original e as áreas já desmatadas.

a) Que formações vegetais foram mais devastadas? Onde elas se localizam?

b) Em sua opinião, por que essas formações são as mais afetadas pela ação humana?

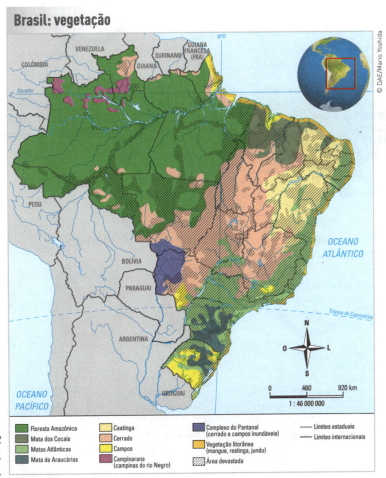

Fonte: Gisele Girardi e Jussara Vaz Rosa. *Atlas geográfico do estudante*. São Paulo: FTD, 2011. p. 26.

Visualização

A seguir, apresentamos um mapa conceitual sobre o tema estudado nesta unidade. Trata-se de uma representação gráfica do conhecimento organizado, composto de uma estrutura que relaciona os principais conceitos e as palavras de ligação do conteúdo. Essa ferramenta serve como resumo e instrumento de compreensão dos textos, além de possibilitar consultas futuras.

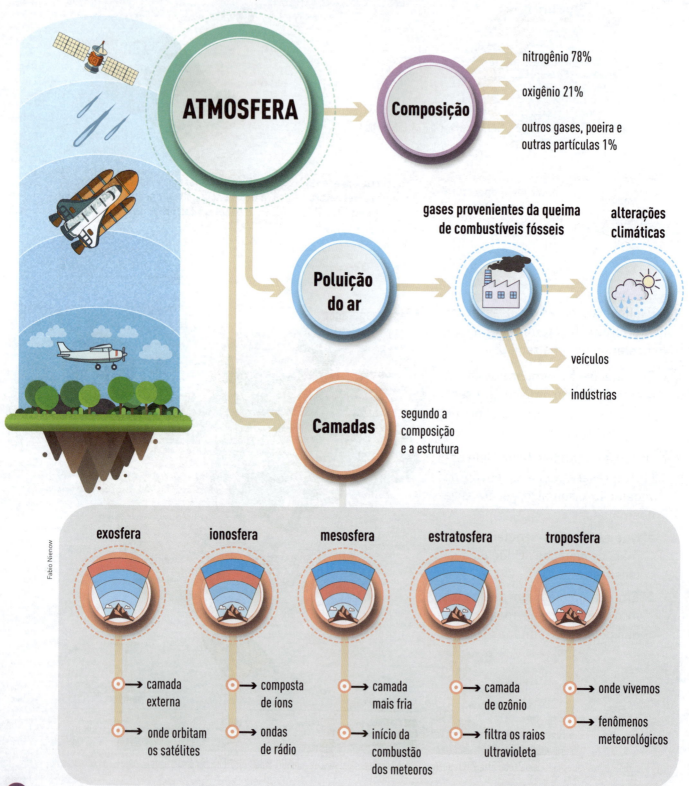

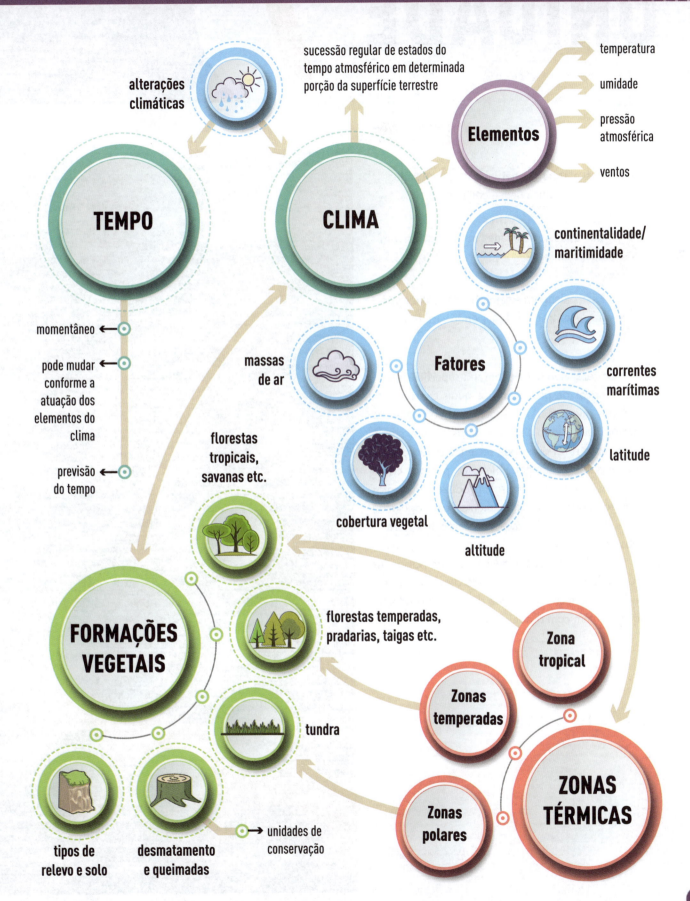

UNIDADE 7

> **Antever**

1 Que elementos naturais e humanizados você identifica nessa paisagem?

2 Que tipos de atividades humanas ocorrem nesse espaço?

3 Essa paisagem é semelhante ou diferente da encontrada no lugar onde você mora? Explique.

Os seres humanos criam, na superfície terrestre, espaços de produção nos quais exercem atividades diversas. A paisagem que você observa em primeiro plano nestas páginas é um exemplo de espaço rural que pode ser encontrado em vários lugares do mundo. Nele, as pessoas criam animais e cultivam lavouras, produzem alimentos que são consumidos diretamente pela população e muitas matérias-primas que serão transformadas nas indústrias.

As diferentes sociedades modelam paisagens rurais de acordo com seu modo de vida e necessidades, as técnicas de que dispõem e a relação que mantêm com a natureza.

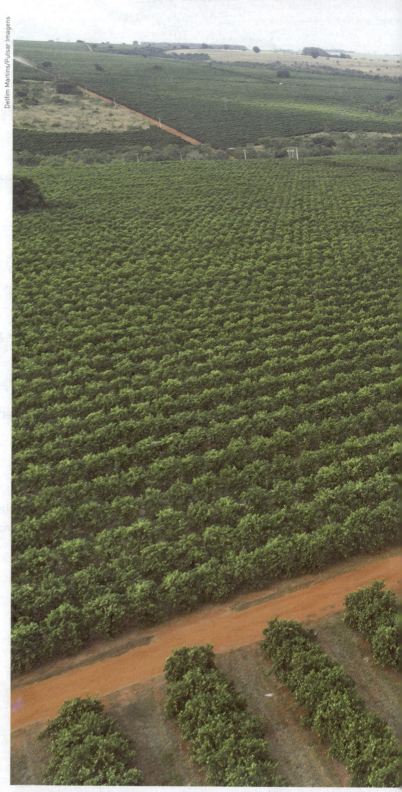

Pomar de laranjeiras. Uberlândia (MG), 2018.

Trabalho no espaço rural

CAPÍTULO 22

Paisagens rurais

Origem e desenvolvimento das atividades rurais

Nas paisagens do espaço rural, predominam o cultivo de plantas e a criação e reprodução de animais para fins comerciais ou de subsistência. Muitos elementos que as constituem são resultados da ação humana, mas também há muitos elementos naturais.

As principais atividades praticadas no espaço rural são a **agricultura**, a **pecuária** e o **extrativismo**. Essas atividades pertencem ao **setor primário** da economia. O **setor secundário** agrupa as atividades relacionadas à indústria e o **setor terciário**, as atividades de comércio e prestação de serviços.

No campo, as atividades de produção dependem de fatores naturais como clima, solo, relevo, disponibilidade de água, bem como de recursos técnicos.

Gado em pastagem. Itaporã (MS), 2018.

Fruto da andiroba. Manaus (AM), 2017.

Aves criadas para a produção de ovos. Gália (SP), 2016.

Terreno para plantio de soja. Unaí (MG), 2017.

O surgimento da agricultura, atividade de cultivo de plantas, é considerado um dos acontecimentos mais marcantes na história da humanidade. Os primeiros cultivos surgiram há cerca de 10 mil anos no **Crescente Fértil**, região da Ásia banhada pelos rios Nilo, Tigre e Eufrates. Há também registros de atividades agrícolas no mesmo período em outras regiões do mundo, como na China, nas margens dos rios Amarelo e Azul; e na Índia, nas margens dos rios Indo e Ganges.

O desenvolvimento da agricultura marcou a passagem do comportamento humano de nômade para **sedentário**. Para cultivar plantas, foi preciso que as pessoas se fixassem nos espaços, dando início às primeiras comunidades e povoados, que originaram as primeiras civilizações.

A evolução da atividade no campo, principalmente da agricultura e da pecuária, alterou o trabalho dos seres humanos, que passaram a se ocupar com o estoque de alimentos, com o planejamento de plantios e colheitas, e até com a produção de alimentos para os animais.

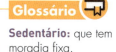

Glossário

Sedentário: que tem moradia fixa.

Colheita de papiro retratada em uma pintura feita na parede de uma câmara funerária em Der el-Medina, Egito, por volta de 1200 a.C.

Pastores com gado e um escriba (canto inferior esquerdo) registrando detalhes do rebanho retratados em uma pintura de parede do túmulo de Nebarunun, feita em c. 1350 a.C. Tebas, Egito.

193

Glossário

Feudo: grande propriedade territorial que pertencia ao senhor feudal, geralmente um nobre.

A Idade Média, período que durou aproximadamente mil anos (entre os séculos V e XV), caracterizou-se por intensa atividade agropecuária. A produção era voltada para atender às necessidades básicas das pessoas mediante troca de produtos nos **feudos**.

Os instrumentos e métodos eram simples, mas já se praticava a técnica de **rotação de culturas**, que consistia em dividir o campo de cultivo em três partes, produzir em duas delas e deixar uma para repouso, a fim de recuperar a fertilidade do solo.

Os gráficos a seguir ilustram esse sistema.

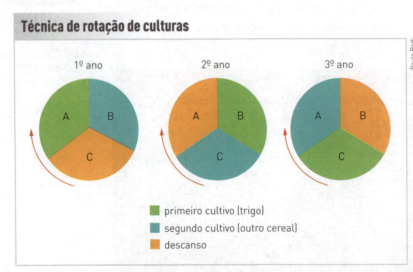

Fonte: Marcelo Hiroshi Hirakuri, Henrique Debiasi, Sergio de Oliveira Procópio et. al. *Sistemas de produção:* conceitos e definições no contexto agrícola. Londrina: Embrapa Soja, 2012. Disponível em: <https://ainfo.cnptia.embrapa.br/digital/bitstream/item/69333/1/Doc-335-OL.pdf>. Acesso em: jul. 2018.

Gravura baseada em ilustrações do século XIV mostrando o cultivo no campo.

No final da Idade Média (século XV), a agropecuária passou a ser praticada com objetivo comercial. Como a produção era superior à necessidade de consumo local, o excedente era vendido, o que gerava riqueza para os proprietários de terras.

A partir do século XVIII, a Inglaterra passou a adotar, em seu território e em suas colônias, tecnologias aprimoradas nas atividades de cultivo e criação. Nos séculos seguintes, máquinas e equipamentos cada vez mais sofisticados passaram a ser usados, aumentando intensamente a produção agropecuária.

Relações de trabalho e novas atividades no espaço rural

Com o desenvolvimento da agricultura e da pecuária, surgiram novas formas de relacionamento entre as pessoas, em especial vínculos entre empregador e empregado.

Nos dias atuais, há diversos tipos de relações de trabalho no campo. Há propriedades rurais, nas quais os donos da terra e seus familiares produzem em conjunto, e praticam **agricultura familiar**. A propriedade é gerida pela família, a agropecuária é a principal fonte geradora de renda e destaca-se a diversidade na produção. Além disso, o produtor familiar tem uma relação particular com a terra, que é seu local de trabalho e moradia. Segundo dados do Censo Agropecuário de 2006, 84,4% do total dos estabelecimentos agropecuários brasileiros pertenciam a grupos familiares.

Colheita de morango em plantação de agricultura familiar. Cornélio Procópio (PR), 2017.

Há também grandes proprietários que administram a produção agropecuária e, alguns deles, realizam atividades em suas propriedades. Existem, ainda, aqueles que alugam a terra para quem se interessar, por contrato temporário de **arrendamento** ou **parceria** rural. O sistema de arrendamento é semelhante ao aluguel: o arrendador paga pelo uso da terra. Na parceria, os riscos e lucros são compartilhados entre as partes envolvidas, e o aluguel da terra é pago com parte da produção.

Há também os **trabalhadores assalariados,** que não são proprietários das terras nas quais trabalham e recebem pagamento pelo serviço prestado. Muitos trabalhadores rurais são temporários, ficam na propriedade apenas um período, geralmente na colheita. Esses trabalhadores são pequenos produtores, migrantes ou moradores de cidades próximas das áreas de cultivo.

No Brasil ainda é comum a figura do trabalhador **boia-fria**, que recebe pagamento, mas não tem registro na Carteira de Trabalho. Os boias-frias geralmente moram nas cidades, saem muito cedo de casa para o trabalho no campo e voltam à noite. A maioria trabalha apenas nos períodos de colheita.

> **Glossário**
>
> **Boia-fria:** trabalhador rural itinerante, que se alimenta no local de trabalho. Esse nome faz referência à prática de levar refeições para o campo em marmitas e comê-las frias.

Novas relações de trabalho surgiram no espaço rural em muitos países em função de atividades mais recentes, que não têm relação direta com a prática de cultivo e de criação. São atividades "não agrícolas" no espaço rural.

Essas atividades integram o turismo rural, no qual as pessoas trabalham no setor de comércio e serviços, como em hotéis e pousadas no campo, com artesanato, entre outros. Além do emprego direto, o turismo rural envolve também os indiretos, nos quais pessoas e empresas se beneficiam dessas atividades de alguma forma.

Muitas pessoas procuram roteiros rurais para sair da rotina do espaço urbano e encontrar uma forma de lazer. Essa atividade pode valorizar o ambiente e a diversidade cultural, além de oferecer uma alternativa para complementar a renda das famílias rurais.

Pesca recreativa em propriedade rural. Alfredo Vasconcelos (MG), 2015.

Hotel fazenda, instalado em uma antiga sede de fazenda de café. Bananal (SP), 2016.

A diversificação de atividades no campo gera renda para muitas pessoas e abre novas perspectivas econômicas no espaço rural.

Quando não planejadas, essas atividades podem ocasionar problemas ambientais. Dentre eles, podemos citar a poluição das águas pelo lançamento de dejetos nos rios e o corte de árvores para dar espaço a novas instalações. Portanto, é extremamente importante que essas localidades estejam devidamente preparadas para receber grandes quantidades de pessoas, evitando comprometer o ambiente.

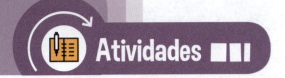

1 A tela a seguir representa uma paisagem com elementos que indicam sua transformação por meio da agricultura? Explique.

Guilherme Matter. *Plantação de trigo*, sem data. Óleo sobre tela, 82 cm × 66 cm.

2 Observe a fotografia e faça o que se pede.

Araguari (MG), 2018.

a) Que atividade econômica está retratada?
b) Cite características dessa paisagem rural.
c) Descreva a importância econômica dessa atividade.

3 A agricultura foi a atividade responsável por mudar o comportamento humano de nômade para sedentário. Escreva como aconteceu esse processo.

4 O que diferencia, no campo, um trabalhador assalariado de um boia-fria? Explique.

5 Leia o trecho de notícia e faça o que se pede.

[...] O tempo não dá trégua e os boias-frias trabalham em ritmo acelerado, tanto que por volta das 9h o chão já está forrado. "Ninguém pode perder tempo porque o tanto que a gente recebe no fim do mês depende da quantidade de cana cortada por dia", explica o experiente cortador de cana Geraldo Soares dos Santos enquanto enxuga o suor da testa com a manga da camiseta. Geraldo ganha cerca de R$ 980 por mês. É apontado pelos outros boias-frias como um sujeito bom de facão.

Santos, assim como os demais colegas, não abre mão dos óculos de proteção durante o trabalho. O equipamento evita irritação nos olhos e também protege contra a fuligem. "É a única parte do rosto que não fica escura", brinca o cortador de cana José Luiz do Prado que herdou o ofício dos avós e dos pais. No canavial, os homens estão sempre vestidos com calça e camiseta de manga longa. [...]

David Arioch. *O cotidiano do boia-fria.* Disponível em: <https://davidarioch.com/2010/04/16/o-cotidiano-do-boia-fria/>.
Acesso em: jun. 2018.

a) Explique a expressão mencionada no texto: "o tempo não dá trégua".

b) De acordo com o texto, apresente alguns cuidados de segurança do boia-fria em relação ao seu trabalho.

6 O panfleto a seguir menciona uma tendência no espaço rural: a prática de atividades não agrárias. Com base nele, responda às questões.

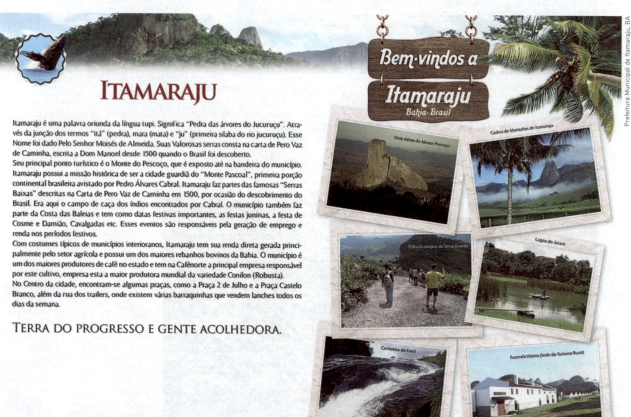

Fonte: Prefeitura Municipal de Itamaraju (BA).

a) A que atividade se refere?

b) Que atrativos o espaço rural oferece aos turistas?

c) Destaque a importância dessa atividade econômica.

CAPÍTULO 23 Agropecuária

Produção de alimentos

Você sabe a origem dos alimentos que consome? De onde vem a carne? E o arroz, como chegou a seu prato? Quem plantou a alface da salada?

Barraca de legumes no Mercado Municipal. Pindamonhangaba (SP), 2017.

Esses alimentos todos provêm da **agropecuária**, atividade do setor primário da economia, em que as pessoas cultivam plantas e criam animais.

Em muitos países a agropecuária é uma importante fonte de arrecadação econômica, devido a exportação de produtos da agricultura e da pecuária.

Diariamente circulam pelo mundo milhões de toneladas de produtos agropecuários. O desafio é produzir cada vez mais alimentos para abastecer a demanda da população mundial. A maior parte dos grandes agricultores vê a máquina como um instrumento para acelerar o processo de plantio, colheita e criação.

Se por um lado a máquina agilizou e ampliou a produção, por outro a intensificação de seu uso desencadeou uma questão social ao desempregar muitas pessoas em todo o mundo. Essas pessoas e suas famílias passaram a se deslocar do campo para a cidade, gerando o fenômeno conhecido como **êxodo rural**.

Sistemas de cultivo

Ao longo do tempo, por meio de diferentes técnicas de produção, os agricultores desenvolveram várias formas de exercer as atividades agropecuárias.

Para cultivar a terra, o agricultor utiliza o solo de várias maneiras. Chamamos de sistema agrícola a forma de utilizar as terras, considerando as técnicas e a produtividade. De acordo com esse critério, a atividade agrícola pode ser intensiva e extensiva.

A **agricultura intensiva**, mais voltada para a monocultura (cultivo de um único produto), emprega mais tecnologia, seleção de sementes, adubação e métodos de combate à erosão e às pragas.

Esse tipo de agricultura, que exige grandes investimentos, integra geralmente o **agronegócio**, cuja produção é voltada para a exportação. No Brasil, esse sistema tem relação sobretudo com o cultivo de laranja, cana-de-açúcar, soja, milho e café. Nesse sistema, o trabalho braçal é reduzido, visto que há maior utilização de máquinas em todas as etapas do cultivo.

> **Glossário**
>
> **Agronegócio:** no Brasil o termo é usado para se referir às grandes propriedades modernas, que empregam tecnologia avançada e pouca mão de obra, com produção voltada para a exportação e a agroindústria.

Colheita mecanizada de soja. Balsas (MA), 2014.

A **agricultura extensiva** apresenta produtividade menor em relação ao sistema intensivo. Utilizando menos tecnologia, ela produz principalmente alimentos para o consumo interno do país.

Agricultora trabalha em canteiro de horta. Campo Grande (MS), 2018.

Outro sistema de cultivo é a **roça**, também conhecido como de **subsistência**, com utilização de instrumentos simples, como enxada, arado de tração animal e a força de trabalho do próprio agricultor. Há também o sistema de **plantation**, muito utilizado durante a colonização da América e África, baseado na monocultura para exportação e com presença de trabalho escravo. Em alguns países do Sudeste Asiático encontramos o sistema de jardinagem. Sua principal característica é a utilização de grande quantidade de mão de obra e menor mecanização. Predominam técnicas tradicionais de cultivo, com formas de conservação do solo, como o uso de **terraços**, que consiste em cultivar em degraus nas vertentes de terrenos montanhosos, como ocorre na China e no Japão, e pode estar vinculada tanto ao sistema intensivo quanto ao de subsistência. Já o cultivo em **belts**, nos Estados Unidos, consiste na produção intensiva e monocultora em faixas que abrangem áreas específicas com centenas de milhares de quilômetros quadrados.

Cultivo em terraços. Guangxi Zhuang, China, 2016.

Plantação de trigo, cultivo em *belts* (faixas). Wisconsin, Estados Unidos, 2018.

Como vimos, uma forma importante de produção no Brasil é a **agricultura familiar**, realizada em pequenas propriedades, em geral com o cultivo de gêneros alimentícios, para abastecer o núcleo familiar e o mercado interno. Pode estar voltada à policultura ou à monocultura.

A qualidade de vida no espaço rural passa pela valorização da agricultura familiar. Segundo dados do Ministério da Agricultura, os pequenos agricultores são responsáveis por 70% dos alimentos consumidos diariamente no país.

Horta em pequena propriedade. Virginópolis (MG), 2018.

Sistemas de criação

Assim como a agricultura, a pecuária também é praticada de diferentes formas, de acordo com a região onde se desenvolve, a espécie criada, a disponibilidade de recursos financeiros, a qualidade e o tamanho do rebanho. Em geral, existem dois tipos de criação: a intensiva e a extensiva.

Na **criação intensiva**, o gado geralmente é criado em **confinamento**, em áreas menores, na maioria das vezes em pasto artificial de plantas **forrageiras**. É vacinado e alimentado complementarmente com ração.

Os cuidados com a saúde e a higiene do gado encarecem a produção, mas a produtividade é muito maior, o que torna esse sistema mais lucrativo. O rebanho em geral apresenta melhorias genéticas.

Já na **criação extensiva**, o gado é criado solto em pastagens naturais. Usualmente, esses animais se destinam ao corte. Antes de serem abatidos, eles podem passar por um período de confinamento para engorda.

Glossário

Confinamento: alojamento do gado em áreas restritas.
Forrageira: planta verde ou seca que serve de alimentação para o gado.

Criação intensiva de gado. São Sebastião da Amoreira (PR), 2017.

Criação extensiva de gado. Guaraí (TO), 2017.

Espaço rural: impacto socioambiental e sustentabilidade

Os maiores desafios da agropecuária mundial e do Brasil são os problemas ambientais que podem ocorrer com a prática dessa atividade.

O uso de defensivos agrícolas (agrotóxicos), por exemplo, utilizados em todo o mundo para combater predadores e garantir a produção, é considerado um dos problemas mais graves, pois pode contaminar o solo, lençóis freáticos e mananciais. Também pode oferecer risco à saúde dos trabalhadores que o manuseiam e dos consumidores que ingerem os alimentos tratados com eles.

Pulverização de inseticida em plantação de cana-de-açúcar. Planalto (SP), 2016.

A **agricultura orgânica** é uma alternativa ao uso desses defensivos. Trata-se de uma prática sustentável, que não aplica produtos químicos na produção e, portanto, não prejudica a saúde humana e, também, diminui impactos no ambiente. Nela utilizam-se adubo verde, cobertura morta e composto orgânico.

Selo oficial de certificação de produto orgânico.

A retirada da cobertura vegetal é outro problema grave decorrente de práticas agropecuárias. A derrubada de árvores com a finalidade de abrir espaço para o plantio e o pasto pode assorear os rios e levar à diminuição da evapotranspiração, afetando o volume das chuvas, o que interfere no ciclo da água no espaço rural. As queimadas praticadas pelos agricultores ao preparar o solo para o plantio também produzem impactos ambientais, na medida em que liberam poluentes agressivos na atmosfera, além de empobrecer o solo ao queimar parte de seus nutrientes.

> **Glossário**
>
> **Irrigação por aspersão:** lançamento de jatos de água no ar, que caem sobre o solo na forma de uma chuva artificial.
>
> **Plantio direto:** técnica de semeadura na qual a semente é colocada no solo não revolvido, sem o uso de arados.

Uma prática que evita o desmatamento é a **agrofloresta**, baseada no cultivo em áreas de florestas sem que elas sejam devastadas. Essa prática contribui para o processo do ciclo da água no espaço rural, visto que manter florestas significa manter o solo com alto poder de infiltração, garantindo o abastecimento das águas subterrâneas. A água acumulada no solo evapora e também vai para as plantas, que a liberam para o ar pela transpiração das folhas (evapotranspiração).

A técnica de irrigação também pode gerar problemas ambientais. No sistema de **irrigação por aspersão**, há muito desperdício de água. A técnica do gotejamento pode ser uma alternativa para evitar esse desperdício.

Na irrigação por aspersão há uso exagerado da água. Vargem Grande Paulista (SP), 2016.

A técnica do gotejamento possibilita maior controle e menos desperdício. Lagoa Grande (PE), 2016.

Outro problema ambiental na agricultura é a erosão, que pode formar **voçorocas** no solo, ou seja, grandes buracos e sulcos cavados pela água da chuva. A erosão pode ser controlada e amenizada por meio da técnica do **plantio direto**.

Viver

Agroflorestas se espalham pelo país: cultivo sem desmatamento

À primeira vista, pode parecer uma mata crescendo sem interferência humana, tal a quantidade de árvores. Mas, caminhando pela área, o visitante identifica a grande variedade de alimentos brotando de arbustos e das próprias árvores. Limão, açaí, manga, acerola, caju, banana, laranja e muito mais. Nada está ali por acaso. As espécies que geram esses frutos foram cuidadosamente plantadas neste terreno em Silva Jardim, no interior do estado. Trata-se de uma agrofloresta.

– Quando me falaram, achei que era coisa de maluco. 'Plantar sem desmatar a floresta? Vai semear como? Vai ter que fazer casa em árvore e morar que nem índio' – conta a agricultora Marlene Assunção, de 52 anos, dona da propriedade. – Hoje eu entendo. As coisas vão estar aqui para nossos netos. É menos egoísta.

As agroflorestas, também chamadas de sistemas agroflorestais (SAF), vêm ganhando relevância no país como uma alternativa que alia a produção de alimentos, necessária num mundo de população crescente (seremos 8,5 bilhões de *Homo sapiens* em 2030, segundo estimativas da ONU), com a preservação de florestas, não menos importante num planeta que precisa manter seus recursos naturais e, assim, frear as mudanças climáticas. O conceito preconiza que a agricultura pode se beneficiar, e muito, de áreas intensamente arborizadas.

[...]

Pedro Mansur e William Helal Filho. Agroflorestas se espalham pelo país: cultivo sem desmatamento. *O Globo*, 12 jun. 2016. Disponível em: <https://oglobo.globo.com/sociedade/sustentabilidade/agroflorestas-se-espalham-pelo-pais-cultivo-sem-desmatamento-19487898>. Acesso em: jun. 2018.

 Ampliar

Conselho Brasileiro da Produção Orgânica e Sustentável
www.organis.org.br
Artigos e notícias sobre produção orgânica, *links* sobre o tema, informações sobre os biomas brasileiros, entre outros.

Agricultura familiar
http://portaldaagriculturafamiliar.mg.gov.br
Artigos e notícias sobre a agricultura familiar.

Ilustração de cultivo em agrofloresta.

Fonte: <www.sosamazonia.org.br/conteudo/2017/01/04/cartilha-sistemas-agroflorestais/>. Acesso em: set. 2018.

1. Qual é a ideia central do texto?
2. O que você entendeu por agrofloresta?
3. Qual é a importância dela para a sustentabilidade da atividade agrícola?
4. Você percebe no lugar onde vive ações para a sustentabilidade? Quais?

Atividades

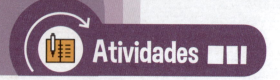

1 Observe as fotografias e, depois, faça o que se pede.

Vista aérea de colheita mecanizada de laranja. Bauru (SP), 2018.

Trabalhador rural em colheita manual de laranja. Bebedouro (SP), 2018.

a) Descreva as paisagens que você observa nas fotografias.

b) De que forma o trabalho humano está presente em ambas?

2 Leia o texto a seguir e justifique a importância da agricultura familiar para a agricultura mundial.

[...] A **FAO** define agricultura familiar como todas as atividades agrícolas de base familiar e também como uma forma de classificar a produção agrícola, florestal, pesqueira, pastoril e **aquícola** que é gerida e operada por uma família e que depende principalmente de mão de obra familiar, incluindo tanto mulheres, como homens.

[...] Atualmente, cerca de 70% dos alimentos que chegam às nossas mesas são provenientes das mãos dos pequenos agricultores. O setor carrega um importante pilar da agricultura mundial [...].

Alan Bojanic. Agricultura familiar promove desenvolvimento rural sustentável e a Agenda 2030. *Nações Unidas no Brasil.* Disponível em: <https://nacoesunidas.org/artigo-agricultura-familiar-promove-desenvolvimento-rural-sustentavel-e-a-agenda-2030/>. Acesso em: jun. 2018.

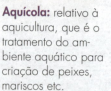

Glossário

Aquícola: relativo à aquicultura, que é o tratamento do ambiente aquático para criação de peixes, mariscos etc.

FAO: sigla de *Food and Agriculture Organization of the United Nations*. Em português, "Organização das Nações Unidas para Agricultura e Alimentação". É uma agência que lidera esforços para a erradicação da fome e combate à pobreza.

3 Com base nos conhecimentos adquiridos, interprete a charge a seguir, sobre o uso de agrotóxicos na agricultura, e escreva suas conclusões.

4 Diferencie o sistema intensivo do extensivo na agricultura.

5 Relacione o sistema de agrofloresta com a manutenção do ciclo hidrológico no espaço rural.

Erva-mate plantada em meio à mata nativa. São Mateus do Sul (PR), 2016.

CAPÍTULO 24 — Extrativismo

A extração de produtos

Além da agropecuária, outra atividade que compõe o setor primário da economia é o **extrativismo**. Essa atividade consiste na retirada e utilização de recursos encontrados na natureza sem que o ser humano tenha participado do processo de criação ou de reprodução deles.

O extrativismo é uma das atividades mais antigas dos seres humanos, pois antecedeu as atividades de cultivo e criação. A alimentação dos povos antigos era baseada na caça, na pesca e na coleta de frutos e raízes, ou seja, na atividade **extrativa de subsistência**.

Atualmente muitas sociedades praticam o extrativismo. No Brasil, é atividade comum na vida dos povos tradicionais, organizados em comunidades extrativistas.

Ilustração representando atividades extrativistas de povos tradicionais, como a extração do látex, a pesca e a coleta de frutos.

Glossário

Commodities: bens do setor primário que não sofrem processos de alteração e são comercializados sem discriminação de origem ou qualidade, como minérios, carnes e grãos.

Hoje a atividade extrativista é amplamente desenvolvida sob três formas: **vegetal**, **animal** e **mineral**.

Muitos produtos provenientes do extrativismo são comercializados entre os países, na forma de *commodities* ou beneficiados, e são muitas vezes importantes fontes de renda.

Extrativismo vegetal

O **extrativismo vegetal** consiste na retirada dos recursos de origem vegetal diretamente da natureza. Essa atividade é praticada por muitas pessoas do planeta, que podem residir no próprio espaço rural ou em comunidades próximas.

A fotografia ao lado mostra um produto da atividade extrativista vegetal, nesse caso, o buriti, fruto de palmeira encontrada na Amazônia e no Cerrado brasileiros. Nessa atividade, o trabalho humano não chega a causar grandes transformações na paisagem, visto que as árvores das quais se retira o produto são conservadas. Assim, pode-se dizer que o extrativismo ocorre de forma sustentável, pois não interfere na biodiversidade local, permitindo o equilíbrio do ciclo hidrológico, a conservação do solo e das espécies vegetais. As comunidades extrativistas da Amazônia brasileira também se dedicam à extração do látex da seringueira e à coleta da castanha-do-pará e do açaí, por exemplo.

Cachos com frutos do buritizeiro. Morro da Garça (MG), 2015.

Seringueiro extraindo látex de seringueira. Tarauacá (AC), 2017.

1. Que atividade econômica está retratada na imagem?
2. Essa atividade é praticada em seu município?
3. Explique por que ela é considerada uma prática sustentável.

Nem todo extrativismo vegetal é sustentável. Por exemplo, em muitos casos, o modo de se extrair a madeira acarreta o desmatamento descontrolado de áreas florestais e outras formações nativas.

Uma das ações realizadas para conservar o ambiente e manter formas de subsistência de comunidades tradicionais foi a criação de reservas extrativistas, áreas protegidas para assegurar a vida e a cultura das populações tradicionais, assim como garantir o uso sustentável dos recursos naturais.

 Ampliar

Memorial Chico Mendes

www.memorialchicomendes.org

O *site* aborda documentos oficiais e históricos, a trajetória e o legado de Chico Mendes, além de informações sobre algumas reservas extrativistas.

Extrativismo animal

O **extrativismo animal** consiste em retirar da natureza recursos de origem animal para servir de fonte de alimento às pessoas e matéria prima para a indústria. Essa forma de extrativismo é desenvolvida pelas atividades de pesca e caça.

A pesca é o extrativismo animal predominante no mundo. Essa atividade é denominada pesca fluvial quando acontece nos rios; e pesca marinha quando ocorre no mar.

A **pesca fluvial** é considerada também uma das atividades mais antigas dos seres humanos. Como você já estudou, os rios sempre foram importante fonte de alimento para os seres humanos.

No Brasil, muitas pessoas vivem da pesca. É o caso das **populações ribeirinhas**, que residem nas proximidades dos rios e cuja principal atividade de sobrevivência é a pesca artesanal. Muitas delas têm profundo conhecimento da dinâmica da natureza, como as melhores condições de tempo, as cheias e as vazantes dos rios, entre outros aspectos.

Casas da população ribeirinha. Cametá (PA), 2017.

Pescador ribeirinho no Rio Negro. Manaus (AM), 2017.

A **pesca marinha** também é uma atividade intensa principalmente nos países exportadores de peixes. É o caso de Chile e Peru (América do Sul), Japão (Ásia), Noruega e Portugal (Europa), dentre outros.

No Brasil, as comunidades de redeiros e curraleiros do Norte, de jangadeiros do Nordeste, e de caiçaras do Sul e do Sudeste, desenvolvem a pesca marítima, além de pequenos cultivos adaptados às condições climáticas da região em que vivem.

Uma atividade do extrativismo animal que tem sido alvo de muitas críticas dos **ambientalistas** em todo o mundo é a caça **predatória** de **animais silvestres** ameaçados de extinção.

> **Glossário**
>
> **Ambientalista:** indivíduo que atua sozinho ou em grupos organizados com o objetivo de proteger e conservar o meio ambiente.
> **Animal silvestre:** refere-se à espécie de animal que se reproduz de forma espontânea e vive livremente nas selvas.
> **Predatório:** destrutivo; no caso da caça, atividade ilegal, relacionada à morte e captura de animais silvestres, que compromete o equilíbrio do meio ambiente.

Pescadores em jangada. Tamandaré (PE), 2018.

Extrativismo mineral

O **extrativismo mineral** consiste na retirada de recursos minerais do subsolo.

É por meio do extrativismo mineral que se obtêm o minério de ferro (hematita, magnetita, pirita etc.), de alumínio (bauxita) e de estanho (cassiterita), além de fontes energéticas como o petróleo e o carvão mineral.

Nosso cotidiano está repleto de produtos beneficiados do extrativismo mineral. Grande parte do material utilizado nas construções, por exemplo, origina-se desse tipo de extrativismo.

Essa atividade é uma importante fonte de renda para muitos países, representando a base de seu desenvolvimento industrial.

Extração de calcário. Santana do Cariri (CE), 2017.

Uma consequência do extrativismo mineral é o impacto ambiental que provoca na natureza, com grande alteração da paisagem. Como você pode observar na imagem a seguir, numa área de extração mineral ocorrem desmatamento e remoção de toneladas de rochas do subsolo, o que abre enormes crateras no solo.

Essa atividade também pode oferecer risco à saúde dos trabalhadores envolvidos, considerando-se, por exemplo, as péssimas condições de trabalho a que estão submetidos muitos mineradores.

Vista aérea de garimpo de ouro. Poconé (MT), 2017.

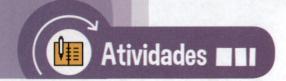

1 As quebradeiras de coco babaçu somam mais de 300 mil mulheres trabalhadoras rurais no Maranhão, Piauí, Tocantins e Goiás. Com base nessa informação e na observação da fotografia, pesquise o tema e escreva sobre a importância e a valorização do trabalho feminino na atividade extrativista.

Quebradeiras de coco babaçu do povoado de Juverlândia. Sítio Novo do Tocantins (TO), 2014.

2 Apresente exemplos de situações que expliquem a frase: "Nem todo extrativismo vegetal é sustentável".

3 A fotografia a seguir mostra habitações típicas encontradas em vários lugares do Brasil. Com base na observação da imagem e em seus conhecimentos, faça o que se pede.

Manaus (AM), 2017.

a) Descreva essa paisagem.
b) Responda: Como é chamada a população que vive nesses lugares?
c) Explique o tipo de extrativismo que essas pessoas exercem.

4 Leia o texto e escreva sobre a importância das reservas extrativistas considerando questões ligadas à sustentabilidade.

> A Reserva Extrativista é uma área utilizada por populações extrativistas tradicionais, cuja subsistência baseia-se no extrativismo e, complementarmente, na agricultura de subsistência e na criação de animais de pequeno porte, e tem como objetivos básicos proteger os meios de vida e a cultura dessas populações, e assegurar o uso sustentável dos recursos naturais da unidade. É de domínio público, com uso concedido às populações extrativistas tradicionais, sendo que as áreas particulares incluídas em seus limites devem ser desapropriadas, de acordo com o que dispõe a lei. [...]

Reserva Extrativista. *Unidades de conservação no Brasil*. Disponível em: <https://uc.socioambiental.org/uso-sustent%C3%A1vel/reserva-extrativista>. Acesso em: jul. 2018.

5 De acordo com o trecho do texto, apresente alguns pontos de vista a respeito da questão da exploração mineral.

> A tragédia ambiental em Mariana revela o **paradoxo** vivido por Minas Gerais. Ao mesmo tempo em que precisa combater os riscos da mineração, o Estado tem uma economia fortemente atrelada a essa atividade: 7,5% do Produto Interno Bruto (PIB) vêm da indústria extrativa mineral, segundo o último dado divulgado pelo Instituto Brasileiro de Geografia e Estatística (IBGE), referente a 2013. A presença da mineração é ostensiva, marcada na paisagem, no nome e na história. O desbravamento na região que hoje compreende o Estado de Minas Gerais se iniciou no século 16, com a busca dos bandeirantes por ouro e pedras preciosas. [...]

Dependente da mineração, Minas vive paradoxo após tragédia ambiental em Mariana. *Portal EM*, 20 nov. 2015. Disponível em: <www.em.com.br/app/noticia/economia/2015/11/20/internas_economia,710096/dependente-da-mineracao-mg-vive-paradoxo-apos-tragedia-ambiental-em-m.shtml>. Acesso em: jun. 2018.

Glossário
Paradoxo: contradição.

Rio Gualaxo do Norte, afluente do Rio Doce, poluído por enxurrada de lama. Mariana (MG), 2015.

Retomar

1. Justifique a afirmativa: A atividade agropecuária modificou o comportamento dos grupos humanos antigos.

2. Com base na observação da imagem, descreva a atividade de produção desenvolvida e explique sua importância.

Colheita de couve manteiga. Ibiúna (SP), 2017.

3. Leia o trecho de notícia a seguir e, depois, responda às questões.

OIT denuncia falta de serviços de saúde para população rural no mundo

Mais da metade da população rural no mundo – mais do que o dobro do número observado em áreas urbanas – não tem acesso a serviços de saúde, revela relatório da Organização Internacional do Trabalho (OIT), divulgado hoje (27).

[...]

O documento mostra que 56% das pessoas que vivem nas áreas rurais estão excluídas dos cuidados essenciais de saúde, contra 22% das que residem em áreas urbanas.

De acordo com o estudo da OIT, no Continente Africano, 83% dos que vivem nas zonas rurais nunca tiveram acesso aos serviços básicos de saúde. Conforme o estudo, a África tem os mais altos níveis de pobreza no mundo. [...]

Da agência Lusa-Genebra. OIT denuncia falta de serviços de saúde para população rural no mundo. *EBC – Agência Brasil*, 27 abr. 2015. Disponível em: <http://agenciabrasil.ebc.com.br/internacional/noticia/2015-04/mais-da-metade-da-populacao-rural-no-mundo-nao-tem-acesso-servicos-de>. Acesso em: jun. 2018.

a) De acordo com a notícia, que dificuldade boa parte da população rural mundial enfrenta?

b) Converse com os colegas e reflitam: O que pode ser feito para que esses problemas sejam resolvidos no espaço rural?

4) Faça um quadro comparativo sobre os tipos de extrativismo, conforme o modelo a seguir.

EXTRATIVISMO	COMO É REALIZADO	EXEMPLOS
Mineral		
Vegetal		
Animal		

5) Mencione vantagens ambientais e para a saúde humana decorrentes da agricultura orgânica.

6) Leia o trecho de notícia a seguir e faça o que se pede.

> Segundo o novo relatório da Organização das Nações Unidas (ONU) "Estado da Alimentação e da Agricultura", a agricultura familiar tem capacidade para colaborar na erradicação da fome mundial e alcançar a segurança alimentar sustentável. No Brasil, a agricultura familiar representa 84% de todas as propriedades rurais do País e emprega pelo menos cinco milhões de famílias. Por outro lado, a modalidade agrícola ocupa apenas 24,3% do total da área utilizada por estabelecimentos agropecuários. O documento da ONU também menciona que a agricultura familiar produz cerca de 80% dos alimentos consumidos e preserva 75% dos recursos agrícolas do planeta. A agricultura familiar, no Brasil, é responsável pela maioria dos alimentos que chegam à mesa da população, como o leite (58%), a mandioca (83%) e o feijão (70%).
>
> Ministério do Desenvolvimento Agrário. ONU reforça a importância da agricultura familiar. *Governo do Brasil*, 22 out. 2014. Disponível em: <www.brasil.gov.br/economia-e-emprego/2014/10/onu-reforca-a-importancia-da-agricultura-familiar>. Acesso em: jun. 2018.

De acordo com o texto, apresente dois argumentos que evidenciem a importância da agricultura familiar.

7) Leia o infográfico e responda às questões.

Fonte: Ascom/Anvisa. Divulgado relatório sobre resíduos de agrotóxicos em alimentos. *Anvisa*, 5 dez. 2016. Disponível em: <http://portal.anvisa.gov.br/noticias/-/asset_publisher/FXrpx9qY7FbU/content/divulgado-relatorio-sobre-residuos-de-agrotoxicos-em-alimentos/219201>. Acesso em: jun. 2018.

a) Que informações o infográfico apresenta?

b) Qual é a alternativa de produção agrícola que não apresenta dados como evidenciados pelo infográfico?

Visualização

A seguir, apresentamos um mapa conceitual sobre o tema estudado nesta unidade. Trata-se de uma representação gráfica do conhecimento organizado, composto de uma estrutura que relaciona os principais conceitos e as palavras de ligação do conteúdo. Essa ferramenta serve como resumo e instrumento de compreensão dos textos, além de possibilitar consultas futuras.

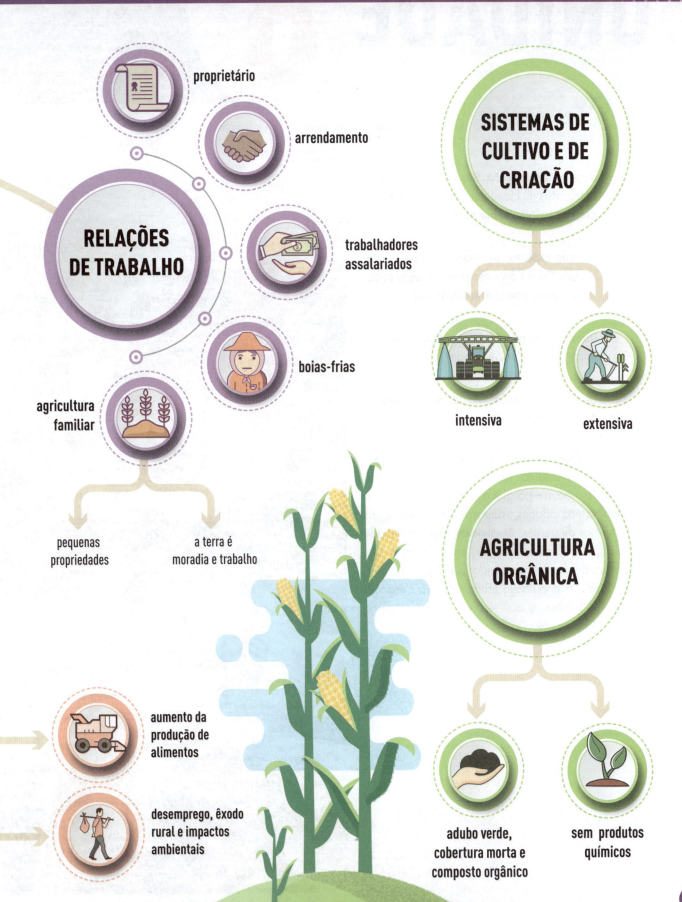

UNIDADE 8

> **Antever**
>
> **1** Observe a fotografia. Será que todos os habitantes da cidade de São Paulo têm a mesma opinião sobre ela?
>
> **2** Em que aspectos a paisagem apresentada assemelha-se às paisagens do lugar onde você mora ou se diferencia delas?
>
> **3** Quais são as principais atividades econômicas realizadas na cidade?
>
> **4** De quem é a responsabilidade de cuidar do espaço urbano?
>
> As paisagens urbanas são características das cidades; no entanto, nenhuma cidade é igual à outra. Isso ocorre porque a sociedade que vive e trabalha nas cidades transforma essas paisagens de formas diferentes. Atualmente, mais da metade da população do mundo vive em cidades. A Organização das Nações Unidas (ONU) estima que, até 2030, a população urbana deverá chegar a quase 5 bilhões, o que será equivalente a cerca de 60% da população mundial.

Vista aérea da cidade de São Paulo (SP), a mais populosa do Brasil, 2017.

Trabalho no espaço urbano

CAPÍTULO 25
Paisagens urbanas

As paisagens são diferentes

Podemos classificar as paisagens humanizadas em dois grandes tipos: a **rural** e a **urbana**. Elas se diferenciam por seus elementos e pelo modo de vida das pessoas. Vimos na unidade anterior que a paisagem rural está organizada, de forma geral, em áreas de plantio e de pastagem. Já na paisagem urbana, o que se destaca é a grande quantidade de casas, ruas, avenidas, além de edifícios, que podem servir como moradia ou local de trabalho. Assim, podemos dizer que as cidades resultam de um processo de ocupação e organização do espaço geográfico que tem algumas características comuns, principalmente em relação à fixação de pessoas para trabalhar em atividades predominantemente urbanas. Compare as paisagens a seguir, que revelam diferentes formas de organizar os espaços.

Paisagem rural. Uberlândia (MG), 2018.

Paisagem urbana. Campo Grande (MS), 2018.

Uma das características mais marcantes do espaço urbano é a grande quantidade de pessoas que nele vive em comparação ao espaço rural, onde a população se encontra mais dispersa. No entanto, o número de habitantes nos espaços urbanos é bastante distinto. Assim, as cidades podem ser classificadas como pequenas, médias e grandes.

São Roque de Minas (MG), 2017.

Recife (PE), 2017.

As várias paisagens de uma cidade

Uma cidade pode caracterizar-se por paisagens diversificadas. Isso acontece quando ficam evidentes os diferentes tipos de uso e ocupação do solo, em especial nas grandes cidades. Alguns bairros podem ser predominantemente residenciais, enquanto outros podem ser comerciais ou industriais.

Bairro residencial em Extrema (MG), 2018.

Bairro comercial em São Paulo (SP), 2017.

Bairro industrial em Camaçari (BA), 2017.

As paisagens urbanas também podem diferenciar-se pelo fato de suas construções serem mais antigas ou mais novas. Setores ou bairros históricos de centros urbanos podem coexistir com bairros mais novos, onde há grandes edifícios de arquitetura moderna.

Casario e Igreja de Nossa Senhora do Rosário dos Pretos no Largo do Pelourinho no centro histórico. Salvador (BA), 2017.

Edifícios residenciais e comerciais no bairro Caminho das Árvores. Salvador (BA), 2016.

As paisagens urbanas também podem evidenciar o contraste socioeconômico de seus habitantes. Assim, a **desigualdade social** fica evidente nas paisagens ao compararmos tipos de moradia de acordo com o **poder aquisitivo** de seus moradores.

Enquanto em alguns lugares da cidade verificam-se investimentos em infraestrutura e serviços particulares, como segurança, áreas de lazer e limpeza; em outros, os moradores enfrentam condições precárias de moradia, onde muitas vezes não há serviços públicos, como manutenção de ruas, coleta de lixo e iluminação pública.

Glossário

Poder aquisitivo: capacidade que uma pessoa ou uma população tem de adquirir bens materiais.

Vista aérea de condomínio fechado de alto padrão. Londrina (PR), 2016.

Favela da Rocinha. Rio de Janeiro (RJ), 2018.

Cidade e urbanização

Pelos critérios da ONU, para ser considerada **cidade**, uma aglomeração humana deve contar com mais de 20 mil habitantes. Contudo, esse critério quantitativo varia de um país para outro. Na Dinamarca, país localizado na Europa, por exemplo, é preciso apenas 250 habitantes para uma comunidade ser considerada cidade. Na França, também localizada na Europa, o número mínimo é de 2 mil habitantes. Na Espanha e na Grécia – dois outros países europeus –, para uma aglomeração humana atingir a mesma classificação, são necessários 10 mil habitantes. No Brasil, toda sede de município, onde exista uma prefeitura, é considerada cidade, mesmo que tenha poucos habitantes.

Já a **urbanização** refere-se ao aumento da porcentagem de população urbana em relação à porcentagem de população rural. Para um país, estado ou município ser considerado urbanizado é necessário que a porcentagem da população urbana seja superior à da população rural. No Brasil, esse fato ocorreu principalmente em decorrência da migração rural-urbana, que, como você já estudou, é chamada de **êxodo rural**. A oferta de diversas opções de trabalho, lazer, estudo, além da maior facilidade de atendimento médico-hospitalar e acesso aos mais variados bens e serviços, faz com que muitas pessoas sejam atraídas para as áreas urbanas. O mapa a seguir apresenta as taxas de urbanização de vários países do mundo.

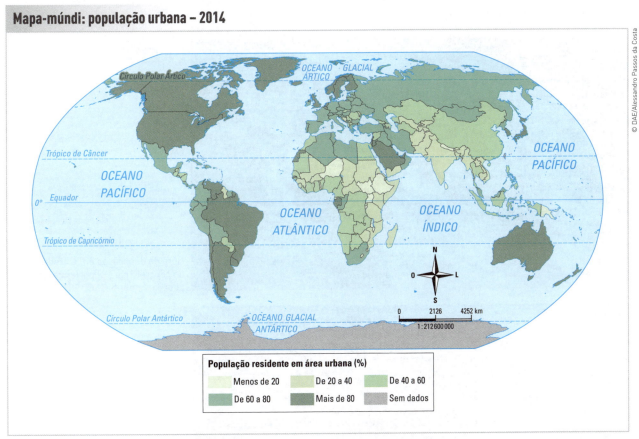

Fonte: *Atlas geográfico escolar*. 7. ed. Rio de Janeiro: IBGE, 2016. p. 69.

No Brasil, durante muitas décadas, a população que vivia no espaço rural era maior do que aquela que vivia nas cidades. Acompanhando a tendência mundial, essa situação foi sendo alterada com a vinda de muitas pessoas para os centros urbanos. Grande parte delas veio até as cidades procurar melhores oportunidades de emprego e condições de vida. Isso ocorreu, sobretudo, devido ao crescimento da atividade industrial, que ocasionou aumento na demanda de mão de obra.

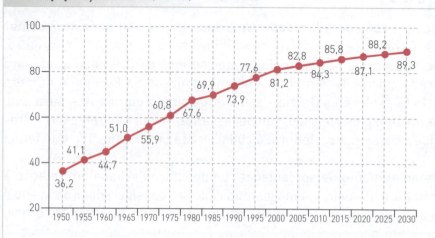

Fontes: IBGE. *Censos demográficos 1950-2010*. Rio de Janeiro: IBGE, 1950-2010; ONU. *World urbanization prospects: the 2018 revision*. Disponível em: <https://esa.un.org/unpd/wup>. Acesso em: jun. 2018.

O aumento da população das cidades implica a necessidade de realização de intervenções no espaço geográfico. Isso pode ser percebido nas paisagens, por exemplo, com a abertura ou o alargamento de ruas antigas para possibilitar maior circulação de veículos, formação de novos bairros para a construção de moradias, instalação de redes de energia elétrica e saneamento básico, maior oferta de transporte público etc.

Obra de duplicação em estrada de concreto para suportar carga pesada. Imbituba (SC), 2016.

Loteamento Nova Três Lagoas ao lado da rodovia BR-262. Três Lagoas (MS), 2018.

O rural e o urbano interligados

Por que podemos dizer que o campo e a cidade estabelecem uma forte relação de interdependência? Nos municípios do Brasil, as áreas rurais e urbanas são delimitadas e separadas pela **lei do perímetro urbano**, que estabelece que cada área ocupe uma parte do território municipal. Embora estejam separados oficialmente, o campo e a cidade, em grande parte das vezes, estão fortemente relacionados e interligados. Observe os exemplos a seguir.

Glossário

Lei do perímetro urbano: lei municipal que delimita a área urbana de todo município brasileiro.

Plantação de alface no campo. Araquari (SC), 2018.

Comércio de alface na feira da cidade. São Pedro do Sul (RS), 2018.

Maquinário agrícola produzido em indústria na cidade. Canoas (RS), 2017.

Maquinário sendo utilizado em colheita no campo. Pedro Afonso (TO), 2017.

Fachada do Hospital de Urgências Governador Otávio Lage de Siqueira. Goiânia (GO), 2016.

Produtos do campo são consumidos na cidade, que, por sua vez, fornece produtos e serviços ao campo. Isso ocorre porque as atividades econômicas desenvolvidas em cada um desses espaços estão integradas. Dessa forma, as atividades econômicas tradicionalmente praticadas no campo, como a agricultura, a pecuária e o extrativismo, que você estudou na unidade anterior, dependem das atividades realizadas principalmente na cidade, como a indústria, o comércio e a prestação de serviços, que você estudará no próximo capítulo.

Ademais, os trabalhadores rurais necessitam de serviços de atendimento médico, hospitais, assistência veterinária, orientação dos institutos de pesquisa agrícola, universidades para estudar e serviços bancários, que são encontrados nas cidades.

Viver

Cultura urbana e cultura rural: diferentes olhares

Um citadino parte para o campo à procura de um tal senhor José. Chega em uma propriedade agrícola e pergunta a um outro senhor, sentado em frente a sua casa: – O senhor conhece por aqui um senhor chamado José Ferreira? O senhor aponta para a estrada e diz: – Sei sim, é meu vizinho e mora aqui pertinho. O citadino sai à procura do vizinho e logo descobre que o José Ferreira mora a três quilômetros dali. Ele decide, então, ir de carro.

Através desta pequena estória observamos diferentes noções de vizinhança, distância, mobilidade, densidade, tempo e espaço entre o meio urbano e o meio rural. [...]

A relação de vizinhança na cidade e no campo tem sentidos bastante diferentes. Obviamente nos dois casos está ligada a uma relação de proximidade e de amizade. Na cidade, essa proximidade é considerada entre as habitações, as casas, uma proximidade física. Meu vizinho é aquele que mora ao meu lado, mas com quem eu não tenho obrigatoriamente contato. Aliás, às vezes, prefere-se não ter contato. Apenas um contato superficial, formal, onde cada um tem a liberdade de fazer o que deseja sem ser perturbado pelo outro.

Enquanto na cidade a proximidade entre habitações define os vizinhos, no campo, a proximidade física entre as propriedades de terra é quem define essa noção de vizinhança e não as habitações. A proximidade é aqui ligada à relação pessoal entre os indivíduos. Não há quadras, não há ruas, as referências são frequentemente da natureza. Meu vizinho é aquele com quem eu tenho relação de amizade, sabendo que essa amizade é baseada também numa troca de ajuda mútua, podendo dizer inclusive de preservação da vida. [...]

José Antenor Viana Coelho. Cultura urbana e cultura rural: diferentes olhares. In: Jornada Internacional de Políticas Públicas, 3., 2007, São Luís do Maranhão. *Anais...* Disponível em: <www.joinpp.ufma.br/jornadas/joinpplll/html/Trabalhos/EixoTematicoG/0162c43e3e75a9e794f3JOSE%20ANTENOR%20VIANA%20COELHO.pdf>. Acesso em: jun. 2018.

1. O que o autor considera "contato superficial" entre a vizinhança na cidade?
2. Você tem alguma relação com a vizinhança? Em caso afirmativo, como é essa relação?
3. Que outras características você observa ou conhece que identificam modos de vida no espaço urbano?

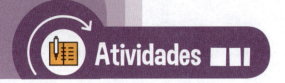

1. Quais são as principais características da paisagem urbana?

2. A sequência de imagens a seguir apresenta um espaço hipotético e sua transformação ao longo do tempo. Observe-a e faça o que se pede.

a) Descreva as mudanças observadas na paisagem retratada.
b) Quais imagens retratam a paisagem urbana? Justifique.

3. Uma cidade pode apresentar grande diversidade de paisagens? Por quê? Isso ocorre na área urbana de seu município? Justifique.

4. Leia os dados do gráfico.

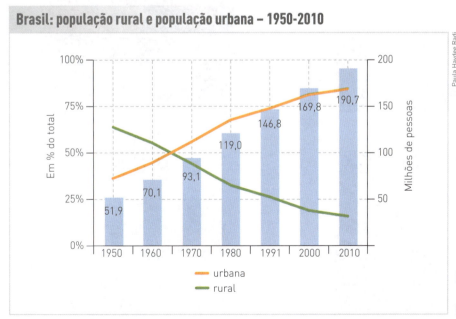

Fonte: *Censos demográficos 1950-2010*. Rio de Janeiro: IBGE, 1950-2010.

a) O que podemos concluir com a análise do gráfico em relação às taxas de população urbana e rural? Justifique.
b) Quais são as consequências desse fenômeno para as paisagens urbanas brasileiras?

5 Observe a sequência das ilustrações a seguir. Depois, escreva um texto destacando a interdependência entre o campo e a cidade.

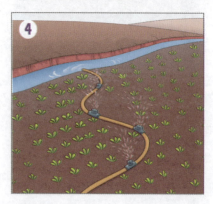

6 A interdependência cada vez maior entre o campo e a cidade provoca mudanças no estilo e no ritmo de vida de seus habitantes? Converse com os colegas e o professor a respeito disso e registre suas conclusões.

CAPÍTULO 26
Atividades urbanas

Diferentes formas de trabalhar na cidade

As pessoas que vivem nas cidades trabalham em diferentes atividades econômicas, as quais, de forma geral, classificamos em **indústria**, que faz parte do setor secundário da economia; **comércio** e **prestação de serviços**, que compõem o setor terciário. Diferentemente do que ocorria no setor primário – ou seja, nas atividades agropecuárias e no extrativismo, nas cidades as atividades profissionais são mais especializadas.

Professora. Salvador (BA), 2018.

Cozinheira e nutricionista. Santaluz (BA), 2018.

Agente de trânsito. São Paulo (SP), 2017.

Todos nós precisamos, direta ou indiretamente, do trabalho de outras pessoas. Independentemente da função ou da profissão que a pessoa exerça, seu trabalho tem um papel importante no andamento de outras atividades econômicas e no dia a dia das pessoas.

No cotidiano de uma escola, diretores, professores, inspetores, cozinheiros, faxineiros, bibliotecários, auxiliares de escritório e secretários, além de profissionais que prestam apoio, como guardas de trânsito, motoristas de transporte escolar, psicólogos, entre tantos, demonstram essa divisão do trabalho. Esse é apenas um exemplo de como o trabalho, sobretudo na sociedade urbana, tornou-se especializado, com cada trabalhador exercendo uma função específica.

Indústria e vida urbana

A **indústria** é a atividade de produção de mercadorias. Consiste na transformação da matéria-prima em bens que são consumidos direta ou indiretamente pela população e por outras atividades econômicas. A atividade industrial abrange também o ramo da construção civil, responsável por projetos e estruturação de edifícios, casas, viadutos, entre outros. Por gerar oferta de emprego, a atividade industrial exerce grande influência em todos os outros setores da economia, sendo assim fundamental para o desenvolvimento de um país. Embora tenha empregado muito mais no passado recente, em várias cidades do Brasil a indústria ainda é uma das atividades econômicas predominantes, oferecendo ocupação profissional a um grande número de pessoas.

Para que a atividade industrial possa desenvolver-se de forma eficaz, é necessário um conjunto de fatores, formado por: matéria-prima, mão de obra qualificada, capital (dinheiro para aquisição de máquinas, matéria-prima e pagamento de salário aos empregados), disponibilidade de água, infraestrutura em energia, transportes e comunicação, além do mercado consumidor, isto é, pessoas ou empresas que comprem os produtos industrializados. Observe as imagens a seguir.

Trabalhadores em fábrica de calçados. Novo Hamburgo (RS), 2016.

Trabalhadores em linha de produção de frigorífico. Lapa (PR), 2017.

Devido a seus avanços tecnológicos, a atividade industrial, muitas vezes em parceria com institutos de pesquisa (públicos ou privados), proporcionou melhorias na qualidade de vida de grande parte da população mundial, que compõe a chamada sociedade urbano-industrial. Os avanços foram muitos e em vários setores. Na área da saúde, por exemplo, contribuiu para o desenvolvimento de remédios, vacinas e equipamentos médicos. Na área dos transportes, a fabricação de veículos mais rápidos, econômicos e confortáveis tornou os deslocamentos menos cansativos e mais baratos. Nas comunicações, informações sobre acontecimentos que ocorrem em diferentes regiões do mundo chegam rapidamente às pessoas por meio de televisão, rádio, telefone e computadores com acesso à internet.

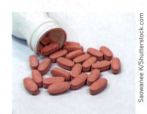
Remédios.

Carro.

Celular.

Computador.

No entanto, é preciso considerar que nem todas as pessoas ou lugares se beneficiam desses avanços tecnológicos. Em muitas áreas rurais e periféricas de grandes cidades, parte da população encontra dificuldades, no dia a dia, para obter produtos, ter acesso às informações ou transporte público. Outra questão importante é que o aumento não planejado da produção nas fábricas e o consumo elevado de produtos industrializados vieram acompanhados de problemas ambientais, como a poluição das águas e do ar, a contaminação dos solos e outros problemas que veremos no próximo capítulo.

Comércio e prestação de serviços

De acordo com o tamanho das cidades e o grau de sua importância e influência sobre outras, maior ou menor será a quantidade e a diversidade das atividades comerciais e de serviços oferecidos. Mas o que é a atividade comercial? O que é a prestação de serviços?

O **comércio**, atividade desenvolvida principalmente no espaço urbano, consiste na compra e venda de produtos em diversos tipos de estabelecimento. O comércio, em linhas gerais, é responsável por fazer a ligação entre aqueles que produzem as mercadorias e aqueles que as consomem.

Região do Saara no centro do Rio de Janeiro (RJ), 2016.

Centro de Santana do Cariri (CE), 2017.

O comércio pode ser varejista, quando realizado em lojas, supermercados, feiras livres, *shopping centers*, entre outros, ou atacadista, quando o comerciante compra mercadorias em grande quantidade para revender aos consumidores.

Já a **prestação de serviços** diz respeito às atividades especializadas desenvolvidas por profissionais como telefonistas, garis, advogados, mecânicos, eletricistas, engenheiros, médicos, professores, entre outros. Os serviços públicos oferecidos à população, como educação, saúde e segurança, também fazem parte desse setor de atividade. Esses serviços, que constituem direitos de todos os cidadãos, são de responsabilidade dos governos federal, estadual e municipal.

Com o aumento da população urbana, a prestação de serviços cresce cada vez mais. Para atender à demanda da população, muitos serviços foram criados, fazendo surgir novos postos de trabalho e até mesmo profissões, por exemplo, os operadores de *telemarketing*, que vendem os mais variados produtos e serviços por telefone. Mais recentemente, com o avanço da tecnologia, algumas empresas estão substituindo pessoas por gravações programadas que ocupam função semelhante à do ser humano na área de *telemarketing*. Outra profissão recente é o **web designer**, que atende às necessidades de uma sociedade cada vez mais informacional. Por meio desse trabalho, empresas oferecem produtos ou informações sobre a atividade que desenvolvem.

> **Glossário**
>
> **Web designer:** pessoa que cria páginas (*sites*) para a internet.

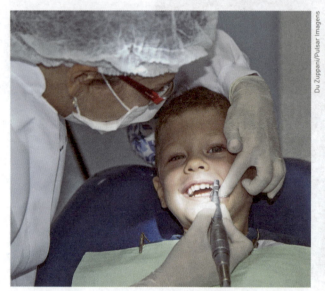
Dentista atendendo paciente. Bertioga (SP), 2017.

Operadores de *telemarketing* durante atendimento. Rio de Janeiro (RJ), 2017.

Gari trabalhando em limpeza de rua. Rio Verde (GO), 2018.

É na cidade que se encontra a maior parte dos consumidores; portanto, é nela que, em geral, estão concentrados os diversos estabelecimentos comerciais e os prestadores de serviços especializados. Frequentemente, moradores do campo deslocam-se para a cidade quando precisam comprar algum produto específico ou utilizar algum serviço especializado, por exemplo, o bancário e o médico-hospitalar. Comércio e prestação de serviços são responsáveis pela maior parte das atuais oportunidades de trabalho no Brasil.

Cartografia em foco

Observe o mapa e responda às questões.

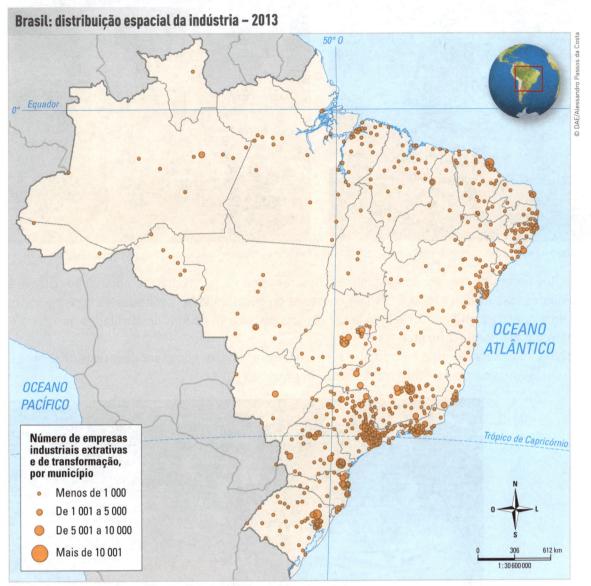

Fonte: *Atlas geográfico escolar*. 7. ed. Rio de Janeiro: IBGE, 2016. p. 136.

1. Explique as diferenças entre o tamanho dos círculos na legenda do mapa.
2. Escreva o nome de dois estados brasileiros que apresentam maior concentração de indústrias. Explique como você chegou a essa resposta.
3. Cite dois estados brasileiros em que há um número reduzido de indústrias.
4. Qual é a condição do estado em que você mora com relação ao número de indústrias?
5. Que regiões do Brasil têm, respectivamente, a maior e a menor concentração industrial?
6. Você conhece alguma pessoa que trabalha em indústria? Converse sobre a atividade que ela realiza e, depois, relate aos colegas o que descobriu.

233

Economia informal

Você já viu pessoas atuando em trabalhos como estes no lugar onde vive?

Vendedor ambulante na Praia do Leblon. Rio de Janeiro (RJ), 2016.

Camelô na festa da tradicional Cavalgada. Virginópolis (MG), 2018.

Em muitos países do mundo, as estatísticas mostram que a maior parte da população urbana é composta de pessoas de baixa renda. Com dificuldades ou possibilidades limitadas de conseguir um emprego, uma parcela significativa da população urbana passa a se ocupar de atividades que constituem a chamada **economia informal**.

O trabalho informal refere-se ao trabalho sem carteira assinada, como vendedores ambulantes, camelôs e cuidadores de carro, conhecidos como "flanelinhas".

Vendedor ambulante. Manaus (AM), 2015.

O comércio informal realizado por camelôs e vendedores ambulantes aumentou muito nas últimas décadas em nosso país, principalmente nas grandes cidades, sendo comum encontrá-los nas praças, ruas e avenidas de centros comerciais.

Segundo o IBGE, em 2017 foi a primeira vez na história que o número de trabalhadores sem carteira assinada superou o conjunto de trabalhadores formais. A categoria dos trabalhadores por conta própria somava 23,2 milhões de brasileiros naquele ano.

De olho no legado

Mudanças no cotidiano urbano

[...]
O comércio local, presente nos bairros, tende a mudar; o açougueiro não é mais o mesmo; mudou o tintureiro e, substituído pelas lavanderias, ele não vem mais buscar a roupa como se fazia "antigamente"; ficou difícil parar na porta da padaria; a sapataria fechou. Na realidade, o pessoal de serviços muda mais, não há permanência. O comércio, na verdade, mudou radicalmente, e em muitos bairros da metrópole, agora pontuada por supermercados e *shopping centers* com suas "áreas de serviços". Também, ficou muito mais difícil atravessar a rua. Esses são alguns fatos que atestam as transformações na cidade, nos seus espaços públicos, mudando a **cadência** da vida no bairro.

A metrópole, cortada por vias de trânsito rápido, por anéis de articulação, pela construção dos corredores viários, vai introduzindo novos hábitos, que aparecem para os jovens como naturais. O plano das ruas revela a nova ordem da cidade imposta pela nova ordem urbana. A cidade se segrega, se esvazia, a sociedade urbana com seus novos valores vai compondo uma nova identidade em espaços semipúblicos (particularmente os *shoppings*), a partir de valores impostos pela sociedade de consumo, sob a lei da troca de mercadorias. [...]

Ana Fani Alessandri Carlos. *O espaço urbano: novos escritos sobre a cidade.* São Paulo: FFLCH, 2007. p. 60.

Glossário

Cadência: regularidade de movimentos e sons.

Fachada de *shopping* em São Paulo (SP), 2018.

1. Qual é a principal ideia do texto?
2. O texto menciona duas grandes atividades profissionais que são exercidas, principalmente, no espaço urbano. Quais são elas?
3. O que mais chamou sua atenção na forma da construção do *shopping*? Por quê?
4. Sob a orientação do professor, faça entrevistas com seus familiares sobre as antigas profissões que existiam na cidade. Depois, pesquise novas profissões que surgiram com o desenvolvimento da atividade industrial e com a intensificação do comércio e da prestação de serviços.

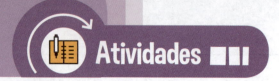

1. Pesquise e cole em uma folha de papel imagens que representem atividades econômicas que se desenvolvem em áreas urbanas. Inclua legendas explicativas.

2. O que é indústria?

3. Qual é a importância da atividade industrial para o desenvolvimento econômico de um país?

4. Quais fatores são de grande importância para o bom desempenho da atividade industrial?

5. Se uma nova indústria se instalasse no bairro onde você mora, que impacto isso geraria para a vida das pessoas?

6. O que é o comércio? Qual é a diferença entre comércio varejista e comércio atacadista?

7. Onde você mora muitas pessoas trabalham no comércio? Cite três exemplos de atividades comerciais desenvolvidas em seu município.

8. O que é a prestação de serviços? Cite dois exemplos que fazem parte de seu dia a dia.

9. Observe e compare as fotografias. Elas representam mudanças no cotidiano urbano? Explique.

Loja de sapatos. Juiz de Fora (MG), entre 1920 e 1929.

Loja de sapatos em *shopping*. Novo Hamburgo (RS), 2016.

CAPÍTULO 27

Questões socioambientais

Problemas ambientais urbanos

O acelerado crescimento das cidades e das populações urbanas gerou problemas ambientais que atingem a população de vários países. Devido às ações humanas, o ar, a água e o solo têm passado por intensas transformações que causam impacto em seus processos naturais, prejudicando a qualidade de vida no espaço urbano. Como as cidades concentraram o avanço das técnicas e os empregos, atraindo os que viviam no campo, elas sofreram diversos problemas de ordem ecológica e social.

É importante compreender que os problemas urbanos não decorrem da forma de organização do espaço geográfico que chamamos de cidade, mas sim do modo acelerado de seu crescimento, em geral relacionado à ausência de planejamento por parte do poder público. Neste capítulo, você vai estudar alguns problemas socioambientais das cidades e reconhecer possíveis soluções para melhorar a qualidade de vida no espaço urbano.

A questão do lixo

Na sociedade urbano-industrial, a produção e o consumo de mercadorias ocorrem de forma acelerada em relação à capacidade da natureza de se regenerar. O lixo é produzido em razão da necessidade de descarte e do comportamento consumista das pessoas, ou seja, adquirem produtos de maneira compulsiva, sem ter a real necessidade de uso. Esses fatores geram grande quantidade de lixo, que em muitos lugares é descartado sem nenhuma preocupação com o meio ambiente.

Em alguns países – por exemplo, o Brasil –, uma parte do lixo gerado todos os dias nos centros urbanos é depositada em lixões a céu aberto, como se vê na fotografia abaixo. Essa forma de destinação dos resíduos gera graves problemas socioambientais como mau cheiro, contaminação das águas superficiais e subterrâneas pela infiltração do **chorume** (líquido originado da decomposição do lixo) e exposição da população vizinha à transmissão de doenças.

Lixão a céu aberto na periferia da cidade de São Félix do Xingu (PA), 2016.

Outra forma incorreta de destinação dos resíduos é a prática da **incineração**, que consiste na queima dos resíduos sólidos. Embora reduza o volume do lixo, essa prática causa a poluição do solo, das águas e do ar com as cinzas decorrentes dela.

Parte considerável do lixo que produzimos diariamente pode retornar para o ciclo produtivo por meio do processo de **reciclagem**. Essa boa prática reduz os problemas ambientais, gerando renda para os trabalhadores que atuam na coleta e reciclagem e lucro para as empresas que reaproveitam esses materiais.

O caminho da reciclagem.

Fonte: Reciclagem: você conhece, mas você pratica? *Witzler Recicla*, 18 maio 2017. Disponível em: <www.witzlerrecicla.com.br/2017/05/18/reciclagem-voce-conhece-mas-voce-pratica/>. Acesso em: jul. 2018.

O poder público tem um papel fundamental nesse processo, pois cabe a ele disponibilizar um sistema de coleta seletiva eficiente, assim como locais específicos para a decomposição final de resíduos sólidos (caso dos aterros sanitários), respeitando práticas como reciclagem, reutilização e proteção do solo e lençóis freáticos.

Aterro sanitário

1. Terreno previamente preparado, nivelado e drenado.
2. Impermeabilizado com a adição de argilas e mantas de material resistente.
3. Lixo depositado e coberto diariamente com terra.
4. Chorume coletado e tratado em Estação de Tratamento de Esgoto.
5. Tubulação para drenagem do biogás, produzido na decomposição da matéria orgânica. Ele pode ser queimado ou reaproveitado para a geração de energia.

Representação artística simplificada da organização de um aterro sanitário.

Fonte: Instituto de Geociências e Ciências Exatas. Formas de disposição de resíduos. *Universidade Estadual Paulista*. Disponível em: <www.rc.unesp.br/igce/aplicada/ead/residuos/res13.html>. Acesso em: jul. 2018.

Outra medida que contribui para a melhor qualidade de vida no espaço urbano é a participação de cada um de nós, seja pelo consumo consciente, seja pela coleta seletiva, seja pelo reaproveitamento de materiais, seja pela destinação correta dos resíduos para fins de reciclagem.

Catador de papelão em frente ao Mercado Público Central de Porto Alegre (RS), 2016.

Trabalhadores em esteira de triagem de lixo reciclável. Arraial do Cabo (RJ), 2018.

 Conviver

Quando você pensar em adquirir um produto, reflita: Preciso realmente dele? Esse produto, ao ser fabricado, comprometeu a natureza? Quando deixar de usá-lo, que destino darei a ele?

Com base nessas reflexões e seguindo as orientações do professor, junte-se aos colegas e organizem-se em pequenos grupos. O objetivo é criar uma campanha de separação de materiais recicláveis a ser divulgada na escola. Cada grupo deve elaborar cartazes informativos sobre a importância do consumo consciente, do reaproveitamento ou da reciclagem de materiais. Depois, exponham os trabalhos no mural da sala.

 Ampliar

O lixo que produzimos

www.lixo.com.br

Aborda a troca de informações sobre práticas ambientais na área de resíduos sólidos no Brasil, discutindo a relação do ser humano com a produção e destinação do lixo.

239

A poluição da água e o saneamento básico

Muitos rios que atravessam as cidades são grandes receptores de esgoto doméstico e industrial. Esses resíduos, na maioria das vezes clandestinos, isto é, que não fazem parte da rede de tratamento oficial, tornam as águas dos rios impróprias para qualquer tipo de uso. Segundo a Organização Mundial da Saúde (OMS), em 2017 havia 4,5 bilhões de pessoas – ou seja, mais da metade da população mundial – sem acesso a **saneamento básico**, das quais aproximadamente um terço vivia em ambientes urbanos.

> **zoom**
> 1. Qual problema ambiental está retratado na charge?
> 2. Que consequências esse problema gera para a qualidade de vida no espaço urbano?

Uma das formas de evitar que águas contaminadas cheguem aos rios é o tratamento adequado. As estações de tratamento são instalações projetadas para remover, por meio de processos físicos, químicos e biológicos, o excesso de substâncias nocivas dos esgotos domésticos, hospitalares e industriais.

Os rios urbanos que atravessam Paris (França) e Londres (Reino Unido), por exemplo, estavam completamente poluídos em virtude da atividade industrial desenvolvida nessas cidades há várias décadas. Entretanto, por meio de políticas públicas de saneamento básico e da ajuda efetiva das empresas e da população local, esses rios passaram por um longo processo de despoluição, sendo atualmente utilizados para a prática de esportes e para o lazer.

Pessoas remam no Rio Sena em Paris, França, 2017.

Atletas praticam *stand up paddle* no Rio Tâmisa em Londres, Reino Unido, 2018.

Questões climáticas urbanas

Nas grandes cidades, com o elevado número de indústrias e edificações, formam-se as chamadas **ilhas de calor**, áreas com temperaturas mais elevadas do que seu entorno. Isso ocorre normalmente no centro, onde há maior concentração de construções, calçadas, vias asfaltadas e veículos em circulação. O concreto das edificações, a pavimentação das ruas e avenidas, a redução das áreas verdes e a poluição atmosférica concentram o calor e, consequentemente, elevam a temperatura, tornando o ar mais quente e seco. Observe o esquema a seguir.

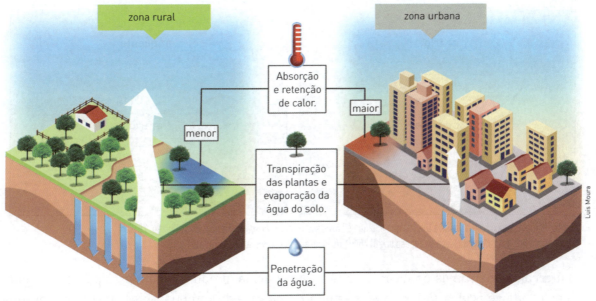

Ilhas de calor são lugares na cidade em que as temperaturas são mais elevadas em relação às áreas em seu entorno.

Fonte: Marcos Pivetta. Ilha de calor na Amazônia. *Pesquisa Fapesp*, ed. 200, out. 2012. Disponível em: <http://revistapesquisa.fapesp.br/2012/10/11/ilha-de-calor-na-amazonia/>. Acesso em: jul. 2018.

Outro fenômeno climático urbano é a **inversão térmica**, um problema ambiental que ocasiona grandes danos para a saúde da população. Em dias frios e de pouca umidade, em geral nos meses de inverno, o solo e a camada de ar que lhe é próxima se resfriam rapidamente, gerando uma camada densa que permanece estacionada sobre a cidade. A temperatura do ar diminui, e os poluentes que normalmente seriam levados pelo ar quente ficam presos nas camadas mais baixas da atmosfera, próxima à superfície.

Dessa forma, a inversão térmica dificulta a dispersão da poluição. O acúmulo de poluentes no ar afeta a saúde das pessoas, causando alergias, sobretudo nos olhos, e agravando problemas respiratórios. Para melhorar a situação, é necessário diminuir a emissão de poluentes lançados na atmosfera. Ações como o rodízio de carros, que proíbe a circulação diária de veículos de acordo com o número final da placa, e o uso de meios de transporte não poluentes ajudam a melhorar a situação.

Camada de poluição.
Rio de Janeiro (RJ), 2016.

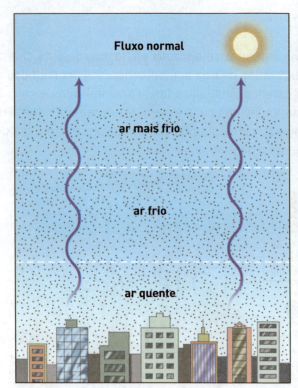 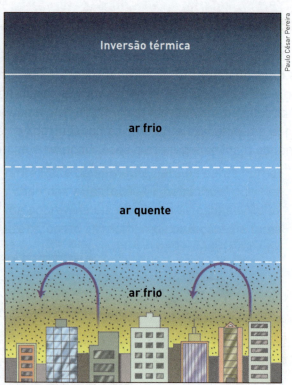

Fonte: Maria Assunção Faus da Silva Dias. O que é, o que é? Inversão térmica. *Pesquisa Fapesp*, ed. 198, ago. 2012. Disponível em: <http://revistapesquisa.fapesp.br/2012/08/10/o-que-e-o-que-e-9>. Acesso em: abr. 2018.

Outra consequência da poluição do ar é a **chuva ácida**, produzida pela precipitação de gotas de água carregada de ácidos. Como você já estudou, a queima de combustíveis fósseis – por exemplo, o carvão mineral e derivados de petróleo – libera gases tóxicos, como óxidos de enxofre e de nitrogênio, que se juntam às gotículas de água. Temos, assim, a ocorrência de chuvas com uma acidez superior aos índices normais. Elas ocorrem com mais frequência nas áreas de maior concentração urbana e industrial. A ocorrência de chuva ácida vem aumentando em várias regiões do mundo, sendo, em parte, responsável pela contaminação do solo e da vegetação, além de provocar desgaste de esculturas e monumentos históricos.

Chuva ácida

Esquema que representa o processo de formação da chuva ácida.

Fonte: United States Environmental Protection Agency. *What Causes Acid Rain?*. Disponível em: <www.epa.gov/acidrain/what-acid-rain>. Acesso em: ago. 2018.

Impermeabilização e erosão do solo urbano

O crescimento das áreas edificadas nas cidades provocou alterações em todos os aspectos da natureza, em especial na cobertura vegetal do solo. A expansão das construções e a retirada da vegetação interferem de forma significativa no ciclo da água nas áreas urbanas. E como isso acontece?

A presença de concreto e cimento nas cidades tornou o solo urbano impermeável, ou seja, em dias de chuva, a água não consegue penetrar nele. Por esse motivo, as galerias pluviais são muito importantes, pois captam as águas das chuvas por meio dos bueiros. No entanto, se as chuvas forem intensas e os bueiros estiverem entupidos com o acúmulo de lixo, por exemplo, podem ocorrer grandes enchentes.

Rua alagada em São Paulo (SP), 2018.

Para prevenir esse problema, a cobertura vegetal ao longo das vias urbanas, assim como em praças e parques públicos, torna-se de fundamental importância, pois permitem a penetração da água no solo. Além de evitar – ou ao menos amenizar – os problemas decorrentes do escoamento das águas, praças e parques acabam servindo como espaços destinados à prática de esportes e à recreação.

Parque Barigui em Curitiba (PR), 2017.

Outro problema que envolve o solo urbano é a **erosão**. Ela pode estar relacionada à construção de edificações ou ruas, por exemplo, ou pode ser ocasionada por processos naturais, em virtude das características do local onde a cidade se instalou. Como já visto na Unidade 4, uma das ações que resultam na erosão do solo é a ocupação de encostas de morros, áreas extremamente vulneráveis à erosão pluvial. Além das consequências desastrosas para a população mais pobre, em virtude da precariedade de suas moradias, o material que escorrega dessas encostas provoca o assoreamento de rios, córregos e entupimento de bueiros, contribuindo para as enchentes urbanas e, muitas vezes, comprometendo o abastecimento de água para grande parte da população. O reflorestamento das encostas e a promoção de políticas públicas de moradia são medidas essenciais no combate a esse problema.

Questões sociais: moradia e infraestrutura

Em 2016, relatório divulgado pelo Programa da Organização das Nações Unidas para os Assentamentos Humanos (ONU-Habitat) estimou que cerca de um terço da população mundial vivia em assentamentos sem acesso a moradia, infraestrutura e serviços. Na África, por exemplo, entre 60% e 70% da população urbana vive nessas condições. E a ONU alerta que esse número tende a aumentar.

Diversas pessoas não possuem recursos para comprar uma moradia ou até mesmo pagar aluguéis em áreas com infraestrutura urbana; por isso, vivem em assentamentos com condições precárias. Muitas vezes, elas não têm acesso a benefícios que são oferecidos a outros cidadãos, como saneamento básico e até mesmo maior participação política. Enfrentam também ameaças de despejo, sem ter onde se abrigar.

No Brasil, os aglomerados em que predominam essas habitações, na maior parte das vezes construídas em terrenos não regularizados, são conhecidos como **favelas**. São grandes os problemas gerados pela concentração de pessoas em áreas sem infraestrutura. A urbanização acelerada em muitas cidades brasileiras não veio acompanhada do efetivo exercício da cidadania e da garantia dos direitos sociais.

Vista aérea da comunidade de Pernambués em Salvador (BA), 2017.

Vista de favela no bairro Santo Cristo no Rio de Janeiro (RJ), 2018.

zoom

1. As grandes cidades brasileiras enfrentam problemas socioambientais que afetam a todos, mas as consequências mais graves recaem na parcela mais pobre da população. As fotografias se relacionam com essa afirmação?

2. Converse com os colegas e com o professor sobre justiça social e sua importância para a qualidade de vida no espaço urbano.

Mobilidade urbana

Ao se deslocar de carro pelas ruas e avenidas de uma cidade, você já ficou parado em um congestionamento? Ou, ao usar o transporte coletivo, já enfrentou superlotação? Estes são problemas que envolvem a **mobilidade urbana**, ou seja, a forma e os meios utilizados pela população para deslocar-se no espaço urbano. Essa questão merece bastante atenção, principalmente das autoridades públicas e dos habitantes das grandes cidades, em virtude do fluxo diário de milhares de pessoas e veículos.

Congestionamento de veículos em avenida de Goiânia (GO), 2018.

Movimentação intensa de passageiros em ponto de ônibus de São Paulo (SP), 2018.

Sabemos que, com o crescimento acelerado de algumas cidades brasileiras, muitas pessoas foram morar longe da área central, que em geral concentra grande parte dos locais de trabalho. Com isso, milhares de habitantes, sobretudo da periferia, passam horas do dia no deslocamento entre a casa e o trabalho, seja por causa do grande número de veículos nas ruas, seja pela precariedade do sistema de transporte coletivo. Devemos levar em conta, também, a **poluição sonora** que é gerada, em grande parte, pelo barulho dos inúmeros veículos em circulação. Esse problema provoca estresse, irritabilidade e cansaço em boa parte das pessoas que vivem o vaivém diário de uma grande cidade.

Dessa forma, são enormes os desafios que envolvem a melhoria da mobilidade urbana, e seu enfrentamento deve atender às particularidades locais. Entretanto, é possível citar alguns pontos em comum entre as grandes aglomerações urbanas do país, como a necessidade de melhoria do transporte público coletivo acompanhada da adoção de valores acessíveis de suas tarifas.

O uso do transporte coletivo gera vantagens para o cotidiano de uma cidade, já que, ao possibilitar o deslocamento de muitas pessoas ao mesmo tempo, contribui para a diminuição do número de carros particulares nas ruas e, consequentemente, dos congestionamentos. Isso contribui também para a redução da emissão de gases poluentes lançados na atmosfera. Além disso, o uso de transportes alternativos – como a bicicleta – e o investimento em ônibus elétricos têm sido apontados como algumas das ações necessárias para a melhoria da qualidade do ar nas cidades, com o objetivo de promover uma mobilidade urbana sustentável.

Ciclovia à beira do Rio Capibaribe. Recife (PE), 2018.

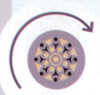

Caleidoscópio

CASA

Christiane S. Messias

MATERIAIS

- APROVEITE MATERIAIS DE DEMOLIÇÃO, QUE PODEM DAR UM CHARME À DECORAÇÃO, ALÉM DE SEREM MAIS BARATOS. REAPROVEITE OS QUE FICARAM COMO PARTE DA ESTRUTURA DA CASA, EVITANDO QUE, AO SEREM DESCARTADOS, POLUAM O MEIO AMBIENTE.
- GERENCIE O ENTULHO DAS OBRAS E AS SUCATAS.
- PRIORIZE O USO DE MADEIRA CERTIFICADA OU DE MADEIRA DE REFLORESTAMENTO E O USO DE MATERIAIS REGIONAIS E DE FONTES SUSTENTÁVEIS.

LOCALIZAÇÃO

- EVITE A RETIRADA DE TERRA, POIS, ALÉM DE ECONOMIZAR COM O GASTO QUE TERIA COM ESSE SERVIÇO, VOCÊ AUMENTA A RESISTÊNCIA DA CASA.
- MANTENHA A VEGETAÇÃO NATIVA E PRESTE ATENÇÃO À LUZ NATURAL; ASSIM VOCÊ DIMINUI O CUSTO DE ENERGIA E AJUDA NA CLIMATIZAÇÃO DOS AMBIENTES.
- TELHADOS INTELIGENTES – NOS QUAIS SE EMPREGAM CERÂMICAS, TINTAS ESPECIAIS, COBERTURAS VERDES OU AQUECEDORES SOLARES – TAMBÉM AJUDAM A MANTER AGRADÁVEL A TEMPERATURA DOS AMBIENTES.

Fontes: *Casa Sustentável*. Disponível em: <http://sengeba.org.br/wp-content/uploads/2014/04/21-08-2012_construcao_sustent.pdf>. Acesso em: ago. 2018. BRASIL; Ministério do Meio Ambiente. *Moradias sustentáveis*: economia e durabilidade. Brasília, c. 2011. (Série Cadernos de Consumo Sustentável). Disponível em: <www.mma.gov.br/publicacoes/responsabilidade-socioambiental/category/90-producao-e-consumo-sustentaveis?download=981:cartilha-de-construcoes-sustentaveis>. Acesso em: ago. 2018

SUSTENTÁVEL

COM A CONSTRUÇÃO

VEJA ALTERNATIVAS PARA CONSTRUIR UMA MORADIA SUSTENTÁVEL E USUFRUIR DELA.

GEOGRAFIA
- UMA CASA DEVE SER CONSTRUÍDA TENDO EM VISTA OS ASPECTOS NATURAIS DO AMBIENTE.

UMA CASA CONSTRUÍDA COM PRINCÍPIOS DE SUSTENTABILIDADE É SEMPRE MAIS BONITA, EVITA DANOS AO MEIO AMBIENTE E À SAÚDE, E CHEGA A GERAR UMA **ECONOMIA DE ATÉ 30% DE RECURSOS POR MÊS**. COM ALGUNS CUIDADOS, VALE A PENA TER SUA CASA SUSTENTÁVEL.

ILUMINAÇÃO
- PAREDES DE COR CLARA AJUDAM A ILUMINAR O AMBIENTE, DIMINUINDO O CUSTO COM ILUMINAÇÃO ELÉTRICA.
- *DIMER* E PONTOS DE LUZ AJUDAM A USAR APENAS A LUZ NECESSÁRIA.
- SENSORES DE PRESENÇA EVITAM O DESPERDÍCIO COM LUZES ACESAS SEM NINGUÉM NO AMBIENTE.

ÁGUA
- VASOS SANITÁRIOS COM CAIXA EXTERNA ECONOMIZAM PELO MENOS 50% DE ÁGUA POR USO. VÁLVULAS DE DUPLO FLUXO AJUDAM AINDA MAIS.
- AREJADORES DE ÁGUA DÃO A IMPRESSÃO DE MAIOR FLUXO DE ÁGUA NAS PIAS E NOS CHUVEIROS.

ATITUDES SOCIAIS
- COMPRE PRODUTOS NOS ESTABELECIMENTOS COMERCIAIS DE SUA REGIÃO. ISSO EVITA DESPERDÍCIO COM TRANSPORTE, ARMAZENAMENTO E CONSERVAÇÃO.
- PREFIRA FILTROS E PURIFICADORES DE ÁGUA EM VEZ DE GARRAFAS PET.
- UTILIZE PRODUTOS REUTILIZÁVEIS OU COM REFIL.

RECICLAGEM
- *CONTAINERS* PARA SEPARAÇÃO DE LIXO AJUDAM NO PROCESSO DE RECICLAGEM DAS SOBRAS DA CASA.
- O ÓLEO DE COZINHA PODE SER RECICLADO PARA VIRAR SABÃO.

ALTERAÇÕES
- PEQUENAS JANELAS, ALTAS, AJUDAM NA LIBERAÇÃO DO CALOR E NA MANUTENÇÃO DA TEMPERATURA, DISPENSANDO O AR-CONDICIONADO (QUE CONSOME ENERGIA ELÉTRICA).
- CALHAS PODEM RECOLHER A ÁGUA DA CHUVA PARA SER REAPROVEITADA EM DESCARGAS OU NA LAVAGEM DE QUINTAIS E GARAGENS.
- BLOCOS ASSENTADOS PODEM AJUDAR A DRENAR A ÁGUA DA CHUVA, EVITANDO INUNDAÇÕES E DANOS À CONSTRUÇÃO.

1. Dos itens apresentados, qual ou quais deles são praticados em sua moradia?
2. Indique dois itens que você considera importantes para adotar em sua moradia e no ritmo de vida da sua família. Justifique.
3. Quais os benefícios de uma casa sustentável para o meio ambiente?

Viver

Cidade: espaço da cidadania

[...] O homem moderno, sedentário, mas com grande mobilidade, não mora apenas em uma casa, mas habita ambiências mais amplas na medida em que precisa de mais espaços para a realização de sua existência através de suas várias atividades culturais, produtos de seu processo civilizatório. **A cidade pode ser compreendida como a casa estendida do homem**. O homem vive em família (hoje, não necessariamente mononuclear e tradicional), em uma casa na qual realiza suas principais atividades fisiológicas e relações afetivas e vive, também, em espaços urbanos, principalmente os públicos – a rua, o bairro, o setor urbano, o centro urbano, o parque urbano – no qual exerce a sua cidadania cívico-cultural e política, relacionando-se com outros indivíduos e grupos sociais. Dessa maneira, é importante compreender a cidade como a casa maior de todos, na qual o homem se enriquece nas relações sociais, principalmente nas livremente escolhidas. Todos, portanto, devem cuidar da cidade como se cuida da sua própria casa, entre outras razões, porque se vive mais na casa maior que na casa menor. A casa é o abrigo, a morada do indivíduo; a cidade é a casa maior, o hábitat do homem social, político, civilizado, culturalmente enriquecido, ou seja, um aspecto cada vez mais presente no homem contemporâneo.

[...]

Roberto Braga e Pompeu Figueiredo de Carvalho. *Cidade: espaço da cidadania*. Disponível em: <www.redbcm.com.br/arquivos/bibliografia/cidade%20espa%C3%A7o%20da%20cidadania%20rbraga11.pdf>. Acesso em: maio 2018. Grifo nosso.

Pessoas praticam exercícios físicos no Eixão Norte. Brasília (DF), 2017.

1 Qual é a ideia central do texto?

2 Explique o que você entendeu da frase em destaque no texto.

3 Converse com os colegas e com o professor sobre a relação cidade-cidadania e registre suas conclusões.

no caderno

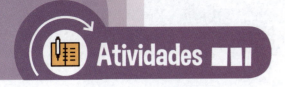

1. Leia o trecho da notícia a seguir.

   Cidades já consomem 70% dos recursos naturais do planeta

   Mais da metade da população mundial vive nas cidades e já responde pelo consumo de 70% dos recursos disponíveis na natureza. O alerta consta no relatório intitulado "A Economia dos Ecossistemas e da Biodiversidade para Políticas Locais e Regionais" [...]. Segundo o documento, com a estimativa de que a população do planeta supere 9,2 bilhões até 2050, a Terra terá 6 bilhões de habitantes, quase 90% da população atual, vivendo no espaço urbano. Diante desses dados, governos estaduais, prefeituras e comunidades precisam reconhecer o valor do capital natural (água, solo, biodiversidade). Os formuladores de políticas públicas têm razões de sobra para tentar encontrar, o mais rápido possível, soluções de combate à degradação dos ecossistemas e minimização da perda da biodiversidade.

   [...]

   Cidades já consomem 70% dos recursos naturais do planeta. *Terra*, 14 set. 2010. Disponível em: <http://noticias.terra.com.br/ciencia/noticias/0,,OI4678050-EI238,00-Cidades+ja+consomem+dos+recursos+naturais+do+planeta.html>. Acesso em: abr. 2018.

   Esse trecho faz referência aos desafios socioambientais decorrentes da urbanização. Cite duas formas viáveis para solucionar ou amenizar problemas ambientais em áreas urbanas.

2. Analise os dados abaixo e depois responda às questões.

   BRASIL
   QUANTIDADE DE LIXO QUE VAI PARA RECICLAGEM

   97,7% DO ALUMÍNIO
   (DADO DE 2016)

   51% DAS GARRAFAS PET
   (DADO DE 2015)

   CERCA DE 40% DO VIDRO
   (DADO DE 2013)

   APENAS 3% DO TOTAL DE LIXO PRODUZIDO
   (DADO DE 2016)

   Fontes: Abiped. Disponível em: <www.abipet.org.br/index.html?method=mostrarDownloads&categoria.id=3>; Abividro. Disponível em: <www.abividro.org.br/reciclagem-abividro/reciclagem-no-brasil>; O tempo. Disponível em: <www.otempo.com.br/capa/economia/brasil-perde-r-120-bilhões-por-ano-ao-não-reciclar-lixo-1.1423628>; Jornal do Brasil. Disponível em: <www.abralatas.org.br/brasil-reciclou-280-mil-toneladas-de-latas-de-aluminio-em-2016-e-mantem-indice-proximo-a-100>. Acessos em: jun. 2018.

   a) Pelas informações acima, o que podemos concluir do processo de reciclagem em nosso país?

   b) No município onde você mora existe programa de coleta e reciclagem de resíduos? Você sabe onde e como o lixo é depositado em seu município? Pesquise esse tema e converse com os colegas e com o professor a respeito dele.

3. Observe este cartum e responda às questões.

   a) O cartum apresenta um problema comum às grandes cidades? Justifique sua resposta.

   b) Quais são as consequências que esse problema pode ocasionar às pessoas?

   c) O que pode ser feito para solucionar ou amenizar esse problema?

4. Considere a questão dos congestionamentos presentes nos centros urbanos.

   a) Esse problema pode ser relacionado ao processo da urbanização? Justifique sua resposta.

   b) No município onde você mora, quais transportes coletivos as pessoas utilizam no dia a dia?

5. Parte significativa da população das cidades brasileiras convive com a deficiência ou a inexistência de serviços públicos essenciais, como água encanada, coleta de lixo e esgoto, atendimento médico, policiamento etc. Converse com os colegas e com o professor sobre a importância do acesso aos serviços públicos e, depois, registre medidas que podem ser adotadas para melhorar a qualidade de vida das pessoas que vivem em situações precárias nos ambientes urbanos.

Retomar

1. Compare as paisagens abaixo.

Vista aérea de gado em pasto. Pacatuba (SE), 2018.

Vista aérea da cidade de Belém (PA), 2017.

a) Cite três diferenças entre a paisagem rural e a paisagem urbana.

b) Explique, com exemplos, como ocorre a relação de interdependência entre o campo e a cidade.

2. Analise o gráfico a seguir e responda às questões.

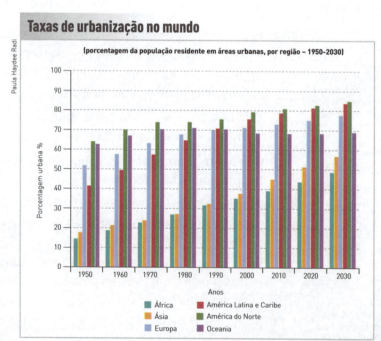

a) O que é urbanização?

b) De acordo com o gráfico, qual região do mundo apresenta a maior taxa de urbanização desde 1950?

c) Segundo as previsões, quais são os dois continentes que apresentarão as menores taxas de urbanização em 2030?

Fonte: ONU; Departamento dos Assuntos Econômicos e Sociais (Desa); Divisão para a População. *World Urbanization Prospects*: the 2018 revision ("Relatório das perspectivas da urbanização mundial"), 2018. Disponível em: <https://esa.un.org/unpd/wup/Download>. Acesso em: jun. 2018.

3. Quais atividades econômicas caracterizam o espaço urbano?

4. O crescimento acelerado das cidades tem provocado muitos problemas para as populações urbanas. Sobre essa temática, faça o que se pede a seguir.

a) Cite três problemas ecológicos das cidades.

b) Cite três problemas sociais das cidades.

c) Apresente três sugestões para a melhoria das condições de vida no espaço urbano.

d) Na área urbana de seu município existem problemas de ordem ecológica ou social? Em caso afirmativo, identifique-os.

5 Observe a fotografia abaixo. Ela retrata moradias de uma cidade brasileira.

Teófilo Otoni (MG), 2016.

a) Qual problema socioambiental está retratado?
b) Quais são suas consequências para os moradores da cidade?
c) O que pode ser feito para amenizar ou resolver esse problema?

6 Analise a figura a seguir e depois faça o que se pede.

Escreva um texto que relacione o conteúdo da figura com a importância e a necessidade de práticas sustentáveis ligadas ao consumismo.

7 Observe o gráfico ao lado sobre mobilidade urbana sustentável no Brasil.

a) O que é mobilidade urbana?
b) O que se entende por mobilidade urbana sustentável?
c) De acordo com o gráfico, quais cidades apresentam, respectivamente, a maior e a menor mobilidade urbana sustentável?
d) No município onde você mora existem problemas relacionados à mobilidade urbana? Em caso afirmativo, quais são eles?

Fonte: Portal Mobilize/Estudo Mobilize 2011.

Visualização

A seguir, apresentamos um mapa conceitual sobre o tema estudado nesta unidade. Trata-se de uma representação gráfica do conhecimento organizado, composto de uma estrutura que relaciona os principais conceitos e as palavras de ligação do conteúdo. Essa ferramenta serve como resumo e instrumento de compreensão dos textos, além de possibilitar consultas futuras.

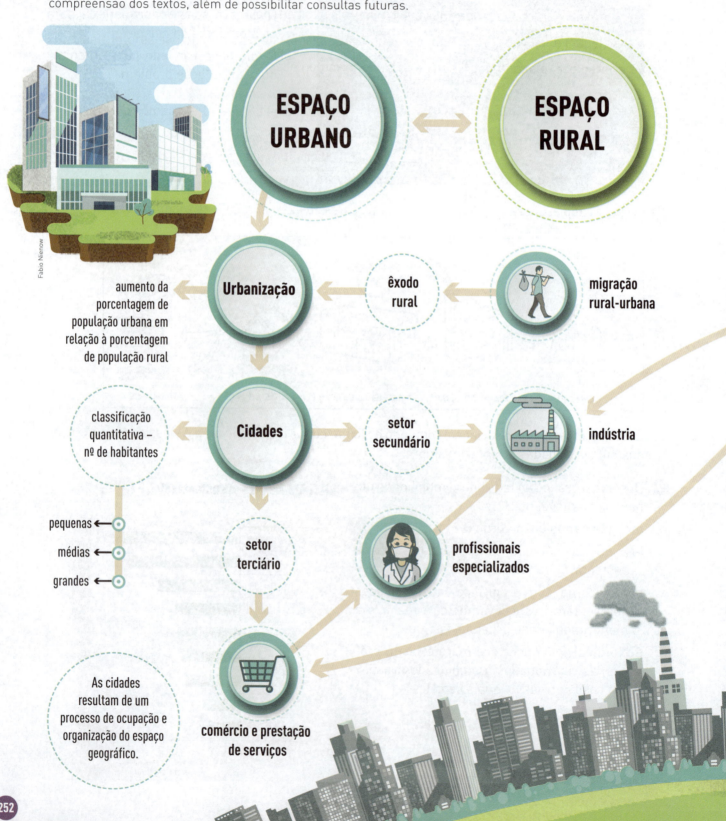

Referências

ANGELO, Claudio. *O aquecimento global*. São Paulo: Publifolha, 2007.

ALMEIDA, Rosângela Doin de. *Do desenho ao mapa*: iniciação cartográfica na escola. São Paulo: Contexto, 2010.

_____. *O espaço geográfico*: ensino e representação. São Paulo: Contexto, 2010.

_____. (Org.). *Cartografia escolar*. São Paulo: Contexto, 2010.

_____. (Org.). *Novos rumos da Cartografia escolar*: currículo, linguagem e tecnologia. São Paulo: Contexto, 2011.

ATLANTE Geografico Metodico de Agostini. Novara: Istituto Geografico De Agostini, 2007.

ATLAS geográfico escolar. Rio de Janeiro: IBGE, 2009.

ATLAS geográfico escolar. 7. ed. Rio de Janeiro: IBGE, 2016.

ATLAS geográfico escolar. Ensino Fundamental do 6º ao 9º ano. Rio de Janeiro: IBGE, 2013.

ATLAS Nacional do Brasil Milton Santos. Rio de Janeiro: IBGE, 2010.

BERTOLINI, William Zanete; VALADÃO, Roberto Célio. A abordagem do relevo pela Geografia: uma análise a partir dos livros didáticos, 2009. *Terræ Didatica*. Disponível em: ‹www.ige.unicamp.br/terraedidatica/›. Acesso em: jun. 2018.

BRASIL. Ministério da Educação. *Base Nacional Comum Curricular*. Disponível em: ‹http://basenacionalcomum.mec.gov.br/a-base›. Acesso em: jun. 2018.

BROTTON, Jerry. *Uma história do mundo em doze mapas*. Rio de Janeiro: Zahar, 2014.

CALDINI, Vera; ISOLA, Leda. *Atlas geográfico Saraiva*. São Paulo: Saraiva, 2013.

CARLOS, Ana Fani. *A cidade*. 8. ed. São Paulo: Contexto, 2009.

_____. (Org.). *A Geografia na sala de aula*. São Paulo: Contexto, 2010.

_____. *Novos caminhos da Geografia*. São Paulo: Contexto, 2002.

_____. *O lugar no/do mundo*. São Paulo: Labur Edições, 2007.

CASTELLAR, Sonia Maria Vanzella; CAVALCANTI, Lana de Souza; CALLAI, Helena Copetti (Org.). *Didática da Geografia*: aportes teóricos e metodológicos. São Paulo: Xamã, 2012.

_____. (Org.). *Educação geográfica*: teorias e práticas docentes. São Paulo: Contexto, 2010.

CASTRO, Iná (Org.). *Geografia*: conceitos e temas. Rio de Janeiro: Bertrand Brasil, 2010.

CASTROGIOVANNI, Antonio Carlos. *Geografia em sala de aula*: práticas e reflexões. Porto Alegre: UFRGSA--GB, 1999.

_____. (Org.). *Ensino de Geografia*: práticas e textualizações no cotidiano. Porto Alegre: Mediação, 2008.

CAVALCANTE, Lana de Souza. *O ensino de Geografia na escola*. Campinas: Papirus, 2012.

CHERNICOFF, Stanley et al. *Essentials of Geology*. Nova York: Worth Publishers, 1997.

COELHO, Ricardo Motta Pinto. *Gestão de recursos hídricos em tempos de crise*. Porto Alegre: Artmed, 2016.

CORREA, Roberto Lobato. *O espaço urbano*. 3. ed. São Paulo: Ática, 1995. (Série Princípios).

DAMIELI, Augusto et al. *O céu que nos envolve*. São Paulo: Odysseus Editora Ltda., 2011.

DREW, David. *Processos interativos homem – meio ambiente*. Rio de Janeiro: Bertrand, 1989.

FARIS, Stephen. *Mudança climática*. Rio de Janeiro: Campus, 2009.

FERREIRA, Graça Maria Lemos. *Atlas geográfico*: espaço mundial. São Paulo: Moderna, 2013.

FRIEDMANN, Raul. *Fundamentos de orientação, cartografia e navegação terrestre*: um livro sobre GPS, bússolas e mapas para aventureiros radicais e moderados, civis e militares. Curitiba: Editora UTPR, 2008.

GANERI, Anita. *Vulcões violentos*. São Paulo: Melhoramentos, 2005.

HAWKING, Stephen. *Uma breve história do tempo*. São Paulo: Saraiva, 1988.

IBGE. Cidades. Disponível em: ‹https://cidades.ibge.gov.br/›. Acesso em: jun. 2018.

MARTINELLI, Marcello. *Atlas geográfico*: natureza e espaço da sociedade. São Paulo: Editora do Brasil, 2012.

MOREIRA, Marco Antonio. *Mapas conceituais e aprendizagem significativa*. Disponível em: <https://www.if.ufrgs.br/~moreira/mapasport.pdf>. Acesso em: jun. 2018.

NOVO atlas geográfico do estudante. São Paulo: FTD, 2008.

POPP, José Henrique. *Geologia geral*. Rio de Janeiro: LTC, 2013.

PRESS, Frank et al. *Para entender a Terra*. 4. ed. Porto Alegre: Bookman, 2006.

PROGRAMA Antártico Brasileiro (Proantar). *Histórico*. Disponível em: <www.mma.gov.br/biodiversidade/biodiversidade-aquatica/programa-antartico-brasileiro>. Acesso em: jun. 2018.

REGO, Nelson. *Geografia*. Práticas pedagógicas para o Ensino Médio. Porto Alegre: Artmed, 2007.

RODRIGUES, Sabrina Coelho; SIMÕES, Marcello Guimarães. *Livro digital de Paleontologia*: Paleontologia na sala de aula. Disponível em: <www.paleontologianasaladeaula.com/>. Acesso em: jun. 2018.

ROSA, André Henrique; FRACETO, Leonardo Fernandes; MOSCHINI-CARLOS, Viviane (Org.). *Meio ambiente e sustentabilidade*. Porto Alegre: Bookman, 2012.

SANTOS, Milton. *Metamorfoses do espaço habitado*. São Paulo: Hucitec, 1988.

_____. *A natureza do espaço*. São Paulo: Edusp, 2008.

SIMIELLI, Maria Elena. *Geoatlas*. São Paulo: Ática, 2012.

SOS Mata Atlântica. *Atlas da Mata Atlântica*. Disponível em: <www.sosma.org.br/projeto/atlas-da-mata-atlantica/>. Acesso em: jun. 2018.

STADEN, Hans. *Primeiros registros escritos e ilustrados sobre o Brasil e seus habitantes*. São Paulo: Terceiro Nome, 1999.

TEMPO & CLIMA. Rio de Janeiro: Abril Livros, 1995. (Coleção Ciência & Natureza).

TEMPO & ESPAÇO. 4. ed. Rio de Janeiro: Instituto Ciência Hoje, 2003. v. 7. (Ciência Hoje na Escola).

TUNDISI, José Galizia. *Recursos hídricos no século XXI*. São Paulo: Oficina de Textos, 2011.

WHATELY, Marussia. *O século da escassez*. São Paulo: Claro Enigma, 2016.